Michael White · John Gribbin

Stephen Hawking Die Biographie

Deutsch von Hainer Kober *Rowohlt*

Die Originalausgabe erschien 1992
unter dem Titel «Stephen Hawking:
A Life in Science» im Verlag Viking,
London

Umschlaggestaltung Susanne Müller
(Foto von Stephen Hawking: Nigel Parry/
Katz Pictures Ltd., London – FOCUS)

1. Auflage März 1994

Satz aus der Plantin und Neuen Helvetica, Linotronic 500
Gesamtherstellung Clausen & Bosse, Leck
Printed in Germany
ISBN 3 498 07325 7

Inhalt

Vorwort

Als Stephen Hawking Anfang 1991 im Stadtzentrum von Cambridge in einen leichten Verkehrsunfall verwickelt wurde, war innerhalb von zwölf Stunden das amerikanische Fernsehen am Telefon und bat Hawkings Verlag Bantam um genauere Auskunft. Daß er nur geringfügige Verletzungen erlitten hatte und schon nach wenigen Tagen wieder an seinem Schreibtisch saß, spielte nur eine nebensächliche Rolle. Denn jede Kleinigkeit, die Stephen Hawking betrifft, hat Nachrichtenwert. So etwas wäre bei keinem anderen Wissenschaftler der Welt denkbar. Abgesehen davon, daß Physiker nach landläufiger Meinung sowieso nicht ganz mit den herkömmlichen Maßstäben menschlichen Lebens gemessen werden können, ist Hawking auch berühmter als jeder andere lebende Wissenschaftler.

Doch ist er kein gewöhnlicher Wissenschaftler. Sein Buch ‹*Eine kurze Geschichte der Zeit*› wurde weltweit millionenfach verkauft – in Auflagen, an die man normalerweise nur bei Autoren wie Jeffrey Archer und Stephen King denkt. Erstaunlicher noch – Hawkings Buch befaßt sich mit einem Thema, welches so wenig Ähnlichkeit mit üblicher Bettlektüre hat, daß die Aussicht, sich mit einem solchen Text befassen zu müssen, dem Durchschnittsleser eigentlich den Angstschweiß auf die Stirn treiben müßte. Doch wie alle Welt weiß, wurde Professor Hawkings Buch ein phänomenaler Bestseller und hat seinen Namen auf der ganzen Welt bekannt gemacht. Irgendwie ist es ihm gelungen, alle Vorurteile zu unterlaufen und seine esoterischen Theorien dem Laienleser nahezubringen.

Nun ist es jedoch nicht so, daß Stephen Hawkings Lebensgeschichte mit dem Buch ‹*Eine kurze Geschichte der Zeit*› beginnt oder endet. Zuerst und vor allem ist er ein hervorragender Wissenschaftler. Längst war er in Pionierbereichen der theoretischen Physik tätig, bevor die breite Öffentlichkeit von seiner Existenz Kenntnis nahm. Seine Laufbahn als Wissenschaftler begann vor mehr als 25 Jahren, als er sich an der Cambridge University der kosmologischen Forschung zuwandte.

In diesen 25 Jahren hat er unserem Verständnis des Universums vielleicht mehr als irgendein anderer Wissenschaftler auf die Sprünge geholfen. Seine theoretische Arbeit über Schwarze Löcher und seine Erkenntnisse über den Ursprung und die Natur des Universums waren grundlegend und häufig revolutionär.

Während sich seine wissenschaftliche Laufbahn entfaltete, führte er ein Privatleben, das den meisten Menschen so fremd und seltsam erscheint wie seine Arbeit. Mit 21 Jahren erfuhr Hawking, daß er an ALS litt, amyotropher Lateralsklerose, einer Krankheit, die ihn zwang, den größten Teil seines Lebens im Rollstuhl zu verbringen. Er hat sich von der Krankheit jedoch nicht an seiner wissenschaftlichen Arbeit hindern lassen. Man könnte sogar sagen, daß die Befreiung von den gewöhnlichen Pflichten es ihm ermöglicht hat, größere Leistungen zu vollbringen, als ihm dies ohne Behinderung hätte gelingen können.

Stephen Hawking redet allerdings nicht gern von seiner Behinderung und noch viel weniger von seinem Privatleben. Man soll ihn in erster Linie als Wissenschaftler sehen, in zweiter als populärwissenschaftlichen Autor und in jeder anderen Hinsicht als normalen Menschen mit den gleichen Wünschen, Träumen und Zielen wie wir alle. Wir haben uns in diesem Buch nach Kräften bemüht, dieser Gewichtung gerecht zu werden und das Bild eines Mannes zu zeichnen, der hochbegabt, dessenungeachtet aber ein Mensch wie jeder andere ist.

Wenn wir versuchen, sowohl Professor Hawkings Arbeit zu beschreiben als auch das Leben des Mannes zu schildern, der hinter diesen wissenschaftlichen Leistungen steht, so hoffen wir, daß sich dem Leser beides aus anderer Sicht erschließt. Zwar überschneiden sich die beiden Stränge zwangsläufig, doch hoffen wir, die wissenschaftlichen Leistungen auf diese Weise in einem menschlichen Kontext ansiedeln zu können – deutlich zu machen, wie für Stephen Hawking Wissenschaft und Leben untrennbar miteinander verbunden sind.

Michael White, Oxford
John Gribbin, Lewes
Juli 1991

1 Der Tag, an dem Galilei starb

In einem Nobelrestaurant nahe dem Cambridger Stadtzentrum sitzen zwölf junge Männer und Frauen an einer prächtig gedeckten Tafel, unter ihnen ein Mann in einem Rollstuhl. Er ist älter als die anderen und sieht schrecklich zerbrechlich aus, fast bis zur Auszehrung abgemagert. Unbeweglich, in sich zusammengesunken und scheinbar leblos lehnt er in den schwarzen Kissen seines Rollstuhls. Seine Hände, schlank und bleich, mit langen, dünnen Fingern, ruhen im Schoß. In der Mitte seines sehnigen Halses, direkt unter dem offenen Hemdkragen, sitzt ein Atmungsgerät aus Plastik, etwa fünf Zentimeter im Durchmesser. Doch trotz der Behinderung wirkt das Gesicht lebendig und jungenhaft. Das glatt gebürstete braune Haar fällt ihm in die Stirn; nur die Linien unter seinen Augen verraten, daß er schon um die fünfzig Jahre alt ist. Der Kopf hängt herab, doch hinter den stahlgeränderten Brillengläsern sind seine klaren, blauen Augen sehr lebendig und wandern über die Gesichter der Tischgenossen. Neben ihm, auf einem Stuhl, der rechtwinklig zu seinem Gefährt steht, sitzt eine Schwester, hält ihm einen Löffel an die Lippen und füttert ihn. Hin und wieder wischt sie ihm den Mund ab.

Im Restaurant geht es lebhaft zu. Die jungen Leute in der Runde lachen und scherzen. Gelegentlich richtet jemand das Wort an den Mann im Rollstuhl oder macht eine respektlose Bemerkung über ihn.

Einen Augenblick später wird das Stimmengewirr durch ein krächzendes Geräusch unterbrochen, eine metallische Stimme ertönt, die aus dem ‹*Krieg der Sterne*› stammen könnte: Der Mann im Rollstuhl gibt eine Antwort, die schallendes Gelächter am Tisch hervorruft. Seine Augen leuchten auf, und ein breites Grinsen zieht sich über das ganze Gesicht. Gerade will sich die Gesellschaft über das Hauptgericht hermachen, als am Eingang des Restaurants eine leichte Unruhe entsteht. Ein paar Augenblicke später begleitet der Oberkellner eine rothaarige Dame in einem Kunstpelzmantel an den Tisch. Alle Köpfe wenden sich ihr zu, als sie näher kommt. Es herrscht eine Atmosphäre verstohlener Erwartung. Sie begrüßt die Gesellschaft mit einem «Hallo». Sie wirkt jung – viel jünger, als sie in Wirklichkeit ist – und sieht sehr elegant aus, ein Eindruck, der durch die nachlässige Kleidung der jungen Leute am Tisch noch unterstrichen wird. Nur der ältere Mann im Rollstuhl ist korrekt gekleidet, mit Jackett und gebügeltem Hemd, die adrette Schwester an seiner Seite.

«Es tut mir sehr leid, daß ich mich verspätet habe», erklärt die Dame den Anwesenden, «aber mein Auto wurde abgeschleppt.» Und sie fügt lachend hinzu: «Das hat sicher wieder irgendeine kosmische Bedeutung.»

In die ihr zugewandten Gesichter tritt ein Lächeln, und der Mann im Rollstuhl strahlt. Sie geht um den Tisch herum auf ihn zu, während die Krankenschwester aufsteht. Die Dame bleibt zwei Schritte vor dem Rollstuhl stehen, senkt ihren Kopf ein wenig und sagt: «Ich freue mich sehr, Sie kennenzulernen, Professor Hawking. Ich bin Shirley MacLaine.»

Er lächelt zu ihr empor, und die metallische Stimme sagt einfach: «Hallo.»

Während die anderen ihr Dinner beenden, sitzt Shirley MacLaine an der Seite ihres Gastgebers und bestürmt ihn mit Fragen, um in Erfahrung zu bringen, wie er über die Dinge denkt, mit denen sie sich intensiv auseinandersetzt. Sie interessiert sich für metaphysische und spirituelle Fragen. Nach vielen Gesprächen mit geistigen Lehrern in der ganzen Welt ist sie zu eigenen Theorien über den Sinn des Daseins gelangt. Sie hat klare Vorstellungen von der Bedeutung des Lebens, den Gründen unserer irdischen Existenz, der

Schöpfung des Universums und vom Sein Gottes. Doch das ist reine Glaubenssache.

Der Mann neben ihr ist der vielleicht größte Physiker unserer Zeit. In seinen wissenschaftlichen Theorien beschäftigt er sich mit dem Ursprung des Weltalls, den Gesetzen, die seine Existenz bestimmen, und dem Schicksal, das letztlich allem Erschaffenen vorherbestimmt ist. Er ist berühmt geworden, sein Name Millionen Menschen in der ganzen Welt ein Begriff. Sie fragt den Professor, ob er glaube, es gebe einen Gott, der das Universum geschaffen hat und Einfluß auf seine Schöpfung nimmt. Ein Lächeln huscht über sein Gesicht, und die Maschinenstimme sagt: «Nein.»

Der Professor ist weder unhöflich noch herablassend. Er ist einfach zur Kürze gezwungen. Jedes Wort, das er sagt, muß er mühsam auf einem Computer buchstabieren, der an seinem Rollstuhl befestigt ist und durch winzige Bewegungen von zwei Fingern der einen Hand bedient wird – mehr Beweglichkeit ist seinen Gliedern nicht geblieben. Shirley MacLaine nickt. Hawking sagt nicht, was sie hören möchte, und sie ist nicht seiner Meinung – aber sie lauscht seinen Auffassungen und nimmt sie zur Kenntnis, denn zumindest muß man sie respektieren.

Nach dem Dinner verläßt die Gesellschaft das Restaurant und kehrt ins Seminar für angewandte Mathematik und theoretische Physik an der Universität zurück, wo sich die beiden Prominenten, nur von der allgegenwärtigen Schwester begleitet, in Professor Hawkings Büro zurückziehen. Während der nächsten beiden Stunden, bis zum Tee im Gemeinschaftsraum, bestürmt die Hollywoodschauspielerin den Professor mit ihren Fragen.

Shirley MacLaine hat in ihrem Leben viele Menschen kennengelernt, berühmte und berüchtigte. Sie ist mehrfach für den Oscar nominiert worden, hat einen für ihre Rolle in ‹*Zeit der Zärtlichkeit*› erhalten und war damals, im Dezember 1988, sicher bekannter als ihr Gastgeber. Trotzdem wird ihr die Begegnung mit Stephen Hawking wohl als eine der denkwürdigsten ihres Lebens im Gedächtnis bleiben. Denn dieser Mann, der nicht mehr als neunzig Pfund wiegt, völlig gelähmt ist, nicht sprechen kann und unfähig wäre, seinen Kopf zu heben, falls er nach vorn fiele, ist schon als «Einsteins Erbe», «das größte Genie des ausgehenden 20. Jahrhunderts» und von einem Journalisten sogar als «Master of the Universe» tituliert worden.

Er hat bahnbrechende Erkenntnisse auf dem Gebiet der Kosmologie gewonnen und zum Verständnis des Universums, in dem wir leben, vielleicht mehr als irgendein anderer unter den Lebenden beigetragen. Darüber hinaus hat er Dutzende wissenschaftlicher Preise erhalten und wurde von Queen Elizabeth II. zum CBE – Commander of the British Empire – und zum Companion of Honour ernannt. Sein populärwissenschaftliches Buch ‹*Eine kurze Geschichte der Zeit*› hat sich seit dem Erscheinen im Jahre 1988 in den britischen Bestsellerlisten behauptet und ist weltweit mehr als zehnmillionenmal verkauft worden.

Wie war das alles möglich? Wie hat sich dieser Mensch, der unter einer fortschreitenden schweren Krankheit leidet, über alle Beeinträchtigungen durch seine Behinderung hinwegsetzen, jedes Hindernis überwinden und unbeirrt seinen Weg gehen können? Wie ist es ihm gelungen, weit mehr zu erreichen, als die große Mehrheit der gesunden Menschen sich je erträumen kann?

Ein Besucher auf der Durchreise hätte Anfang 1942 in der Stadt Oxford nur wenige Veränderungen wahrgenommen, die auf den Ausbruch des Zweiten Weltkriegs wenige Jahre zuvor schließen ließen. Nur bei näherer Betrachtung wären ihm vielleicht die Feuerstellungen rund um die Stadt aufgefallen, die frische Tarnfarbe in gedämpftem Khaki und Grau, die hohen Türme über den Autofabriken in Cowley, im Osten der «träumenden Turmspitzen», die Militärlastwagen und Mannschaftswagen, die von Zeit zu Zeit über die Magdalen Bridge und The High entlang anrollten, wo Rauhreif auf den steinernen Wasserspeiern lag.

Draußen in der Welt trat der Krieg in eine entscheidende Phase. Einen Monat zuvor, am 7. Dezember, hatten die Japaner Pearl Harbor angegriffen, woraufhin die USA in den Krieg eingetreten waren. Im Osten schlug die Rote Armee die Truppen Hitlers auf der Krim zurück und leitete damit jene Entwicklung ein, die schließlich zur totalen Niederlage Deutschlands und Japans führen sollte.

In England waren in jedem Radiogerät J. B. Priestleys «Post-Scripts to the News» (Nachrichten-Nachlese) zu hören; man lauschte Dr. Joads und Julian Huxleys Diskussionen über Belanglosigkeiten und einfache wissenschaftliche Fragen in der Sendung «Brains Trust», und Vera Lynn, der «Liebling der Streitkräfte», rührte die Truppen zu Hause und in der Ferne mit «We'll Meet Again». Winston Churchill war gerade von seinem Weihnachtsbesuch in den Vereinigten Staaten zurückgekehrt, wo er vor beiden Kongreßhäusern gesprochen, die Abgeordneten mit Lincoln- und Washington-Zitaten aufgerüttelt und mit den zum Siegeszeichen erhobenen Fingern gegrüßt hatte.

Eine Laune des Zufalls wollte es, daß der 8. Januar 1942, der dreihundertste Todestag Galileo Galileis, eines der größten Gelehrten aller Zeiten, auch der Tag war, an dem Stephen William Hawking das Licht dieser von einem erbitterten Krieg zerrissenen Welt erblickte. Doch wie Hawking selbst sagt, wurden an diesem Tag ungefähr zweihunderttausend weitere Babys geboren; so ist diese Koinzidenz vielleicht doch nicht so erstaunlich.

Stephens Mutter Isobel war erst kurz vor der erwarteten Niederkunft in Oxford eingetroffen. Sie lebte mit ihrem Mann Frank in Highgate, einem Londoner Vorort. Doch die beiden hatten beschlossen, sie solle für die Geburt nach Oxford reisen. Der Grund dafür lag auf der Hand: Highgate wurde wie der Rest Londons und der größte Teil Südenglands Nacht für Nacht von der deutschen Luftwaffe bombardiert. Doch die kriegführenden Regierungen hatten sich in einer seltenen Anwandlung von Einmütigkeit darauf geeinigt, daß die Royal Air Force die Unversehrtheit von Heidelberg und Göttingen garantierte, wenn Deutschland davon absah, Oxford oder Cambridge zu bombardieren. Es heißt sogar, Hitler habe die Absicht gehabt, Oxford zur künftigen Hauptstadt der Weltregierung zu machen, sobald die erträumte Eroberung des Erdballs abgeschlossen war, und habe deshalb die architektonische Schönheit der Stadt bewahren wollen.

Sowohl Frank als auch Isobel Hawking waren schon vorher in Oxford gewesen – als Studenten. Sie stammten beide aus Mittelstandsfamilien. Frank Hawkings Großvater war ein ziemlich wohlhabender Landwirt in Yorkshire gewesen, hatte seinen Wohlstand aber in der großen Agrarkrise eingebüßt, die das Land unmittelbar nach dem Ersten Weltkrieg heimgesucht hatte. Isobel, die zweitälteste von sieben Kindern, war die Tochter eines Glasgower Arztes. Keine der beiden Familien vermochte die Studiengebühren ohne Opfer aufzubringen. Da damals viel weniger Frauen studierten als heute, müssen Isobels Eltern sehr fortschrittlich gewesen sein.

In Oxford sind sie sich nie begegnet, da sich Hawking dort lange vor seiner späteren Frau aufhielt. Er studierte Medizin und wurde Spezialist für Tropenkrankheiten. Bei Kriegsausbruch, 1939, untersuchte er endemische Krankheiten in Ostafrika. Als er vom Krieg hörte, beschloß er, nach Europa zurückzukehren. Zunächst reiste er auf dem Landweg quer durch Afrika und schiffte sich dann nach England ein, um sich freiwillig zum Militärdienst zu melden. Bei seiner Heimkehr erklärte man ihm jedoch, seine Fähigkeiten würden viel dringender in der medizinischen Forschung gebraucht.

Nachdem Isobel Oxford verlassen hatte, versuchte sie sich in einer Reihe ungeliebter Berufe und war schließlich als Steuerinspektorin tätig. Nach ein paar Monaten kündigte sie und entschloß sich zu einer Beschäftigung, für die sie lächerlich überqualifiziert war – sie arbeitete als Sekretärin in einem medizinischen Forschungsinstitut. Dort begegnete die lebhafte, liebenswürdige Frau – leicht amüsiert über die Stellung, in der sie sich befand, aber immerhin mit der Aussicht auf eine verantwortungsvollere Tätigkeit – zum erstenmal dem großen, schüchternen jungen Forscher, der gerade von einer abenteuerlichen Reise in exotische Länder zurückgekehrt war.

Mit dem zwei Wochen alten Stephen kehrte Isobel Hawking in das von Luftangriffen erschütterte London zurück. Als er zwei Jahre alt war, traf eine V-2-Rakete ein Nachbarhaus, und auch das Hawkingsche Haus wurde dabei beschädigt, doch war die Familie zu diesem Zeitpunkt abwesend.

Nach dem Krieg wurde Frank Hawking zum Leiter der Abteilung für Parasitologie am National Institute of Medical Research ernannt. Die Familie wohnte noch bis 1950 in Highgate und zog dann dreißig Kilometer nach Norden in ein weitläufiges Haus: Hillside Road 14, in St. Albans, Hertfordshire.

St. Albans ist eine kleine Stadt, dominiert von ihrer Kathedrale, deren Geschichte sich bis ins Jahr 303 zurückverfolgen läßt, als der heilige Alban den Märtyrertod starb und an dieser Stelle eine Kirche erbaut wurde. Doch schon lange zuvor hatten die Römer die strategisch günstige Lage des Ortes erkannt und dort die Stadt Verulamium gegründet. Die erste christliche Kirche ist wahrscheinlich aus den Ruinen errichtet worden, die die römischen Eroberer zurückließen, als ihr Reich zu zerfallen begann und die Legionäre davonzogen. In den fünfziger Jahren war St. Albans eine typische britische Mittelschichtenklave. Ein Schulkamerad von Hawking erinnert sich: «Es war ein schrecklich selbstgefälliges Städtchen, voller aufstrebender Leute, kurz: zum Ersticken.»

Hawking war acht, als die Familie dorthin zog. Der Vater wollte Stephen unbedingt auf eine Private School schicken. Er war seit jeher der Überzeugung, daß der Besuch einer solchen Schule unentbehrlich für eine erfolgreiche berufliche Laufbahn war. Und es gab viele Anhaltspunkte, die für diese Auffassung sprachen: In den fünfziger Jahren hatten die meisten Parlamentsmitglieder eine privilegierte Private School besucht, und die leitenden Positionen in öffentlichen Institutionen waren überwiegend mit Absolventen dieser Schulen besetzt. Dr. Hawking selbst hatte eine der weniger angesehenen Private Schools besucht und war davon überzeugt, daß ihn selbst diese halbelitäre Ausbildung nicht vor den Vorurteilen des Establishments geschützt hatte. Dieser Umstand, einhergehend mit den bescheidenen finanziellen Verhältnissen seiner Eltern, hatte ihn, so meinte er, daran gehindert, mehr in seinem Beruf zu erreichen. So hatte er zusehen müssen, wie andere mit geringeren Fähigkeiten, aber einer glänzenderen sozialen Herkunft rascher aufgestiegen waren als er. Dieses Schicksal wollte er seinem ältesten Sohn ersparen, und so hatte er beschlossen, Stephen auf die Westminster School zu schicken, eine der besten Schulen des Landes.

Als der Junge zehn war, wurde er zur Stipendienprüfung der Westminster School angemeldet. Obwohl sein Vater eine gute Stellung in der medizinischen Forschung bekleidete, war nicht daran zu denken, die Schulgebühren in Westminster mit dem Gehalt eines Wissenschaftlers zu bestreiten – das blieb Admiralen, Politikern und Industriellen vorbehalten. Stephen konnte sich nur aufgrund seiner eigenen Leistungen Eingang in die Schule verschaffen. Durch das Stipendium hätten seine Gebühren, zumindest teilweise, beglichen werden können. Der Tag der Prüfung kam, doch Stephen wurde krank und konnte nicht am Zulassungstest teilnehmen.

Enttäuscht meldete Frank Hawking seinen Sohn an der örtlichen Private School an, der St. Albans School, einer bekannten Klosterschule mit exzellentem Ruf, die ihre Geschichte nach einigen Berichten bis ins Jahr 948 zurückverfolgen kann. Im Herzen der Stadt in der Nachbarschaft der Kathedrale gelegen, hatte die St. Albans School sechshundert Schüler, als Stephen dort im September 1952 eintrat. Die Schüler jedes Jahrgangs wurden nach Fähigkeiten in die Leistungsgruppen A, B und C eingeteilt. Jeder Junge durchlief in der Senior School fünf Jahresklassen und legte am Ende der fünften in einer Reihe von Fächern die Prüfungen des Ordinary (O) Level ab. Wer beim O-Level erfolgreich abschneidet, bleibt gewöhnlich an der Schule, um sich zwei Jahre später den Prüfungen des Advanced (A) Level zu unterziehen, die den Zugang zur Universität eröffnen.

1952 kamen auf jeden Platz an der St. Albans School im Durchschnitt drei Bewerber, und jeder Anwärter mußte, wie an der Westminster School, eine Zulassungsprüfung ablegen. Stephen war gut vorbereitet. Er bestand mit Leichtigkeit und wurde am 23. September 1952 mit neunzig anderen Jungen aufgenommen.

Stephen entsprach damals dem Bild des typischen britischen Pennälers mit grauer Schuluniform und Mütze. Er war exzentrisch und linkisch, mager und schwächlich. Seine Schuluniform sah stets schmuddelig aus, und nach den Berichten von Freunden sprach er in einem Stakkatostil, der nicht immer leicht zu verstehen war, zumal er von seinem Vater ein leichtes Lispeln geerbt hatte. Die Freunde nannten diese Sprechweise «Hawkinesisch». Allerdings waren dies keineswegs frühe Anzeichen seiner späteren Krankheit. Er war einfach einer dieser kleinen Knirpse, die leicht zur Zielscheibe des Klassenspotts werden, gehänselt und gelegentlich gepiesackt, von einigen insgeheim geachtet und von den meisten gemieden. Seine Fähigkeiten waren anscheinend in der Schule umstritten: Als er zwölf war, wetteten zwei seiner Freunde um eine Tüte Bonbons, daß es Stephen nie zu etwas bringen werde. Dazu Hawking mit typischem Understatement: «Ich weiß nicht, ob diese Wette je entschieden wurde, und wenn, wer sie gewonnen hat.»[1]

Doch im dritten Schuljahr hatte sich Stephen bei seinen Lehrern den Ruf eines intelligenten Schülers erworben, der allerdings noch nicht nennenswert über dem Durchschnitt des höchsten Leistungskurses seines Jahrgangs lag. Er gehörte zu einer kleinen Gruppe von Jungen, die viel Zeit zusammen verbrachten und die gleichen Interessen hatten. Da war Basil King, der als der Klügste aus der Clique galt, mit zehn schon Guy de Maupassant las und Opern liebte. John McClenahan, klein, mit dunkelbraunem Haar und rundem Gesicht, war damals wohl Stephens bester Freund. Weiterhin gehörten der blonde Bill Cleghorn, der energische, künstlerisch veranlagte Roger Ferneyhaugh sowie Michael Church, der in der dritten Klasse neu hinzugekommen war, zu der Gruppe. Gemeinsam bildeten sie die Intelligenzija der Klasse 3 A.

Alle hörten sie das Dritte Programm von BBC, das nur klassische Musik sendete. Statt unter der Bettdecke den ersten Klängen des Rock 'n' Roll oder den Heroen des Cool Jazz aus den Vereinigten Staaten zu lauschen, ergötzten sie sich an Mozart, Mahler und Beethoven, während sie sich in letzter Minute auf einen Physiktest vorbereiteten oder die am nächsten Morgen fällige Hausaufgabe in Erdkunde erledigten. Sie lasen Kingsley Amis und Aldous Huxley, John Wyndham, C. S. Lewis und William Golding – die «angesagten» Bücher jener Zeit. Popmusik kam von der anderen Seite des «großen Teichs»; sie galt als etwas vulgär. Alle besuchten sie die Konzerte in der Albert Hall. Ein paar von ihnen spielten Musikinstrumente, eine Fähigkeit, die Stephen verschlossen blieb, da er nicht sehr geschickt mit seinen Händen war. Ihr gemeinsamer Held war Bertrand Russell, zugleich Geistesgröße und engagierter Liberaler.

Die St. Albans School war stolz auf ihr hohes Niveau, was die Hawkings sehr bald nach Stephens Einschulung erfreut bemerkten und anerkannten. Nach kurzer Zeit war jegliches Bedauern, daß er nicht nach Westminster hatte gehen können, vergessen. Die St. Albans School war eine ideale Umgebung zur Ausbildung natürlicher Begabungen.

Sehr beliebt und geschätzt war Finlay, ein Lehrer, der frisch von der Universität kam und seiner Zeit weit voraus war. Auf Tonband zeichnete er Radiosendungen auf und benutzte sie als Ausgangspunkt für Diskussionskurse mit der 3 A, deren Themen von nuklearer Abrüstung bis zur Geburtenkontrolle reichten. Er hatte, wie sich viele erinnern, großen Einfluß auf die geistige Entwicklung der ihm anvertrauten Dreizehnjährigen, und seine Stunden sind den Journalisten, Autoren, Ärzten und Wissenschaftlern, die sie mittlerweile geworden sind, in bester Erinnerung.

Ihre Zeit war stets mit Hausaufgaben ausgefüllt, gewöhnlich drei Stunden jeden Abend und weit mehr noch an den Wochenenden, nach dem Unterricht am Samstagmorgen und den Pflichtspielen am Samstagnachmittag. Trotz dieser Belastungen fanden sie immer noch ein bißchen Zeit, um sich nach der Schule zu treffen. Sie führten ein recht mönchisches Leben. Britische Pennäler, die in den fünfziger Jahren Private Schools besuchten, fanden in ihrem dichtgedrängten Arbeitsprogramm wenig Zeit für Mädchen, und bis zum Alter von fünfzehn oder sechzehn blieben die Jungen auch auf Partys unter sich. Erst dann entwickelten sie die Neigung – und bekamen sie die elterliche Erlaubnis –, gemischte Feste zu veranstalten und die Tanzschritte auszuprobieren, die sie nach den Samstagsspielen in einer Tanzschule im Stadtzentrum von St. Albans gelernt hatten.

Bevor sie sich zu solchen Freuden berechtigt sahen, unternahmen die Jungen häufig lange Fahrradtouren durch das ländliche Hertfordshire in der Umgebung von St. Albans, manchmal bis nach Whipsnade, das fast 25 Kilometer von St. Albans entfernt liegt. Eine beliebte Beschäftigung war es auch, Brettspiele zu erfinden und zu spielen. Entscheidend daran beteiligt waren Stephen und Roger Ferneyhaugh. Hawking ersann die Regeln des Spiels, während Ferneyhaugh die Bretter und Spielsteine entwarf. In den Ferien und an Wochenenden traf sich die Clique bei dem einen oder anderen Jungen und baute das neueste Spiel auf dem Fußboden des Kinderzimmers oder, mit Orangensaft versorgt, auf dem Wohnzimmerteppich auf.

Zunächst gab es das Kriegsspiel, das auf den Ereignissen des Zweiten Weltkriegs beruhte, dann kam das Ritterspiel, dem die komplizierten gesellschaftlichen, militärischen und politischen Verhältnisse des mittelalterlichen England zugrunde lagen und das die gesamte Infrastruktur minuziös nachbildete. Doch bald stellte sich heraus, daß ihre Spiele einen entscheidenden Mangel hatten: Stephens Regeln waren von so labyrinthischer Kompliziertheit, daß die Ausführung und die Folgen eines einzigen Zuges ungeheuer verwikkelt waren. Manchmal brauchten die Freunde einen ganzen Nachmittag, um die Probleme eines Spiels zu lösen. Häufig fanden diese Treffen in der Hillside Road 14 statt, wo die Jungen die Treppe zu Stephens vollgestopftem Zimmer im obersten Geschoß des Hauses emporpolterten.

Nach allen Berichten war das Hawkingsche Haus ein höchst ungewöhnlicher Ort, sauber, aber überladen mit Büchern, Gemälden, alten Möbeln und seltsamen Gegenständen, die aus den verschiedensten Teilen der Welt stammten. Weder Isobel noch Frank Hawking schienen sich sonderlich um den Zustand des Hauses zu kümmern. Teppiche und Möbel wurden benutzt, bis sie auseinanderfielen, und niemand störte sich daran, daß sich die altersschwache Tapete von den Wänden löste und daß an vielen Stellen vor und hinter den Türen der Putz zu Boden rieselte.

Stephens Zimmer machte in dieser Hinsicht keine Ausnahme. Es war zugleich Zauberhöhle, Labor und chaotisches Arbeitszimmer eines Jugendlichen. In der allgemeinen Unordnung fanden sich halbfertige Hausaufgaben, Becher voll ungetrunkenem Tee, Schulbücher, Teile von Flugzeugmodellen und merkwürdige technische Spielzeuge. Auf dem Sideboard standen elektrische Apparate von rätselhafter Bestimmung und daneben ein Gestell mit Reagenzgläsern, deren Inhalt vergessen und entfärbt war, inmitten des allgemeinen Durcheinanders von Drahtstücken, Papier, Leim und Metall – Überreste aufgegebener Projekte.

Die Hawkings waren zweifellos ein exzentrischer Haufen, in vielerlei Hinsicht typisch für eine Familie von Büchernarren, doch mit einem gehörigen Schuß Originalität und sozialem Bewußtsein. Insofern waren sie ihrer Zeit voraus. Ein Freund bezeichnete sie als «Blaustrümpfe». Und es gab viele Familienmitglieder: Ein Bild im privaten Fotoalbum zeigt achtundachtzig Hawkings. Stephens Eltern hatten einige verschrobene Angewohnheiten. Viele Jahre hindurch war das Familienauto ein Londoner Taxi, das Frank und Isobel Hawking für fünfzig Pfund gekauft hatten; es wurde später durch einen nagelneuen grünen Ford Consul ersetzt – Ende der fünfziger Jahre das englische Auto par excellence. Die Familie hatte einen triftigen Grund für diese Anschaffung: Sie hatte beschlossen, zu einer einjährigen Überlandexpedition nach Indien aufzubrechen, und ihr altes Londoner Taxi wäre einer solchen Strapaze nicht mehr gewachsen gewesen. Mit Ausnahme von Stephen, der sich diese Unterbrechung seines Schulbesuchs nicht erlauben konnte, begab sich die ganze Familie in ihrem grünen Ford auf die Reise nach Indien – Ende der fünfziger Jahre eine höchst ungewöhnliche Unternehmung.

Wie viele Engländer in jenen Jahren hatten die Hawkings einen Wohnwagen, der an der Südküste Englands, in der Nähe von Eastbourne in Sussex, stand. Im Gegensatz zu anderen Familien besaßen sie jedoch kein modernes Modell, sondern einen buntbemalten Zigeunerwagen. Fast jeden Sommer verbrachte die Familie zwei oder drei Wochen mit Spaziergängen auf den Klippen und Schwimmen in der Bucht. Häufig begleitete sie John McClenahan, Stephens bester Freund, und die beiden Jungen waren vollauf damit beschäftigt, Drachen steigen zu lassen, Eiskrem zu essen und sich immer neue Möglichkeiten auszudenken, wie sie Stephens jüngere Schwestern Mary und Philippa ärgern konnten, während sie den adoptierten Bruder Edward, der damals noch ein Kleinkind war, meist ignorierten.

In Stephens Kindheit und Jugend war eine hervorstechende Eigenschaft von Frank Hawking seine häufige Abwesenheit. Jahr für Jahr verschwand er ein paar Monate lang, um sich in Afrika seiner medizinischen Forschung zu widmen, was ihn häufig daran hinderte, an den Familienferien in Ringstead Bay teilzunehmen. Die Kinder blieben bei der Mutter. Dieser Vorgang war so sehr Teil ihres normalen Lebens geworden, daß Stephens älterer Schwester Mary, wie sie erzählt, erst gegen Ende ihrer Jugendzeit klar wurde, daß das Hawkingsche Familienleben ungewöhnlich war – sie hatte gemeint, alle Väter seien wie Zugvögel, die sich jedes Jahr in sonnigere Gefilde absetzen. Ob zu Hause oder im Ausland, Frank Hawking hielt bis zu dem Tag, an dem er starb, alles, was er tat, minuziös in einer Reihe von Tagebüchern fest. Er verfaßte auch fiktive Prosa, darunter mehrere unveröffentlichte Romane. Einer war aus dem Blickwinkel einer Frau geschrieben. Nachdem Isobel Hawking ihn gelesen hatte, bezeichnete sie ihn ohne Umschweife als kompletten Schwachsinn.

Zweifellos hat die Mutter das politische Denken ihres Sohnes stark beeinflußt. Wie viele britische Intellektuelle der damaligen Zeit war sie in den dreißiger Jahren der Kommunistischen Partei beigetreten und hatte sich dann allmählich in den Fünfzigern der Labour Party zugewandt. Sie unterstützte begeistert die «Kampagne für nukleare Abrüstung» und ermunterte Stephen, sie zu Demonstrationen und politischen Kundgebungen zu begleiten, so auch zu dem in die Geschichte der Antiatombewegung eingegangenen ersten «Aldermaston March» 1958. Hawking ist kein Kommunist geworden, hat aber stets Interesse für die Politik und Sympathien für linke Positionen gezeigt.

Stephen und seine Freunde hatten bald genug von ihren Brettspielen und wandten sich anderen Hobbys zu. So bauten sie Modellflugzeuge, die sich allerdings selten vom Boden erhoben, und elektronische Apparate. Hawkings Flugzeuge waren gewöhnlich zusammengestückelte Gebilde aus Papier und Balsaholz – alles andere als aerodynamisch. In der Elektronik erlebte er ähnliche Mißerfolge; einmal erhielt er einen Fünfhundert-Volt-Schlag, als er einen alten Fernseher in einen Verstärker umzubauen versuchte.

In der dritten und vierten Klasse begann die buntgemischte Clique ihre Aufmerksamkeit der Mystik und der Religion zuzuwenden. Ende 1954 hatte Graham Dow, ein Junge, der nur hin und wieder zu ihnen stieß, ein religiöses Erlebnis besonderer Art. In diesem Jahr hatte der Evangelist Billy Graham England bereist, und der junge Dow war von dem Mann tief beeindruckt. Dow bekehrte Roger Ferneyhaugh, und religiöser Eifer breitete sich unter den Freunden aus. Hawkings Einstellung zu diesem Fimmel ist strittig. Aller Wahrscheinlichkeit nach begegnete er diesem speziellen Spiel mit einer gewissen ironischen Distanz. Dies ist zumindest die Auffassung seiner Altersgenossen. Sie berichten, daß er die Angelegenheit eher aus der Warte des kritischen Verstandes betrachtet habe, mehr von den Reaktionen der Erweckten fasziniert als selbst mit Überzeugung oder keimender Gläubigkeit beteiligt.

Michael Church berichtet, bei Gesprächen mit Stephen über mystische und metaphysische Fragen habe er erstmals einen Eindruck von der intellektuellen Statur seines Freundes gewonnen. In Erinnerung an eine dieser Diskussionen erzählt er:

> Ich hatte keine naturwissenschaftliche Ader und nahm ihn nicht sehr ernst, bis wir eines Tages in seiner vollgestopften Tüftlerhöhle hockten, die wie die Karikatur eines Erfinderlabors aussah. Wir sprachen über den Sinn des Lebens, eine Frage, die mich damals mächtig interessierte. Plötzlich machte ich eine irritierende Entdeckung: Er brachte mich dazu, einen Narren aus mir zu machen. Ich hatte das Gefühl, daß er von ganz weit oben auf mich herabsah. Es war ein niederschmetternder Augenblick.[2]

Ihr Interesse am Christentum hielt den größten Teil jenes Jahres an. Die Freunde trafen sich, wie sie es zuvor getan hatten. Immer noch tranken sie Orangensaft, spielten auch hin und wieder noch ein Brettspiel, doch meist gerieten sie in hitzige Dispute über Glaubensfragen, Gott und ihre eigenen Gefühle. Es war eine Zeit der inneren Entfaltung, des Bemühens, Sinn in das Durcheinander der Ereignisse und Reize rund um sie her zu bringen, aber es war auch eine wichtige Gruppenerfahrung. Einer der Freunde hat später angedeutet, allen diesen Zusammenkünften sei ein Anflug jugendlicher Homosexualität eigen gewesen.

Für Stephen war es eine schwierige Zeit. Er wollte beteiligt sein und zur Gruppe gehören, aber seine rationalistische Ader verbot ihm schon damals, sich in seinem Denken durch Gefühle beeinträchtigen zu lassen. Dennoch gelang es ihm, sich die Freundschaft der anderen Jungen zu erhalten, eine gewisse Distanz zu wahren und einige soziale Fähigkeiten zu erwerben, die ihm in Zukunft gut zustatten kommen sollten. Es liegt eine gewisse Ironie darin, daß Stephen am Ende des dritten Jahres, als der religiöse Spleen seinen Höhepunkt erreichte, den Schulpreis im Fach Religion gewann.

Nach dem Christentum kam der Okkultismus. Die Gruppe wandte sich der außersinnlichen Wahrnehmung (ASW) zu, die damals die Phantasie der Öffentlichkeit zu beschäftigen begann. Gemeinsam und allein in ihren Zimmern führten sie Experimente durch, in denen sie versuchten, den Fall eines Würfels durch bloße Geisteskraft zu beeinflussen. Daran war Stephen weit mehr interessiert. Das war quantifizierbar, richtige experimentelle Arbeit, und es bot die Chance, die zugrundeliegende Idee zu beweisen oder zu widerlegen. Damit war das Ganze nicht mehr einfach eine Frage von Glaube oder Hoffnung.

Dieser Tick war nicht von langer Dauer. Mit seinen Freunden besuchte Stephen den Vortrag eines Wissenschaftlers, der Ende der fünfziger Jahre eine Reihe von ASW-Experimenten an der Duke University in North Carolina untersucht hatte. Der Redner zeigte, daß den Experimenten immer dann Mängel nachzuweisen waren, wenn die Versuchsleiter die vermeintlich paranormalen Effekte erzielt hatten, und daß die Versuche ergebnislos blieben, wenn die Experimentaltechniken korrekt befolgt worden waren. Aus Hawkings Interesse wurde Verachtung. Er gelangte zu dem Schluß, daß nur Menschen, die in ihrem analytischen Denken nicht über den Stand von Halbwüchsigen hinausgelangt seien, an außersinnliche Wahrnehmung und ähnliches glauben können.

Inzwischen nahmen die Ereignisse in der Schule ihren gewohnten Gang. Stephen machte eine schlechte Figur in allen Sportarten mit Ausnahme des Geländelaufs, für den seine drahtige, zähe Physis eine ideale Voraussetzung bot. Ergeben ließ er Kricket und Rugby über sich ergehen, während er der Combined Cadet Force, der CCF, mit ausgeprägter Abscheu begegnete. Wie die meisten britischen Private Schools für Jungen unterhält auch St. Albans School eine Schülerarmee, deren Ziel es ursprünglich war, die Jugendlichen auf den Wehrdienst vorzubereiten. Jeden Freitag traten alle in der Schule, von sechs Ausnahmen abgesehen, in Uniform an. Die Ausnahmen waren die Jungen, deren Eltern Kriegsdienstverweigerer waren. Trotz Isobel Hawkings politischen Neigungen gehörten Stephens Eltern nicht zu dieser Gruppe, so daß er an den Kriegsspielen, Exerzierübungen und Paraden teilnehmen mußte.

Für Schüler, die militärischen Belangen wenig Interesse entgegenbrachten, sind die Erinnerungen an die CCF bitter: kalte Wintertage in strömendem Regen, die Kleidung durchgeweicht, schneidender Januarschnee, der Gesicht und Finger taub werden ließ, und die gellenden Befehle der übereifrigen Schüleroffiziere. Stephen bekleidete den Rang eines Obergefreiten bei den Fernmeldern, dem Truppenteil, dem Soldaten mit wissenschaftlicher Neigung traditionell zugewiesen wurden. Wie viele berichten, war ihm die Sache äußerst verhaßt. Trotzdem ertrug er sie. In gewisser Hinsicht war die Alternative noch schlimmer. Schüler, die nicht bereit waren, Königin und Vaterland zu verteidigen, mußten die geballte Überzeugungsarbeit der Schule über sich ergehen lassen. Zunächst hatte der Verweigerer vor Colonel Pryke, dem Befehlshaber der CCF, zu erscheinen. Wenn es diesem nicht gelang, den Dissidenten zur Abkehr von seiner Renitenz zu überreden, wartete als nächstes der stellvertretende Direktor Canon Feaver auf ihn, ein eindrucksvoller Gentleman, der dem Jungen einen Vortrag über dessen moralische Pflicht hielt, Gott und der Königin zu dienen und seine Rolle in der Ordnung der Dinge zu übernehmen. Wenn auch das durchgestanden war, wartete die letzte Prüfung auf den Standhaften: der Schulleiter William Thomas Marsh.

Marsh war einer von St. Albans' strengsten, aber auch erfolgreichsten Direktoren. Viele Altersgenossen Hawkings haben ihn als «zutiefst furchterregend» beschrieben. Sich mit ihm anzulegen galt als außerordentlich töricht. Ein Verweigerer, der dem Direktor standhielt, mußte schon über ein hohes Maß an Überzeugung und Entschlossenheit verfügen. Doch das war nur der Beginn der Prüfung. Schüler, die nicht an der CCF teilnahmen, mußten wie alle anderen in Militärkluft erscheinen, und statt Soldaten zu spielen, waren sie gezwungen, die Baugrube für ein griechisches Theater auf dem Schulgelände auszuheben. Marsh war ein leidenschaftlicher Liebhaber des klassischen Altertums und sah in diesem Arbeitseinsatz eine angemessene Form ritueller Demütigung. Der Bau des griechischen Theaters wurde, solange er dauerte, bei jedem Wetter vorangetrieben. Bei schönem Wetter war Marsh auf der Baustelle persönlich anwesend, bei Regen oder Schneefall überwachte er sie von einem warmen Zimmer aus.

Das Schulleben war nicht immer trostlos. Häufig fanden im Rahmen des Unterrichts Klassenausflüge und Besichtigungen statt. Gewöhnlich hatte der CCF-Kommandant Colonel Pryke die Aufgabe, eine «lausige Horde junger Kerle», wie er sich auszudrücken pflegte, zu irgendwelchen Fabriken, Kraftwerken und Museen zu begleiten. Mit Vergnügen erinnert er sich an einen Ausflug von Hawkings Klasse zur chemischen Fabrik von ICI in Billingham im Norden Englands. Bis zum Mittagessen schien alles reibungslos zu verlaufen. Doch dann zog einer der Wissenschaftler, die sie herumgeführt hatten, Pryke in eine Ecke und sagte wütend: «Wen zum Teufel haben Sie mir da angeschleppt? Die stellen mir einen Haufen lästiger Fragen, die ich nicht beantworten kann!»

Mit vierzehn wußte Stephen, daß er Mathematik studieren wollte, und zu dieser Zeit begann sich auch seine naturwissenschaftliche Begabung zu zeigen. Obwohl er für seine Mathematik-Hausaufgaben sehr wenig Zeit aufwandte, erhielt er hervorragende Noten in diesem Fach. Ein Mitschüler erinnert sich: «Er hatte unglaubliche instinktive Einsichten. Während ich mir den Kopf über die komplizierte mathematische Lösung einer Aufgabe zerbrach, *wußte er die Antwort einfach so* – er brauchte überhaupt nicht nachzudenken.»[3] Der «durchschnittlich» begabte Knabe begann ein außergewöhnliches Talent zu zeigen.

Ein Beispiel für Stephens hochentwickelte Einsichtsfähigkeit hinterließ bei John McClenahan einen bleibenden Eindruck. In der sechsten Klasse stellte der Physiklehrer die Frage: «Stellt euch vor, ihr habt eine Tasse Tee, ihr wollt ihn mit aufgekochter Milch trinken, und er ist viel zu heiß. Kühlt er rascher auf eine trinkbare Temperatur ab, wenn ihr die Milch hineingebt, während ihr den Tee eingießt, oder solltet ihr lieber warten und die Milch später hinzufügen?» Während die Klassenkameraden eine Vielzahl physikalischer Konzepte bemühten, um die Frage zu klären, kam Stephen sogleich auf ihren Kern und verkündete fast augenblicklich die richtige Antwort: «Natürlich muß die Milch später hinein!» Dann lieferte er eine gründliche Herleitung seiner Schlußfolgerung nach.

Mühelos bestand er die Prüfungen des Ordinary Level – in neun Fächern im Juli 1957 und im zehnten, Latein, ein Jahr später, als er die Advanced Levels schon zur Hälfte hinter sich hatte. Bei der Überlegung, in welchen Fächern er sich für die A-Levels vorbereiten sollte, mußte er die Wünsche der Eltern in seine Pläne einbeziehen. Er wollte Kurse in Mathematik und Physik belegen, zusätzlich noch einen Kurs in höherer Mathematik, um sich auf ein Physik- oder Mathematikstudium vorzubereiten. Doch Frank Hawking hatte andere Pläne. Er wollte, daß sein Sohn in seine Fußstapfen trat und Medizin studierte; deshalb sollte Stephen einen Chemiekurs absolvieren. Nach vielen Diskussionen und Auseinandersetzungen war Stephen schließlich bereit, sich in Mathematik, Physik und Chemie auf die Prüfungen des A-Level vorzubereiten und die Studienfrage offenzulassen, bis sie sich ein Jahr später endgültig stellen würde.

Die sechste Klasse war wohl Hawkings glücklichste Zeit an der St. Albans School. Den Jungen wurden in den letzten beiden Jahren größere Freiheiten eingeräumt, und sie sonnten sich ein wenig in den Erfolgen, die sie bei den Prüfungen des O-Level erzielt hatten. In der sechsten Klasse begann sich die Clique aufzulösen, da die Freunde unterschiedliche A-Level-Kurse gewählt hatten. Die Jungen, die sich geisteswissenschaftlichen Fächern zuwandten, begannen auf ganz natürlichem Wege den Kontakt mit den «Naturwissenschaftlern» zu verlieren. Basil King, John McClenahan und Hawking entschieden sich ausschließlich für naturwissenschaftliche Kurse, während die anderen geisteswissenschaftliche Fächer wählten. Die Naturwissenschaftler versammelten Gleichgesinnte um sich, und es bildeten sich neue Gruppen.

Im Frühjahr 1958 bauten Hawking und seine Freunde, darunter auch die neugewonnenen Kameraden Barry Blott und Christopher Fletcher, einen Computer namens LUCE – ein Kürzel für «Logical Uniselector Computing Engine» (logische Drehwahl-Rechenmaschine). In den fünfziger Jahren gab es in England Computer nur in einigen Universitätsinstituten und im Verteidigungsministerium, und daß es der Gruppe gelang, einen – wenn auch sehr primitiven – Rechner zu konstruieren, ist auch dem Engagement und der Hilfe des jungen Mathematiklehrers Dick Tartar zu verdanken, der speziell dazu eingestellt worden war, neue Ideen und ein bißchen Leben in den mathematischen Fachbereich zu bringen.

Es dauerte einen Monat, bevor sie der Maschine überhaupt etwas entlocken konnten. Das größte Problem war offenbar nicht der Entwurf oder die theoretische Vorarbeit des Projektes, sondern einfach ungeschicktes Löten. Die Innereien des Apparates waren ausgeschlachtete Teile einer alten Bürotelefonvermittlungsanlage. Unzählige elektrische Kontakte waren erforderlich, um das Gerät funktionsfähig zu machen, und das Team fand immer wieder neue Fehler in der Verlötung. Doch schließlich lief der Computer, was zu beträchtlicher Aufregung in der sechsten Klasse führte. Der Bericht der Mathematical Society in der Schulzeitung *Albanian* klingt, als stamme er von einer Reise in die Zukunft:

> Es ist nicht neu, daß der Mathematiker seinen Elfenbeinturm verläßt und seine ursprüngliche Funktion als Rechenmeister wahrnimmt. So erfand Pascal 1641 eine Rechenmaschine – Vorläufer des modernen Computers, der Rechenhilfen wie Kerbholz, Abakus oder Rechenschieber ersetzt. Bis zu den glücklicheren Tagen, wenn jeder seinen Taschen-Ernie* besitzt, müssen wir uns mit Logarithmentafeln zufriedengeben. Doch ein bescheidener Anfang ist gemacht: wir haben LUCE, die «Logical Uniselector Computing Engine» der St. Albans School.
>
> Diese Maschine löst einige zwar nutzlose, aber ziemlich komplizierte logische Probleme. Das letzte Treffen der Mathematischen Gesellschaft war ihr gewidmet und lockte eine große Zahl interessierter Besucher an. Mit der gewonnenen Erfahrung schikken sich [die Konstrukteure] an, einen bislang namenlosen digitalen Rechner zu bauen, der tatsächlich «rechnen» kann. (Viertkläßler, faßt Mut!)[4]

Erste Beachtung durch die Presse erhielten Hawking und seine Freunde, als die Lokalzeitung *Herts Advertiser* die Geschichte der «jugendlichen Forscher» und ihres neumodischen Apparates brachte. Und wie in dem Artikel der Schulzeitung angekündigt, machten sie sich später in der sechsten Klasse tatsächlich daran, eine technisch ausgereiftere Version der Maschine zu konstruieren.

Als Nigel Wood-Smith, der gegenwärtige Leiter des Fachbereichs Informatik an der St. Albans School, viele Jahre später seinen Posten antrat, fand er eine Kiste unter einem der Tische im Mathe-

* Der Computer, mit dem die Gewinner des britischen Lottos gezogen wurden.

matiksaal. Soweit er erkennen konnte, enthielt sie nichts als Schrott – Transistoren und Relais. Auf dem Gewirr aus Drähten und Metall lag lose ein Namensschild mit der Aufschrift «LUCE». Er ließ den ganzen Plunder im Mülleimer verschwinden. Erst viele Jahre später wurde ihm klar, daß er, ohne sich der möglichen historischen Bedeutung des Gebildes bewußt gewesen zu sein, den Computer weggeworfen hatte, dessen Konstrukteur Stephen Hawking war.

2 Klassische Kosmologie

Die Kosmologie untersucht das Universum in seiner Gesamtheit – seinen Beginn, seine Evolution und sein zukünftiges Schicksal. An ihren Ideen gemessen, ist sie eine imposante Wissenschaft; betrachtet man dagegen ihre technischen Hilfsmittel, so erscheint sie weniger eindrucksvoll. Gewiß, Kosmologen verwenden Informationen über das Universum, die von riesigen Teleskopen und Raumsonden stammen, und sie verarbeiten diese Daten oft mit Hilfe von Großrechnern. Doch im wesentlichen ist die Kosmologie immer noch Mathematik, was heißt, kosmologische Konzepte lassen sich als Gleichungen zum Ausdruck bringen, die man mit dem Bleistift auf dem Papier festhalten kann. Mehr als in jedem anderen Wissenschaftszweig kann man in der Kosmologie seine Studien betreiben, indem man sich allein auf die Kraft seines Verstandes verläßt. Das gilt heute ebenso wie vor fünfundsiebzig Jahren, als Albert Einstein die allgemeine Relativitätstheorie entwickelte und damit die theoretische Kosmologie als Wissenschaft begründete.

Wenn Naturwissenschaftler von den «klassischen» Konzepten der Physik sprechen, meinen sie nicht die Gedanken der alten Griechen. Strenggenommen ist die klassische Physik die Physik von Isaac Newton, der im 17. Jahrhundert die Grundlagen für die wissenschaftliche Methode zur Untersuchung der Welt legte. Bis zum Ende des 19. Jahrhunderts galt die Newtonsche Physik uneingeschränkt. Dann wurde sie von zwei Revolutionen erschüttert – die erste ausgelöst durch Einsteins Relativitätstheorie, die zweite durch die Quantenmechanik. Die erste ist die Theorie, die am besten erklärt, wie die Schwerkraft wirkt; die zweite erläutert, wie alle anderen Vorgänge in der materiellen Welt zustande kommen. Zusammen bilden diese beiden Theorien die Zwillingssäulen der modernen Physik im 20. Jahrhundert. Der heilige Gral, den viele Forscher suchen, ist eine Theorie, die die beiden in einem einzigen mathematischen System verbindet.

Doch für die Gralssucher der neunziger Jahre unseres Jahrhunderts sind selbst diese beiden Säulen der Physik in ihrer ursprünglichen Form ein alter Hut. Es gibt eine andere, mehr umgangssprachliche Form, in der Wissenschaftler den Ausdruck «klassische Physik» verwenden – im wesentlichen bezeichnen sie damit alles, was von früheren Physikergenerationen entwickelt wurde, also mehr als fünfundzwanzig Jahre alt ist. Gehen wir von heute fünfundzwanzig Jahre zurück, so gelangen wir in der Tat zu einem Meilenstein der Astrophysik: der Entdeckung der Pulsare im Jahre 1967, als Stephen Hawking gerade seinen fünfundzwanzigsten Geburtstag feierte. Heute weiß man, daß es sich bei diesen Objekten um Neutronensterne handelt, kollabierte Kerne massereicher Sterne, die ihr Leben in gewaltigen Ausbrüchen, den sogenannten Supernova-Explosionen, beendet haben. Diese Entdeckung der Pulsare – kollabierter Objekte, die im Begriff sind, sich in Schwarze Löcher zu verwandeln – ließ das Interesse an den extremen Konsequenzen der Einsteinschen Gravitationstheorie wieder aufleben. Bei der Beschäftigung mit solchen Schwarzen Löchern gelangte Hawking zur ersten erfolgreichen Verbindung zwischen Quanten- und Relativitätstheorie.

Wie wir noch sehen werden, arbeitete Hawking schon mehr als zwei Jahre an der Theorie der Schwarzen Löcher, bevor die Pulsare entdeckt wurden – zu einem Zeitpunkt, als sich nur wenige Mathematiker um diese exotischen Implikationen der Einsteinschen Gleichungen Gedanken machten und als der Ausdruck «Schwarze Löcher» in dem Zusammenhang noch gar nicht benutzt wurde. Wie alle Zeitgenossen lernte Hawking in seiner wissenschaftlichen Ausbildung die klassischen Ideen Newtons, die Relativitätstheorie und die Quantenphysik in ihrer ursprünglichen Form kennen. Eine Vorstellung davon, wie weit die neue Physik inzwischen gediehen ist, und zwar teilweise mit Hawkings Hilfe, können wir nur gewinnen, indem wir diese klassischen Ideen selbst betrachten – uns ein bißchen am Fuße des Gebirges umsehen, bevor wir die schwindelnden Höhen erklimmen. «Klassische Kosmologie» in dem erwähnten umgangssprachlichen Sinne bezeichnet das Wissen vor der Revolution, die durch die Entdeckung der Pulsare ausgelöst wurde – also genau die Inhalte, die den Studenten von Hawkings Generation vermittelt wurden.

Isaac Newton machte aus dem Universum einen geordneten, der Logik zugänglichen Ort. Er erklärte das Verhalten der materiellen Welt durch fundamentale Gesetze, von denen man meinte, sie seien der Struktur des Universums inhärent. Das berühmteste ist das Gravitationsgesetz. Bis zu Newton waren die Umlaufbahnen der Planeten um die Sonne ein tiefes Geheimnis geblieben. Er erklärte sie nun durch das Gravitationsgesetz, das besagt, auf einen Planeten in einer bestimmten Entfernung von der Sonne wirke eine bestimmte Kraft, die ihn zur Sonne ziehe, und zwar proportional zum Wert von eins durch das Quadrat der Entfernung zur Sonne – was man als umgekehrt-quadratische Relation bezeichnet. Mit anderen Worten, entfernte sich der Planet durch Zauberkraft auf den doppelten Abstand von der Sonne, würde ein Viertel der Kraft auf ihn einwirken. Bei der dreifachen Entfernung wäre es nur noch ein Neuntel der Kraft und so fort. Wenn sich ein Planet in einer stabilen Umlaufbahn mit seiner eigenen Geschwindigkeit durch den Raum bewegt, befindet sich diese innere Kraft exakt im Gleichgewicht mit dem Bestreben des Planeten, in das All davonzufliegen. Darüber hinaus entdeckte Newton, daß diese umgekehrt-quadratische Relation den Fall eines Apfels von einem Baum, die Umlaufbahn des Mondes um die Erde und sogar Ebbe und Flut der Gezeiten erklärt: Es ist ein *universelles* Gesetz.

Ferner zeigte Newton, wie Objekte auf andere Kräfte als die Gravitation reagieren. Auf der Erde wirkt jeder Bewegung eines Objekts Reibungskraft entgegen. Wir bewegen einen Gegenstand, indem wir Kraft auf ihn ausüben. Unterlassen wir diese Einwirkung, bringt die Reibung ihn zum Stillstand. Bewegt sich ein Objekt jedoch ohne Reibung (wie die Planeten im All oder die Atome in der Mikrowelt), so dauert seine Bewegung in gerader Linie mit gleichbleibender Geschwindigkeit an, bis eine Kraft auf es einwirkt. Solange es der Wirkung dieser Kraft unterworfen ist, wird es sich beschleunigen – seine Richtung, seine Geschwindigkeit oder beides verändern. Je leichter das Objekt oder je stärker die Kraft, desto größer die daraus resultierende Beschleunigung. Hebt man die Kraft auf, bewegt sich das Objekt abermals in gerader Linie mit gleichbleibender Geschwindigkeit, allerdings mit einer anderen, die sich herausgebildet hat, während das Objekt die Beschleunigung erfuhr.

Wenn man ein Objekt stößt, stößt es zurück. Wirkung und Gegenwirkung sind gleich groß und entgegengerichtet. Auf diesem Prinzip beruht die Funktionsweise der Rakete – sie stößt aus ihren Düsen verbrennenden Treibstoff in eine Richtung, und der Rückstoß treibt den Flugkörper in die entgegengesetzte Richtung. Dieses Gegenwirkungsgesetz kennt man vom Poolbillard, bei dem die Kugeln auf höchst «Newtonsche» Art zusammenstoßen und abprallen. Das entspricht auch weitgehend dem Weltbild, das sich aus der Newtonschen Mechanik ergibt – das Bild von Kugeln (oder Atomen), die vollkommen regelmäßig und vorhersagbar zusammenstoßen und voneinander abprallen, oder von Sternen und Planeten, die sich mit gleicher Regelmäßigkeit unter dem Einfluß der Schwerkraft bewegen.

Alle diese Ideen waren in Newtons 1687 erschienenem Hauptwerk, den ‹*Principia*›, enthalten (das man gewöhnlich mit dieser Kurzform seines lateinischen Titels bezeichnet; der vollständige deutsche Titel der großen Newtonschen Schrift lautet ‹*Mathematische Prinzipien der Naturphilosophie*›). Das Weltbild, das Newton uns vermittelte, bezeichnet man gelegentlich auch als «Uhrwerkuniversum». Wenn das Universum aus materiellen Objekten besteht, wenn diese miteinander durch Kräfte wechselwirken, die wahrhaft universellen Gesetzen gehorchen, und wenn Regeln wie die der Wirkung und Gegenwirkung auf exakt die gleiche Weise überall im Universum gültig sind, dann kann man das Universum als eine Riesenmaschine betrachten, eine Art kosmisches Uhrwerk, das seinen genau vorhersagbaren Gang einhalten wird, sobald es einmal in Bewegung gesetzt worden ist.

Das wirft eine Vielzahl von Rätseln auf, die den Philosophen und Theologen gleichermaßen Kopfzerbrechen bereiten. Der Kern des Problems ist die Frage nach dem freien Willen. Ist in einem solchen Uhrwerkuniversum alles vorherbestimmt, auch jeder Aspekt des menschlichen Verhaltens? War es prädestiniert – in den Gesetzen der Physik von Anfang an enthalten –, daß eine Ansammlung von Atomen, bekannt als Isaac Newton, ein Buch wie die ‹*Principia*› schreiben würden, welches 1687 veröffentlicht werden sollte? Und wenn man das Universum mit einem kosmischen Uhrwerk vergleichen kann, wer hat es dann aufgezogen und in Gang gesetzt?

Selbst im etablierten Bezugssystem des christlichen Glaubens im Europa des 17. Jahrhunderts waren dies beunruhigende Fragen. Zwar konnte man vernünftigerweise sagen, das Uhrwerk sei von Gott aufgezogen und in Gang gesetzt worden, doch nach traditioneller christlicher Auffassung hat der Mensch einen freien Willen, so daß er nach Belieben entscheiden kann, den Lehren Christi zu folgen oder nicht. Die Vorstellung, daß Sünder ihre Handlungen nicht frei wählen könnten, sondern ihre Sünden aufgrund unwandelbarer Gesetze begingen und damit einem Weg zur ewigen Verdammnis folgten, der von Anfang an durch Gott festgelegt worden sei – das paßte einfach nicht in das herkömmliche christliche Weltbild.

Merkwürdigerweise zog die Wissenschaft zu Newtons Zeit und bis ins 20. Jahrhundert hinein überhaupt nicht die Idee in Betracht, das Universum könnte einen Anfang haben. Das Universum in seiner

Gesamtheit wurde als ewig und unwandelbar begriffen, mit «feststehenden» Himmelskörpern – Fixsternen –, die im Raum hingen. Die biblische Schöpfungsgeschichte, die im 17. Jahrhundert noch weithin von Wissenschaftlern wie Laienpublikum akzeptiert wurde, ließ man nur für unseren Planeten, die Erde, oder vielleicht noch für das Sonnensystem gelten, nicht aber für das ganze Universum.

Newton glaubte (fälschlicherweise, wie sich inzwischen herausgestellt hat), daß die Fixsterne ewig an ihrem Platz bleiben könnten, wenn das Universum unendlich groß sei, weil die Schwerkraft, die auf jeden einzelnen Stern einwirkte, nach allen Richtungen hin gleich wäre. Tatsächlich ist eine solche Situation außerordentlich instabil. Die geringste Abweichung von einer vollkommen gleichförmigen Verteilung der Sterne würde insgesamt eine Kraft in die eine oder andere Richtung wirken lassen und die Sterne in Bewegung setzen. Sobald ein Stern sich in Richtung einer Schwerkraftquelle bewegt, nimmt die Entfernung zu der Quelle ab, so daß die Kraft in dem Maße anwächst, wie es von Newtons Gravitationsgesetz festgelegt wird. Sobald die Sterne begonnen haben, sich zu bewegen, wird deshalb die Kraft stärker, welche die Ungleichförmigkeit verursacht. Immer rascher setzen die Sterne ihre Bewegung fort. Unter der Einwirkung der Schwerkraft wird ein statisches Universum schon bald zu kollabieren beginnen. Doch das wurde erst deutlich, nachdem Einstein eine neue Gravitationstheorie entwickelt hatte – eine Theorie zudem, welche die Vorhersage enthielt, daß das Universum mit Gewißheit nicht statisch sei, womöglich aber nicht kollabiere, sondern *expandiere*.

Die Physik verdankt Albert Einstein wie Newton viele Beiträge. Und wie in Newtons Fall war auch Einsteins Hauptwerk eine Theorie der Gravitation, die allgemeine Relativitätstheorie. Einen Eindruck von der Bedeutung dieses Systems für das moderne Bild des Universums liefert der Umstand, daß selbst die spezielle Relativitätstheorie von 1905, jene Theorie, die zu der berühmten Gleichung

$E = mc^2$ führte, eine vergleichsweise unbedeutende Arbeit ist – und das, obwohl sie einen Schlüssel zum neuen Verständnis des Universums lieferte. Doch bevor wir uns diesem Verständnis zuwenden, sollten wir die Grundzüge der speziellen Relativitätstheorie zumindest kurz betrachten.

Einstein entwickelte die spezielle Relativitätstheorie im Zuge der Beschäftigung mit einem Rätsel, auf das die Physik des 19. Jahrhunderts gestoßen war. Der große schottische Physiker James Clerk Maxwell hatte die Gleichungen entdeckt, die das Verhalten elektromagnetischer Wellen beschreiben. Maxwells Gleichungen sollten ursprünglich das Verhalten von Radiowellen erklären, die man kurz zuvor entdeckt hatte. Doch Maxwell stellte fest, daß die Gleichungen ihm automatisch eine bestimmte Geschwindigkeit lieferten, und zwar jene, mit der sich elektromagnetische Wellen ausbreiten. Die besondere Geschwindigkeit, die sich aus Maxwells Gleichung ergab, erwies sich exakt als die Lichtgeschwindigkeit, die man damals schon gemessen hatte. Daraus ergab sich, daß das Licht die Form elektromagnetischer Wellen besitzen muß, den Radiowellen vergleichbar, nur mit geringerer Wellenlänge (das heißt mit höherer Frequenz). Und es bedeutete diesen Gleichungen zufolge weiterhin, daß sich Licht (wie andere Formen elektromagnetischer Strahlung, also auch Radiowellen) stets mit der gleichen Geschwindigkeit fortbewegt.

Das entspricht nicht unseren Erfahrungen mit der alltäglichen Bewegung von Dingen. Wenn ich Ihnen im Stehen vorsichtig einen Ball zuwerfe, können Sie ihn leicht fangen. Fahre ich hingegen mit hundert Stundenkilometern in einem Auto auf Sie zu und werfe dann den Ball ebenso vorsichtig zum Fenster hinaus, jagt er mit hundert Stundenkilometern plus der durch den Wurf erzielten Geschwindigkeit auf Sie zu. Zu Recht wären Sie verblüfft, wenn der vorsichtig aus dem Autofenster geworfene Ball Sie nur mit der gemäßigten Wurfgeschwindigkeit erreichte, ohne die zusätzliche Geschwindigkeit des Autos. Doch genau das geschieht mit Lichtpulsen. Wenn ein Auto mit achtzig Stundenkilometern eine gerade Straße entlangfährt und von einem anderen mit einhundert Stundenkilometern überholt wird, bewegt sich das zweite Fahrzeug relativ zum ersten mit einer Geschwindigkeit von zwanzig Stundenkilometern. Mit anderen Worten, Geschwindigkeit ist relativ. Und doch, wenn Sie von einem Lichtpuls überholt und messen würden, mit welcher Geschwindigkeit er an Ihnen vorbeizieht, würden Sie auf die gleiche Geschwindigkeit kommen wie bei der Messung eines Lichtpulses, der Sie passiert, während Sie stillstehen.

Das wußte niemand bis zum Ende des 19. Jahrhunderts. Die Physiker hatten angenommen, Licht verhalte sich, soweit es die Addition und Subtraktion von Geschwindigkeiten betreffe, genauso wie andere Objekte – etwa Bälle, die sich Menschen zuwerfen. Und sie erklärten die «Konstanz» der Lichtgeschwindigkeit in Maxwells Gleichungen mit der Hypothese, die Gleichungen seien für einen «absoluten Raum» gültig, der ein fundamentales Bezugssystem für das gesamte Universum bilde.

Nach dieser Auffassung legt der Raum selbst das Bezugssystem fest, in dem die Dinge zu messen sind – den absoluten Raum, durch den sich die Erde, die Sonne, das Licht und alles andere bewegen. Diesen absoluten Raum nannte man gelegentlich auch «Äther» und stellte ihn sich als eine Substanz vor, durch den sich die elektromagnetischen Wellen ausbreiten, wie sich Wasserwellen im Meer bewegen. Der Haken war, die Experimentalphysiker konnten bei ihren Versuchen, Veränderungen der Lichtgeschwindigkeit zu messen, die von der Bewegung der Erde durch den absoluten Raum (oder «relativ zum Äther») verursacht wurden, keine Schwankungen entdecken.

Da sich die Erde in einer fast kreisförmigen Bahn um die Sonne bewegt, müßte sie sich zu verschiedenen Zeiten des Jahres mit verschiedenen Geschwindigkeiten relativ zum absoluten Raum bewegen. Wir können diesen Vorgang mit einem Menschen vergleichen, der in einem rasch fließenden Strom im Kreis schwimmt. Manchmal würde die Erde «mit dem Äther schwimmen», manchmal quer zu ihm und manchmal gegen den Strom. Wenn sich das Licht stets mit der gleichen Geschwindigkeit relativ zum absoluten Raum bewegt, müßte sich dies, so sagt uns der gesunde Menschenverstand, darin zeigen, daß die Lichtgeschwindigkeit, von der Erde aus gemessen, jahreszeitlichen Schwankungen unterworfen ist. Dies ist nicht der Fall.

Einstein löste das Dilemma durch seine spezielle Relativitätstheorie. Ihr zufolge sind *alle* Bezugssysteme gleichermaßen gültig, und ein absolutes Bezugssystem gibt es nicht. Jeder, der sich mit einer konstanten Geschwindigkeit durch den Raum bewegt, darf sich als stationär betrachten. Er wird feststellen, daß in Bewegung befindliche Objekte in seinem Bezugssystem den Newtonschen Gesetzen gehorchen, daß sich die elektromagnetische Strahlung nach Maxwells Gleichungen richtet und daß die gemessene Lichtgeschwindigkeit stets den Wert aufweist, der sich aus diesen Gleichungen ergibt – bezeichnet durch den Buchstaben *c*. Außerdem ist jeder, der sich mit konstanter Geschwindigkeit zur ersten Person bewegt (dem ersten Beobachter, in physikalischer Ausdrucksweise), ebenfalls zu der Aussage berechtigt, er befinde sich im Ruhezustand. Alle Objekte in seinem Labor gehorchen, wie er feststellen wird, den Newtonschen Gesetzen, während Messungen der Lichtgeschwindigkeit stets den Wert von *c* ergeben. Selbst wenn sich ein Beobachter dem anderen mit der halben Lichtgeschwindigkeit nähert und ihn dabei mit einer Taschenlampe anleuchtet, wird der zweite Beobachter die Geschwindigkeit des Lichts aus der Taschenlampe nicht mit 1,5 *c* messen: Sie wird nach wie vor *c* betragen!

Ausgehend von der beobachteten Tatsache, daß die Lichtgeschwindigkeit eine Konstante ist – den gleichen Wert hat, egal wie sich die Erde durch den Raum bewegt –, entwickelte Einstein eine mathematische Theorie, um das Verhalten materieller Objekte in Bezugssystemen zu beschreiben, die sich mit konstanten Geschwindigkeiten relativ zueinander bewegen – sogenannten «Inertialsystemen». Vorausgesetzt, die Geschwindigkeiten sind im Verhältnis zur Lichtgeschwindigkeit sehr klein, liefern diese Gleichungen exakt die gleichen «Antworten» wie die Newtonsche Mechanik. Doch wenn die Geschwindigkeiten zu nennenswerten Bruchteilen der Lichtgeschwindigkeit anwachsen, ereignen sich merkwürdige Dinge.

Zwei Geschwindigkeiten lassen sich beispielsweise *niemals* zu einer relativen Geschwindigkeit addieren, die größer als c ist. Ein Beobachter kann zwei andere Beobachter betrachten, die sich beide mit einer Geschwindigkeit von $0{,}9c$, gemessen im Bezugssystem des ersten Beobachters, frontal aufeinander zubewegen. Doch Messungen, die jeder der beiden sich so rasch bewegenden Beobachter ausführt, werden stets zeigen, daß der andere eine Geschwindigkeit aufweist, die kleiner als c, aber (in diesem Falle) größer als $0{,}9c$ ist.

Die beiden Geschwindigkeiten addieren sich auf so merkwürdige Weise, weil Raum und Zeit bei hohen Geschwindigkeiten besondere Krümmungen aufweisen. Um die Konstanz der Lichtgeschwindigkeit zu erklären, mußte Einstein sich zu der Annahme durchringen, daß in Bewegung befindliche Uhren langsamer gehen als stationäre und daß in Bewegung befindliche Objekte sich in Richtung ihrer Bewegung zusammenziehen. Aus den Gleichungen geht ferner hervor, daß die Masse von Objekten, die sich bewegen, mit ihrer Geschwindigkeit zunimmt.

So merkwürdig und wundersam alle diese Dinge auch sind, sie haben nur am Rande mit der Geschichte der modernen Kosmologie und der Suche nach Verbindungen zwischen Quantenphysik und Gravitation zu tun. Es sei jedoch darauf hingewiesen, daß es sich hier nicht um «rein theoretische» Spekulationen handelt. Für den Wissenschaftler ist eine Theorie eine Idee, die experimentell erprobt worden ist und jeder bislang durchgeführten Prüfung standgehalten hat. Die spezielle Relativitätstheorie macht da keine Ausnahme. Alle seltsamen Konzepte, die der Theorie innewohnen – die Konstanz der Lichtgeschwindigkeit, die Zeitdehnung, die Kontraktion von Objekten in Bewegung, die Massenzunahme eines solchen Objekts – sind in sehr vielen Experimenten gemessen und mit großer Präzision bestätigt worden. Stimmte die Theorie nicht, würden Teilchenbeschleuniger – «Atomzertrümmerer» wie der am CERN, der Europäischen Organisation für Kernforschung in Genf – nicht funktionieren, denn sie sind auf der Grundlage von Einsteins Gleichungen entworfen und gebaut worden. Die spezielle Relativitätstheorie als Beschreibung der Hochgeschwindigkeitswelt ist durch harte Experimentaldaten ebenso zuverlässig abgesichert wie die Newtonsche Mechanik als Beschreibung der Alltagswelt. Die Einsteinsche Theorie verträgt sich nur deshalb nicht mit unserem gesunden Menschenverstand, weil wir in der alltäglichen Welt nicht an die extremen Geschwindigkeiten gewöhnt sind, die erforderlich sind, damit sich die Effekte zeigen. Schließlich beträgt die Lichtgeschwindigkeit c dreihunderttausend Kilometer pro Sekunde, und die relativistischen Effekte lassen sich getrost für alle Geschwindigkeiten vernachlässigen, die unter zehn Prozent dieser Lichtgeschwindigkeit liegen – das heißt für alle Geschwindigkeiten von weniger als dreißigtausend Kilometer pro Sekunde.

Im wesentlichen entspringt die Relativitätstheorie aus der Vereinigung von Newtons Bewegungsgleichungen mit den Maxwellschen Gleichungen, die die elektromagnetische Strahlung beschreiben. Sie war in hohem Maße ein Kind ihrer Zeit, und wenn Einstein sie nicht im Jahre 1905 präsentiert hätte, so hätte es einer seiner Zeitgenossen wohl sicherlich innerhalb der nächsten Jahre getan. Ohne Einsteins besondere Begabung hätte es aber gut eine Generation oder mehr dauern können, bevor irgendwann jemand bemerkt hätte, daß in der speziellen Relativitätstheorie eine noch weit wichtigere und tiefere Erkenntnis verborgen liegt.

Dieser entscheidende Aspekt, den wir bereits angedeutet haben, war das Ergebnis einer anderen Verbindung – der Vereinigung von Raum und Zeit. In der alltäglichen Welt scheinen Raum und Zeit ganz verschiedene Dinge zu sein. Der Raum dehnt sich um uns herum in drei Dimensionen aus (nach oben und unten, nach links und rechts, nach vorn und nach hinten). Wir können sehen, wo die Dinge im Raum lokalisiert sind, und uns fast beliebig durch ihn hindurchbewegen. Von der Zeit wissen wir zwar alle, was sie ist, können sie aber so gut wie gar nicht beschreiben. In gewissem Sinne hat sie eine Richtung (von der Vergangenheit in die Zukunft), aber wir können weder in die Zukunft noch in die Vergangenheit blicken, und ganz gewiß können wir uns nicht nach Belieben durch die Zeit bewegen. Doch die große universelle Konstante *c* ist eine Geschwindigkeit, und Geschwindigkeit ist ein Maß, das Raum und Zeit in Beziehung setzt. Geschwindigkeit wird stets in Kilometern pro Stunde, Zentimetern pro Sekunde oder irgendeiner anderen Längeneinheit pro Zeiteinheit gemessen. Man kann nicht das eine ohne das andere haben, wenn man über Geschwindigkeit redet. Folglich muß der Umstand, daß die fundamentale Konstante eine Geschwindigkeit ist, eine große Bedeutung für das Universum haben. Aber welche?

Multipliziert man eine Geschwindigkeit mit einer Zeit, erhält man eine Länge. Und geschieht das in der richtigen Weise (indem man Zeitintervalle mit der Lichtgeschwindigkeit *c* multipliziert), so kann man Längenmessungen (Raum) mit Zeitmessungen in einem einzigen System von Gleichungen zusammenfassen. Das System, das Zeit und Raum auf diese Weise kombiniert, besteht aus den Gleichungen einer speziellen Relativitätstheorie, die die Zeitdehnung und Längenkontraktion beschreiben und zu der Vorhersage führen, eine Masse *m* sei einer Energie *E* äquivalent, was die Formel $E = mc^2$ zum Ausdruck bringt. Statt sich Raum und Zeit als zwei unabhängige Entitäten vorzustellen, erklärte Einstein den Physikern bereits 1905, sie sollten in ihnen verschiedene Aspekte eines einzigen, einheitlichen Ganzen sehen – der Raumzeit. Doch diese Raumzeit – eine weitere Implikation der speziellen Relativitätstheorie – ist nicht ein für allemal festgelegt wie der absolute Raum oder die absolute Zeit der Newtonschen Physik; vielmehr kann sie gestreckt oder zusammengequetscht werden. Und das war der Ansatzpunkt zum nächsten großen Schritt nach vorn.

Einstein pflegte zu sagen, die Anregung für seine allgemeine Relativitätstheorie (die in erster Linie eine Gravitationstheorie ist) habe er aus der Erkenntnis gewonnen, daß ein Mensch im Innern eines den Schacht hinabstürzenden Fahrstuhls, dessen Haltetaue gerissen sind, keine Schwerkraft empfinden würde. Wir können uns heute genau vorstellen, was er meinte, weil wir Filme von Astronauten gesehen haben, die in einem Raumschiff die Erde umkreisen. Ein Raumschiff auf einer solchen Umlaufbahn befindet sich nicht «außerhalb» des Einflusses der irdischen Schwerkraft, denn es wird ja durch eben diese Schwerkraft in seiner Umlaufbahn gehalten. Doch das Raumschiff sowie alle Dinge und Lebewesen, die es enthält, fallen mit der gleichen Beschleunigung um die Erde, so daß die Astronauten kein Gewicht haben und in ihrer Raumkapsel schweben. Für sie scheint die Schwerkraft nicht zu existieren – ein Phänomen, das man als freien Fall bezeichnet. Doch Einstein hatte nie dergleichen gesehen und mußte sich die Situation in einem frei fallenden Fahrstuhl in seiner Vorstellung ausmalen. Die Beschleunigung des abstürzenden Fahrstuhls, dessen Geschwindigkeit mit jeder Sekunde zunimmt, scheint den Einfluß der Schwerkraft exakt aufzuheben. Das ist nur möglich, wenn Schwerkraft und Beschleunigung einander genau entsprechen.

Auf seine Gravitationstheorie stieß Einstein, als er erwog, welche Konsequenzen diese Überlegungen für einen Lichtstrahl haben, das universelle Meßinstrument der speziellen Relativitätstheorie. Stellen wir uns den Strahl einer Taschenlampe vor, der horizontal von einer Seite des Fahrstuhls zur anderen verläuft. Im frei fallenden Fahrstuhl gehorchen Objekte Newtons Gesetzen: Vom Blickpunkt eines Beobachters im Fahrstuhl aus bewegen sie sich in geraden Linien, prallen voneinander ab, wobei Wirkung und Gegenwirkung gleich und einander entgegengesetzt sind, und so fort. Und, was entscheidend ist, vom Blickpunkt des Beobachters im Fahrstuhl aus gesehen bewegt sich das Licht in geraden Linien.

Doch wie sieht die Angelegenheit für einen Beobachter aus, der auf dem Erdboden steht und den fallenden Fahrstuhl betrachtet? Das Licht würde scheinbar einer Bahn folgen, die immer exakt den gleichen Abstand zum Dach des Fahrstuhls aufwiese. Doch während der Zeit, die das Licht braucht, um den Fahrstuhl zu durchqueren, hat dieser eine Beschleunigung nach unten erfahren, und dem Licht im Taschenlampenstrahl ist es ebenso ergangen. Von einem Punkt außerhalb des Fahrstuhls gesehen muß das Licht, um auf dem Weg von einer Fahrstuhlwand zur anderen den gleichen Abstand zum Dach zu halten, eine gekrümmte Bahn beschreiben. Mit anderen Worten, ein Lichtstrahl muß sich unter dem Einfluß der Schwerkraft krümmen.

Einstein erklärte diesen Umstand durch eine Krümmung der Raumzeit. Danach verwirft Materie die Raumzeit in ihrer Umgebung dergestalt, daß Objekte, die sich durch die verworfene Raumzeit bewegen, auf die gleiche Weise abgelenkt werden, als zöge im gewöhnlichen «flachen» Raum eine Kraft an ihnen, die sich umgekehrt proportional zum Quadrat der Entfernung verhält. Nachdem Einstein diese Idee entwickelt hatte, arbeitete er ein Gleichungssystem zu ihrer Beschreibung aus. Dafür brauchte er zehn Jahre. Als er diese Aufgabe abgeschlossen hatte, ergab sich aus seiner neuen Gravitationstheorie wiederum die berühmte umgekehrt-quadratische Relation von Newton. Doch die allgemeine Relativitätstheorie ging weit über Newtons Gesetze hinaus, weil sie zugleich eine allumfassende Theorie des gesamten Universums lieferte. Die allgemeine Relativitätstheorie beschreibt die gesamte Raumzeit und damit sowohl den gesamten Raum als auch die gesamte Zeit. (Es gibt eine einfache Methode, sich ihre Grundzüge klarzumachen. Von der Materie hängt es ab, wie sich die Raumzeit krümmt; von den Krümmungen in der Raumzeit hängt es ab, wie sich die Materie bewegt. Doch aus den Gleichungen geht hervor, daß auch die Raumzeit selbst sich auf ihre besondere Weise bewegen kann.)

Die allgemeine Relativitätstheorie wurde 1915 abgeschlossen und 1916 veröffentlicht. Unter anderem sagte sie vorher, daß sich Lichtstrahlen ferner Sterne, die nahe an der Sonne vorbeikommen, auf dem Weg durch die von der Sonnenmasse verworfene Raumzeit krümmen müssen. Das verschöbe die scheinbare Position dieser Sterne am Himmel – und diese Verschiebung müßte während einer totalen Sonnenfinsternis, wenn das blendende Licht der Sonne verdunkelt ist, tatsächlich zu sehen und zu fotografieren sein. Eine solche Sonnenfinsternis fand 1919 statt. Sie wurde fotografiert, und die Aufnahmen zeigten genau den Effekt, den Einstein vorhergesagt hatte. Die Krümmung der Raumzeit gab es wirklich: Ein erster Nachweis der allgemeinen Relativitätstheorie war gelungen.

Doch die Gleichungen, die Einstein entwickelt hatte, um die Verwerfung der Raumzeit durch Materie zu beschreiben, eben jene Gleichungen, die so glänzend durch die Beobachtungen während der Sonnenfinsternis bestätigt worden waren, wiesen eine verblüffende Eigenschaft auf, die selbst Einstein nicht zu fassen vermochte. Aus den Gleichungen ging eindeutig hervor, daß die Raumzeit, in die das materielle Universum eingebettet ist, nicht statisch sein kann. Sie muß sich entweder ausdehnen oder zusammenziehen.

Dieses Ergebnis mißbilligend, erweiterte Einstein seine Gleichungen um einen weiteren Term, die «kosmologische Konstante», die den einzigen Zweck hatte, die Raumzeit an einer solchen Bewegung zu hindern. Wie Newton glaubte er noch zu Beginn der zwanziger Jahre an ein statisches Universum. Doch innerhalb der nächsten zehn Jahre zeigten Beobachtungen, die Edwin Hubble mit einem neuen, leistungsfähigen Teleskop auf einem Berg in Kalifornien gemacht hatte, daß das Universum tatsächlich expandiert.

Es sind nicht die am Himmel sichtbaren Sterne, die sich voneinander fortbewegen; sie gehören zu einem riesigen System, der Galaxie Milchstraße, die ungefähr 100 Milliarden Sterne enthält und wie eine Insel im All liegt. In den zwanziger Jahren entdeckten Astronomen mit Hilfe neuer Teleskope, daß es jenseits der Milchstraße zahlreiche andere Galaxien gibt, von denen viele 100 Milliarden Sterne wie unsere Sonne enthalten. Diese Galaxien, und nicht einzelne Sterne, entfernen sich voneinander, rücken mit der Expansion des Raumes, in den sie eingebettet sind, voneinander fort.

Dies war in der Tat eine eindrucksvollere Vorhersage der allgemeinen Relativitätstheorie als die Lichtbeugung, die sich während einer Sonnenfinsternis beobachten läßt. Aus den Gleichungen folgte damit etwas, was selbst Einstein zunächst nicht glauben mochte, was aber später durch Beobachtungen bestätigt wurde. Die Wirkung auf das wissenschaftliche Weltbild war überwältigend. Das Universum war also nicht statisch, sondern befand sich in einem Entwicklungsprozeß. Einstein erklärte später, mit dem Versuch, die Gleichungen so zu manipulieren, daß sich das Universum im Ruhezustand befindet, habe er sich zu der «größten Eselei» seines Lebens hinreißen lassen. Ende der zwanziger Jahre stimmten Beobachtungsdaten und Theorie darin überein, daß das Universum expandiert. Und wenn die Galaxien sich voneinander entfernen, so müssen sie vor langer Zeit näher beisammen gewesen sein. Wie nahe könnte das gewesen sein? Was war zu der Zeit, als die Galaxien einander berührt haben, und wie sah es in noch früheren Stadien aus?

Der Gedanke, das Universum könnte aus einem superdichten, superheißen Feuerball, dem sogenannten Urknall, entstanden sein, gilt heute als Eckpfeiler der Naturwissenschaft, doch diese Theorie brauchte ihre Zeit – mehr als fünfzig Jahre –, um sich zu entwickeln. Während die Astronomen weitere Anhaltspunkte für die Expansion des Universums fanden und damit das wissenschaftliche Bild des großräumigen Universums umgestalteten, entwickelten ihre Physikerkollegen die Quantentheorie und veränderten damit unser Verständnis im Bereich sehr kleiner Abstände grundlegend. Die Aufmerksamkeit richtete sich im Laufe der nächsten Jahrzehnte in erster Linie auf die Entwicklung der Quantentheorie, während Relativitätstheorie und Kosmologie (die Beschäftigung mit dem großräumigen Universum) zu exotischen Zweigen der Physik wurden, denen sich nur ein paar hochspezialisierte Mathematiker widmeten. Ende der zwanziger Jahre lag die Vereinigung des sehr Großen und des sehr Kleinen noch in ferner Zukunft.

Um die Jahrhundertwende sahen sich die Physiker gezwungen, ihre Vorstellungen von der Natur des Lichts zu revidieren. Diese ursprünglich bescheidene Modifizierung ihres Weltbildes wuchs sich wie eine Lawine, die durch einen talwärts rollenden Schneeball ausgelöst wird, zu einer Revolution aus, welche die gesamte Physik erfaßte – der Quantenrevolution.

Der erste Schritt war die Erkenntnis, daß elektromagnetische Energie nicht immer als Welle behandelt werden kann, die sich durch den Raum bewegt. Unter gewissen Umständen verhält sich beispielsweise ein Lichtstrahl eher wie ein Strom winziger Teilchen (damals Lichtquanten, heute Photonen genannt). Einer der Wissenschaftler, die entscheidend zur Etablierung dieser Sicht von der «Welle-Teilchen-Dualität» des Lichts beitrugen, war Einstein. 1905 wies er nach, daß sich der Vorgang, bei dem Elektronen aus den Atomen in der Oberfläche eines Metalls durch elektromagnetische Strahlung herausgeschlagen werden (der Photoeffekt), vollständig durch Photonen erklären läßt, ohne Rückgriff auf reine Wellen elektromagnetischer Energie. (Für diese Arbeit, nicht für seine beiden Relativitätstheorien, hat Einstein den Nobelpreis erhalten.)

Die Welle-Teilchen-Dualität verändert unsere gesamte Auffassung von der Natur des Lichts. Üblicherweise stellen wir uns den Impuls als eine Eigenschaft vor, die von der Masse eines Teilchens und seiner Geschwindigkeit abhängt. Wenn sich zwei Objekte mit gleicher Geschwindigkeit bewegen, besitzt das schwerere einen größeren Impuls und läßt sich weniger leicht zum Halten bringen. Ein Photon hat keine Masse; so konnte man zunächst glauben, es habe deshalb auch keinen Impuls. Doch erinnern wir uns daran, daß nach

Einsteins Theorie Masse und Energie äquivalent sind. Nun besitzt Licht sicherlich Energie – ja ein Lichtstrahl ist ein Strahl reiner Energie. Folglich haben Photonen einen Impuls, der ihrer Energie entspricht, obwohl sie masselos sind und ihre Geschwindigkeit nicht verändern können. Eine Veränderung im Impuls eines Photons bedeutet, daß es seinen Energiebetrag verändert hat, nicht seine Geschwindigkeit; und eine Veränderung in der Energie eines Photons bedeutet eine Veränderung seiner Wellenlänge.

Als Einstein all dies zusammenfaßte, ergab sich daraus, daß der Impuls eines Photons multipliziert mit der Wellenlänge der assoziierten Welle stets den gleichen Zahlenwert ergibt, heute als Plancksche Konstante oder Plancksches Wirkungsquantum bezeichnet, zu Ehren von Max Planck, einem anderen Quantenpionier. Die Plancksche Konstante (gewöhnlich mit dem Buchstaben h bezeichnet) erwies sich bald als eine der fundamentalsten Größen in der Physik, von gleichem Rang wie die Lichtgeschwindigkeit c. Sie zeigte sich beispielsweise in den Gleichungen, die in den ersten Jahrzehnten des 20. Jahrhunderts entwickelt wurden, um zu beschreiben, wie die Elektronen in den Atombahnen gehalten werden. Zwar befremdete diese seltsame Dualität des Lichts die Physiker, doch zu heller Aufregung wurde das Unbehagen erst in den zwanziger Jahren, als der französische Physiker Louis de Broglie vorschlug, die Welle-Teilchen-Gleichung umgekehrt zu verwenden. Statt mit Hilfe einer Wellenlänge (der des Lichts) den Impuls eines zugeordneten Teilchens (des Photons) auszurechnen, konnte man doch auch, so de Broglie, mit Hilfe des Impulses eines Teilchens (etwa eines Elektrons) die Länge einer mit ihm verbundenen Welle berechnen.

Von diesem Vorschlag inspiriert, führten Experimentalphysiker bald darauf Tests durch, die zeigten, daß Elektronen sich unter den richtigen Bedingungen tatsächlich wie Wellen verhalten. In der Quantenwelt (der Welt des sehr Kleinen, in den atomaren und subatomaren Distanzen) sind Teilchen und Wellen einfach Doppelaspekte *aller* Objekte. Wellen können sich wie Teilchen verhalten, Teilchen wie Wellen. Die dualistische Beschreibung von Teilchen als Wellen und von Wellen als Teilchen erwies sich als der Schlüssel zu den Geheimnissen der Quantenwelt und führte zur Entwicklung einer Theorie, die das Verhalten von Atomen, Teilchen und Licht erklärt. Doch im Kern dieser Theorie ruht ein tiefes Geheimnis.

Da alle Quantenobjekte einen Wellenaspekt haben, können sie nicht exakt auf einen bestimmten Ort im Raum festgelegt werden. Wellen breiten sich im Raum aus. Deshalb können wir nicht sicher sein, wo genau ein Elektron sich befindet – und diese Unsicherheit oder Unschärfe ist, wie sich herausstellte, eine unerläßliche Eigenschaft der Quantenwelt. Werner Heisenberg zeigte in den zwanziger Jahren, daß auf der Quantenebene alle beobachtbaren Objekte zufälligen Schwankungen ihrer Größe unterworfen sind, wobei das Ausmaß dieser Schwankungen von der Planckschen Konstante bestimmt wird. Das ist Heisenbergs berühmte «Unschärferelation». Sie besagt, daß wir *nie* die Eigenschaften eines Objekts wie eines Elektrons genau bestimmen können: Wir können nur Wahrscheinlichkeiten festlegen, die sich auf sehr exakte Weise aus den Gleichungen der Quantenmechanik ergeben – wie wahrscheinlich es beispielsweise ist, daß sich das Elektron zu einer bestimmten Zeit an einem bestimmten Ort befindet.

Ferner bedeutet die ungewisse, probabilistische Natur der Quantenwelt, daß zwei identische Welle-Teilchen-Objekte nicht zwangsläufig gleich reagieren, wenn man sie gleich behandelt (indem man sie etwa zu einem Zusammenstoß mit einem Welle-Teilchen-Objekt anderen Typs veranlaßt). Das heißt, auf der Quantenebene ist auch das Ergebnis von Experimenten ungewiß und läßt sich nur in Form von Wahrscheinlichkeiten vorhersagen. Elektronen und Atome sind nicht wie winzige Billardkugeln, die nach Newtonschen Gesetzen zusammenstoßen und abprallen.

Keines dieser Phänomene zeigt sich in der Größenordnung unserer alltäglichen Welt, wo Objekte wie Billardkugeln auf vorhersagbare, determinierte Weise voneinander abprallen und dabei Newtons Gesetzen folgen. Das liegt an dem unvorstellbar kleinen Wert der Planckschen Konstante: Nach den von Physikern verwendeten Standardeinheiten beträgt ihre Größe nur rund 6×10^{-34} (Null, Komma, gefolgt von 33 Nullen und einer 6) Joulesekunden. Und ein Joule ist in unserem Alltag nun wahrlich eine winzige Einheit – eine 60-Watt-Glühbirne strahlt eine Energie von 60 Joule pro Sekunde ab. Für alltägliche Dinge wie Billardkugeln oder uns selbst bedeutet die geringe Größe der Planckschen Konstante, daß die dem Objekt zugeordnete Welle eine entsprechend geringe Wellenlänge besitzt und deshalb vernachlässigt werden kann. Doch selbst eine Billardkugel oder ein Mensch wie Sie besitzt eine zugeordnete Quantenwelle; allerdings ergibt sich nur bei winzigen Objekten wie Elektronen mit winzigen Impulsen eine Welle, die groß genug ist, um die Wechselwirkung der Objekte zu beeinflussen.

Das klingt alles sehr obskur, so als könnten wir es getrost den Physikern überlassen, sich darüber den Kopf zu zerbrechen, während wir davon unbeeinträchtigt in unseren Alltagsgeschäften fortfahren. In weitem Umfang trifft das auch zu, obwohl man sich klarmachen sollte, daß die physikalischen Abläufe, auf denen die Arbeitsweise von Computern oder Fernsehapparaten beruht, nur zu verstehen sind, wenn man weiß, wie das Quantenverhalten von Elektronen aussieht. Auch Laserstrahlen liegen quantenmechanische Prinzipien zugrunde, und jeder CD-Player tastet die Discs mit Hilfe eines Laserstrahls ab, um die Musik zu «lesen». Mithin wirkt die Quantenphysik in unsere Alltagswelt hinein, auch wenn wir keine quantenmechanische Grundausbildung absolvieren müssen, um ein Fernsehgerät oder eine Stereoanlage zu bedienen. Doch die Quantenphysik besitzt einen Aspekt, der für unser alltägliches Leben noch weit wichtiger ist. Durch Einführung von Ungewißheit und Wahrscheinlichkeit in die Gleichungen macht die Quantenphysik ein für allemal Schluß mit dem absolut vorhersagbaren Uhrwerk des Newtonschen Determinismus. Auf der tiefsten Ebene sind die Abläufe des Universums unvorhersagbar und nichtdeterminiert.

Anfang der sechziger Jahre standen die beiden großen Säulen der Physik isoliert voneinander da. Die allgemeine Relativitätstheorie erklärte das Verhalten des Kosmos im großen und führte zu dem Schluß, daß sich das Universum aus einem superdichten Zustand, dem Urknall, expandierend entwickelt haben muß. Die Quantenphysik erklärte die Ereignisse auf atomarer und subatomarer Ebene und vermittelte Einsichten in die Natur des Lichts und anderer Strahlungsarten. Ein junger Physiker, der an der Oxford University seinen «First Degree» erwarb, wurde gründlich mit beiden Theorien vertraut gemacht. Ihm wird damals wohl kaum der Gedanke gekommen sein, daß er in den folgenden dreißig Jahren eine entscheidende Rolle bei der Annäherung beider Theorien spielen und darlegen würde, wie man sie zu einer umfassenden Theorie vereinigen könnte, die dann *alles* erklären würde, vom Urknall bis hin zu den Atomen, aus denen wir bestehen.

3 In Oxford

1959 bereitete sich in einer Kleinstadt in Hertfordshire der siebzehnjährige Schüler Stephen Hawking auf die Zulassungsprüfungen in Oxford vor. Einen Studienplatz an der Oxford University zu bekommen war keine leichte Aufgabe. Ein Anwärter hatte zwei Möglichkeiten: eine Zulassungsprüfung am Ende der sechsten Klasse, vor den Prüfungen des A-Level, oder die gleiche Prüfung in der siebten Klasse, vorausgesetzt, die Ergebnisse des A-Level waren hervorragend. Der erste Weg bedeutete, daß ein erfolgreicher Kandidat nach den Sommerferien direkt nach Oxford gehen konnte, beim zweiten mußte er mit der Immatrikulation bis zum folgenden Oktober warten.

Stephen und sein Vater entschieden sich für die erste Möglichkeit, und er absolvierte die Prüfung am Ende seines letzten Jahres an der St. Albans School. Ziel war es von Anfang an, ein Scholarship, ein Begabten-Stipendium, zu bekommen, die höchste Auszeichnung, die die Universität an einen Studienanfänger zu vergeben hatte. Es verschaffte ihm einige formelle Privilegien und, was noch wichtiger war, ihm wurde ein gewisser Anteil der Studiengebühren von der Universität erstattet. Ein Bewerber, der sich nicht für ein Scholarship zu qualifizieren vermochte, konnte immer noch auf eine «Exhibition» hoffen, die weniger Prestige und einen geringeren Beitrag zu den Ausbildungskosten bedeutete. Schließlich konnte der Bewerber einen Studienplatz ohne jegliche finanzielle Unterstützung erhalten. Er war dann ein sogenannter «Commoner».

Im Jahr zuvor hatten Vater und Sohn endlose Streitgespräche über die Wahl des Studienfaches geführt. Stephen wollte unbedingt

Mathematik und Physik belegen, eine Fächerkombination, die damals als *Natural Science*, Naturwissenschaft, bezeichnet wurde, doch gelang es ihm nicht, seinen Vater davon zu überzeugen, der glaubte, die Mathematik böte, von Schule und Universität abgesehen, keine beruflichen Perspektiven. Stephen wußte, was er wollte, und setzte sich durch. Die Medizin reizte ihn wenig:

> Mein Vater wollte, daß ich Medizin studiere, aber ich zeigte nicht das geringste Interesse an der Biologie, die mir zu deskriptiv und nicht fundamental genug erschien. Außerdem stand sie an der Schule nur in geringem Ansehen. Die intelligentesten Jungen wählten Mathematik und Physik, die weniger intelligenten Biologie.[1]

Frank Hawking konnte sich zwar in der Auseinandersetzung über Stephens Studienfächer nicht durchsetzen, war aber entschlossen, ihn an seinem alten College, dem University College in Oxford, unterzubringen. Doch offenbar war Dr. Hawking selbst zu diesem Zeitpunkt noch nicht ganz von den Fähigkeiten seines Sohnes überzeugt und meinte wohl, er müsse, um ihm einen Studienplatz zu sichern, seine Beziehungen ins Spiel bringen. Kurz vor den Zulassungsprüfungen in den Osterferien arrangierte er ein Treffen zwischen Stephen und Robert Berman, dem zuständigen Tutor im University College. Wie Berman berichtet, hätte der von Hawking senior ausgeübte Druck die Chancen des Bewerbers augenblicklich auf Null gebracht, wenn Hawking junior das Examen nicht in so hervorragender Weise bestanden hätte, daß Berman und das College sofort Gefallen an ihm fanden.

Die Zulassungsprüfung erstreckte sich über zwei Tage und bestand aus fünf schriftlichen Arbeiten, jede zweieinhalb Stunden lang. Dazu gehörten zwei Physik- und zwei Mathematiktests und ein allgemeiner schriftlicher Test, in dem das Allgemeinwissen und die Kenntnisse hinsichtlich aktueller Ereignisse und der Weltpolitik ermittelt wurden. Eine typische Frage konnte beispielsweise lauten: «Erörtern Sie, welche globalen Konsequenzen Fidel Castros Machtübernahme auf Kuba kurzfristig haben könnte.» Man bezweifelte damals, ob von einem Siebzehnjährigen überhaupt dezidierte Meinungen zu solchen Fragen zu erwarten waren, und es gab Vertreter der Universität, die sogar Zweifel äußerten, ob solche Meinungen wünschenswert seien. Berman erklärte beispielsweise, er wäre von Hawkings Kenntnissen des britischen Kricketteams stärker beeindruckt gewesen als von seinen Auffassungen über zeitgenössische Politik. Nach zwölfeinhalb Stunden theoretischer Prüfung und einem Test zur Experimentalphysik kamen die mündlichen Prüfungen. Zuerst gab es ein allgemeines Gespräch, in dem die Kandidaten von Rektor, Dekan, Seniortutor und den Dozenten des Fachgebietes in die Mangel genommen wurden. Diese Befragung fand in einem Gemeinschaftsraum der älteren Semester statt. Die Kandidaten mußten sich dem gestrengen Gremium einzeln stellen und versuchen, möglichst intelligente Antworten auf eine Reihe schwerverständlicher Fragen zu geben. Zweck dieses Unterfangens ist es, wie bei einem Einstellungstest den Charakter des Bewerbers zu ergründen. Nach dieser Hürde fand in Bermans Büro ein fachliches Gespräch statt, in dessen Verlauf die Physikkenntnisse des Kandidaten durchleuchtet wurden.

Nachdem die Bewerber diese Prozedur überstanden hatten, kehrten sie in ihre über ganz Großbritannien verstreuten Schulen zurück, um mit den A-Level-Prüfungen fortzufahren. Inzwischen sahen die Tutoren die Arbeiten durch und berieten über die Kandidaten. Wenn das University College Hawking haben wollte, konnte es ihm als erstes ein Scholarship anbieten, weil er es in seinem Bewerbungsformular als erste Priorität genannt hatte. War es weder bereit, ihm ein Scholarship noch eine Exhibition zu gewähren, konnten andere Oxforder Colleges, die er auf seinem Bewerbungsformular aufgeführt hatte, diese Möglichkeit wahrnehmen. Bot auch von ihnen keines ein Stipendium an, hatte wiederum das University College zu entscheiden, ob es ihn als Commoner haben wollte.

Zehn Tage verstrichen, bevor er irgend etwas hörte. Dann erhielt er die Einladung zu einem weiteren Gespräch. Das hörte sich vielversprechend an, bedeutete es doch, daß man am University College die Bewerbung ernsthaft in Betracht zog und er gute Aussichten auf ein Stipendium hatte. Er wußte nicht, daß er in beiden Physikarbeiten etwa 95 Prozent richtig beantwortet und in den anderen Tests nur wenig schlechter abgeschnitten hatte. Ein paar Tage nach dem zweiten Gespräch erhielt er den alles entscheidenden Brief: Das University College bot ihm ein Scholarship an. Er wurde aufgefordert, sich im folgenden Oktober im University College einzuschreiben. Einzige Bedingung war, daß er im Sommer in zwei Fächern das A-Level bestand.

Schon oft ist darauf hingewiesen worden, daß in Oxford ein ganz besonderes Licht herrscht, ein wunderbares Wechselspiel von Sonnenlicht und Sandstein, das wie die bauliche Schönheit ähnlich malerischer Städte in Italien und Deutschland seit Jahrhunderten Dichter und Künstler inspiriert. Das Stadtzentrum wird vollkommen von der Universität beherrscht – ein allgegenwärtiges Gebilde ohne Nervenzentrum und organisierte Struktur. Die Colleges sind weit verstreut und mit dem Rest der Stadt verflochten. Ebenso wenig Organisation wie die Topographie zeigt die Architektur, die vom Mittelalter bis in postmoderne Zeiten reicht. Ein Bild wie vom Paradies auf Erden bietet die Stadt an Sommertagen, wenn das Sonnenlicht auf den Gebäuden liegt und der Fluß mit Booten übersät ist, deren Steuerleute ihre Staken in das glitzernde Wasser gleiten lassen.

Ende der fünfziger und Anfang der sechziger Jahre befand sich Oxford als Mikrokosmos der britischen Gesellschaft an der Schwelle zu einer großen Veränderung. Hawking, der am Donnerstag, dem 1. Oktober, in The High eintraf, fand eine Universität vor, die sich seit der Studienzeit seines Vaters, ja im Grunde seit ein paar hundert Jahren in mancher Hinsicht kaum verändert hatte. Seit Kriegsende war die strenge akademische Disziplin immerhin ein bißchen gelokkert worden. Zuvor war den Studenten der Besuch der städtischen Pubs verboten, und sie mußten, wenn sie dabei von den Universitätspolizisten, den «Bulldogs», erwischt wurden, mit einer Relegation rechnen. Frauen durften die Räume der männlichen Studenten nur mit schriftlicher Genehmigung des Dekans betreten, der strenge Zeitbegrenzungen und Bedingungen in einem Brief an den Oberpförtner nannte, welcher seinerseits unnachsichtig dafür sorgte, daß diese Vorschriften peinlich genau befolgt wurden. All das änderte sich jedoch, als die Kriegsheimkehrer die Universität entweder als Studienanfänger besuchten oder ein Studium fortführten, das sie aufgrund der Einberufung hatten unterbrechen müssen. Natürlich waren sie nicht bereit, solche drakonischen Gebote hinzunehmen, und allmählich wurden die Regeln gelockert.

Zimmer im College waren unter Studenten sehr begehrt, und Hawking hatte als Stipendiat das Glück, bevorzugt berücksichtigt zu werden, so daß er während der drei Jahre in Oxford ein Zimmer im Studentenwohnheim behalten konnte.

Die meisten Oxforder Colleges sind in Form mehrerer Quadrate gebaut, jedes mit einem Rasen in der Mitte. Wege führen um den Rasenplatz herum und durch ihn hindurch. Von den Rasenflächen führen Treppen in die Gebäude, und die Zimmer der Studenten verteilen sich über mehrere Stockwerke bis nach ganz oben. Um die Säuberung der Studentenzimmer im College und um die sonstigen häuslichen Pflichten kümmerten sich Collegediener, sogenannte «Scouts». Sie mußten auch dafür sorgen, daß die verkaterten jungen Männer – und die noch recht seltenen jungen Frauen – zur regulären Frühstückszeit zwischen 8.00 und 8.15 Uhr im Speisesaal erschienen – sonst standen sie vor verschlossener Tür. Die Scouts redeten die Studenten mit «Sir» oder, wenn sie versuchten, eine Spur von Geringschätzung in ihrer Stimme mitschwingen zu lassen, mit «Mister Soundso» an. Sie wurden ihrerseits beim Vornamen genannt, wie es sich für ein rechtes Herren-Diener-Verhältnis geziemt.

Die Studentenschaft in Oxford war noch immer größtenteils männlich und kam aus den Privatschulen des Landes, wobei die Mehrheit aus den zehn besten Schulen stammte, zu denen unter anderem Eton, Harrow, Rugby und Westminster gehörten. Die Zahl der Studenten aus der Mittel- und Arbeiterschicht nahm zwar zu, doch in vielerlei Hinsicht war das Klassensystem an der Oxford University noch immer sehr ausgeprägt. Es gab klare Grenzlinien. Nur selten wurden Freundschaften und Beziehungen über diese unsichtbaren Grenzen hinweg geknüpft. Es gab kaum Berührungspunkte zwischen beiden Lagern.

In dem einen versammelten sich die Kinder der Aristokratie und die Erben des «alten Geldes», die sich der Elite zurechneten. Sie stellten einen erheblichen Anteil der Studenten am Christchurch College und zu einem geringeren Maße am Balliol College. Einen Großteil ihrer oft beträchtlichen monatlichen Zuwendungen brachten diese privilegierten jungen Männer damit durch, sich mit den Schulkameraden zu vergnügen, die entweder mit ihnen nach Oxford gegangen waren oder *«the other place»* gewählt hatten, also Cambridge. Über die Absolventen bescheidener Private Schools wie St. Albans fühlten sie sich erhaben und warfen sie mit den Elendsten der Elenden – den Studenten, die von einer Grammar School, einem staatlichen Gymnasium, kamen – in einen Topf.

An einem einfachen Beispiel machte ein Zeitgenosse Hawkings die Veränderungen deutlich, die sich in Oxford bald nach dessen Eintritt vollzogen: «Als wir nach Oxford kamen, war es für jeden, der etwas darstellte, selbstverständlich, zu rudern und niemals Jeans zu tragen. Als wir die Universität verließen, war es für jeden, der etwas darstellte, selbstverständlich, Jeans zu tragen und niemals zu rudern.»

Überall machte sich der Wandel bemerkbar. Die Beat-Dichter aus San Francisco schrieben von einem neuen Lebensgefühl und übten einen großen Einfluß auf die junge Generation aus. Die Labour Party gewann an Popularität. Die alten Werte, vor allem die des Klassensystems, wurden langsam zu einem Anachronismus, zumindest unter Intellektuellen. Angesichts solcher Strömungen entsprach es Hawkings Charakter, der typisch britischen Art, der Infrastruktur des Oxforder Mikrokosmos die amüsanten Seiten abzugewinnen.

Trotz des ganzen Zaubers dieser Universitätsstadt war Hawkings erstes Jahr in Oxford, wie sich viele erinnern, eine recht unglückliche Zeit für ihn. Sehr wenige seiner Mitschüler und keiner seiner engsten Freunde aus St. Albans waren im selben Jahr nach Oxford gegangen. 1960 kam Michael Church, John McClenahan dagegen ging nach Cambridge. Viele Studenten in Hawkings Jahrgang hatten den Wehrdienst absolviert, bevor sie ihr Studium aufnahmen, und waren somit zwei Jahre älter als er. (Ihm war die Einberufung gerade noch erspart geblieben, weil Harold Macmillans Regierung die Wehrpflicht ein paar Monate zuvor abgeschafft hatte.)

Die Arbeit war langweilig. Hawking hatte wenig Mühe, die physikalischen und mathematischen Aufgaben zu lösen, die ihm seine Tutoren stellten, und er geriet in einen negativen Kreislauf von Unterforderung und Überdruß an allzu mühelos errungenen Triumphen. Die Studienordnung in Oxford machte es ihm leicht, in Apathie zu versinken. Die Studenten mußten eine Reihe von Vorlesungen besuchen, dazu einen wöchentlichen Tutorenkurs, in dem Tutor und Student die Aufgaben aus dem Kurs der Vorwoche durchgingen. Von diesen Verpflichtungen abgesehen blieben die Studenten sich weitgehend selbst überlassen.

Darüber hinaus war die Prüfungsstruktur sehr locker und bedeutete für Studenten von Hawkings Begabung kaum eine Hürde. Die einzigen wichtigen Prüfungen wurden von der Universität, nicht vom College, abgenommen und fanden am Ende des ersten Jahres sowie im Abschlußjahr statt. Der Universitätsgrad wurde ausschließlich aufgrund der Leistungen in den Abschlußexamen verliehen. Es gab auch Collegeprüfungen zu Beginn jedes neuen Semesters, mit dem Ziel, die Arbeit des Studenten während des letzten Semesters und der Ferien zu überprüfen. Sie hießen Collections und wurden von den Tutoren abgenommen. Dazu berichtet Hawking:

> Damals gehörte es in Oxford nicht zum guten Ton, fleißig zu sein. Entweder war man ohne irgendwelche Mühe brillant, oder man fand sich mit seinen Grenzen ab und nahm einen drittklassigen Abschluß in Kauf. Wer fleißig arbeitete, um ein besseres Examen zu machen, galt als «grey man», die schlimmste Bezeichnung, die es damals im Oxforder Wortschatz gab.[2]

Hawking wußte, daß er zur ersten Kategorie gehörte, und war entschlossen, diesem Image gerecht zu werden. Während seines ersten Studienjahres besuchte er nur Mathematikvorlesungen und Tutorenkurse. Die College-Examen legte er lediglich in Mathematik ab. Wie sein Tutor Robert Berman heute zugibt, waren die Physikkurse wenig mehr als eine Wiederholung des A-Level-Stoffes und machten wenig Sinn für die Hawkings dieser Welt.

Seine Fähigkeit, die Studieninhalte intuitiv zu erfassen, hat eine ganze Legendensammlung hervorgebracht, die sehr an die Geschichten über das Wunderkind Mozart erinnert. Einer seiner Kommilitonen, der die Tutorenkurse mit Hawking zusammen besuchte, erinnert sich an einen Vorfall, der einen tiefen Eindruck auf ihn gemacht hat. Der Tutor hatte ihnen die gleiche Aufgabe gestellt, deren Lösung sie zur nächsten Kurssitzung mitbringen sollten. In der Gruppe hatte sie niemand außer Stephen geschafft. Der Tutor bat ihn um seine Arbeit, zeigte sich von Stephens Beweis eines außergewöhnlich schweren Theorems sehr beeindruckt und gab sie ihm mit dem Ausdruck höchster Anerkennung zurück. Ohne das geringste Anzeichen von Arroganz nahm Hawking seine Arbeit entgegen, zerknüllte sie zu einer Papierkugel und warf sie quer durch das Zimmer in den Papierkorb in der Ecke. Ein anderes Mitglied jener Tutorengruppe sagte später: «Wenn ich in der Lage gewesen wäre, das Theorem in einem Jahr zu beweisen, hätte ich die Arbeit eingerahmt!»

In einer anderen Geschichte geht es um eine Reihe von Aufgaben – es waren dreizehn Fragen –, die Hawking und die anderen drei Mitglieder seiner Tutorengruppe mit dem Hinweis «Beantwortet so viele, wie ihr könnt» für die Sitzung in der nächsten Woche aufbekommen hatten. Einer von ihnen, Derek Powney, berichtet, wie er und sein Partner Richard Bryan versuchten, die Aufgaben zu lösen:

> Wir arbeiteten eine Woche zusammen, und es gelang uns mit vereinten Kräften, anderthalb Fragen zu bewältigen, worauf wir sehr stolz waren... Stephen hatte, wie immer, noch nicht begonnen. Er hat nicht viel gearbeitet, als er noch gesund war.
>
> Also erklärten wir ihm: «So geht das nicht, Hawking, du mußt morgen zum Frühstück aufstehen.» Das wäre an sich schon ein Ereignis gewesen, weil er normalerweise nie zum Frühstück aufstand. Er schaute uns nachdenklich an, und am nächsten Morgen stand er tatsächlich zum Frühstück auf. Wir machten uns brav auf den Weg zu unseren drei Morgenvorlesungen, während Stephen zurückblieb. Er ging um neun auf sein Zimmer oder um fünf nach neun, denn es waren nur fünf Minuten von der Universität zu den Arbeitsräumen.
>
> Wir kehrten gegen zwölf zurück, und Stephen kam zu uns herunter. Wir standen am Collegetor, in der Pförtnerloge.
>
> «Ah, Hawking», sagte ich. «Wie viele hast du denn geschafft?»
>
> «Na ja», sagte er, «die Zeit hat nur für die ersten zehn gereicht.»[3]

Hawking machte sich nur hin und wieder Aufzeichnungen und besaß lediglich eine Handvoll Lehrbücher. Tatsächlich war er dem

Stoff so weit voraus, daß er vielen Standardlehrbüchern mit Mißtrauen begegnete. Eine weitere Anekdote erzählt einer seiner Tutoren, Patrick Sanders, der damals Physikdozent am College war:

> Ich zeigte ihm das Buch, das wir während des Semesters durcharbeiten mußten. Er warf einen Blick hinein und schien auf Anhieb eine Abneigung dagegen zu haben. Trotzdem bestand ich darauf, daß wir das erste Kapitel in der ersten Woche durcharbeiteten und daß er zwei der Aufgaben löste, die ich ihm stellte.
>
> Bei der nächsten Tutorensitzung hatte er keine der Aufgaben gelöst, sondern nur Fehler im Buch angekreuzt. Er legte es mir vor, und wir führten eine kurze Diskussion über das Thema, wobei sich herausstellte, daß er mehr darüber wußte als ich.[4]

Trotz der oft nachlässigen Einstellung seinen studentischen Pflichten gegenüber gelang es Hawking, eine ungetrübte Beziehung zu seinem Tutor Robert Berman aufrechtzuerhalten. Gelegentlich suchte er die Bermans in ihrem Privathaus in der Banbury Road zum Tee auf, und im Sommer nahm er an ihren Gartenfesten teil. Bermans Frau Maureen schloß den exzentrischen jungen Studenten, dessen physikalische Fähigkeiten ihr Mann so hoch einschätzte, ganz besonders ins Herz. Häufig kam Hawking zum Tee und fragte sie, was für Bücher er sich kaufen sollte, und sie verordnete ihm eine anspruchsvolle literarische Diät – zur Ergänzung der physikalischen Schriften, die er gelegentlich las.

Sein mangelnder Eifer schien sich kaum nachteilig auf seine Fortschritte in der Physik auszuwirken. Als Stipendiat hatte er sich am Ende des zweiten Studienjahres an den Ausschreibungen zum Physikpreis der Universität zu beteiligen, um den sich sämtliche Studenten seines Physikjahrgangs bemühten. Mit einem Minimum an Aufwand gewann er den ersten Preis und erhielt einen Gutschein über fünfzig Pfund für Blackwells Buchhandlung.

Im Studium voranzukommen fiel ihm leicht, doch hatte er

Schwierigkeiten, sich der wachsenden Langeweile zu erwehren, und er war damals wohl in nicht geringer Gefahr, depressiv zu werden. Zum Glück entdeckte er im zweiten Studienjahr ein Interessengebiet, mit dessen Hilfe er eine gewisse Stabilität zurückgewann. Er begann mit dem Rudern. Dieser Sport hat in Oxford und Cambridge eine Jahrhunderte zurückreichende Tradition. Jedes Jahr messen sich beim «Boat Race» die besten Ruderer der beiden Universitäten, während man sich den Rest der Zeit mit Training und Wettkämpfen zwischen den einzelnen Colleges beschäftigte.

Das Rudern wird von den Aktiven sehr ernst genommen. Bei jedem Wetter, ob Regen oder Schnee, gehen die Ruderer aufs Wasser. An kalten Wintermorgen zerteilen sie das Eis, und in der ersten Sommerhitze vergießen sie Schweiß in Strömen. Dem Rudern muß man sich mit ganzer Seele verschreiben, und das ist wohl der eigentliche Grund für seine Beliebtheit an britischen Universitäten. Dieser Sport ist ein idealer Ausgleich für die Belastungen und Anforderungen des Studiums, und für Hawking war er ein wirksames Gegenmittel, mit dem er die lähmende Langeweile bekämpfte, die ihn in Oxford befallen hatte.

Ruderer müssen von kräftiger Statur sein, doch gibt es neben ihnen noch ein weiteres wichtiges Mitglied in jeder Rudermannschaft – den Steuermann. Für diese Aufgabe brachte Hawking ideale Voraussetzungen mit. Er war so leicht, daß er keine Belastung für das Boot bedeutete, er hatte eine laute Stimme, mit der er seine Anweisungen über das Boot brüllte, und genügend Disziplin, um zu jedem Training zu erscheinen. Sein Rudertrainer Norman Dix, der jahrzehntelang für den University College Rowing Club zuständig war, erinnert sich, Hawking sei ein sehr fähiger Steuermann gewesen, habe aber keinerlei Interesse gezeigt, über den zweiten Achter hinauszukommen. Dix vermutet, die A-Mannschaft habe Hawking wenig gereizt, weil er dann zu ernst bei der Sache hätte sein müssen, und das hätte ihm den Spaß daran verderben können.

Hawking war, wie Dix sich erinnert, ein «Risikotyp», der von

Anfang an als Steuermann seines Achters auf dem Fluß das Image eines Draufgängers pflegte. Häufig lenkte er sein Boot beschädigt oder mit lädierten Ruderblättern ans Ufer zurück, weil er versucht hatte, es durch eine viel zu enge Lücke zu manövrieren. Nie schenkte Dix Hawkings Beteuerungen, «es sei etwas im Weg gewesen», den geringsten Glauben.

«Die Hälfte der Zeit», sagt Dix, «hatte ich den Eindruck, er sitzt im Heck des Bootes, starrt Löcher in die Luft und arbeitet an seinen mathematischen Formeln.»

Die Rudermannschaften leisteten harte Arbeit. Während des Semesters waren sie praktisch jeden Tag auf dem Fluß und bereiteten sich auf die großen Rennen vor – die «Torpids», die im Februar stattfanden, und die Sommerachter. Der Ausdruck Torpids stammt von dem Adjektiv *torpid*, schlaff – es handelte sich um die ersten Regatten, an denen die Studienanfänger teilnehmen durften, was zur Folge hatte, daß die Kondition mancher Mannschaften noch einiges zu wünschen übrigließ. Nachdem sie dem Ruderklub im Oktober beigetreten waren, wurden die Neulinge den ganzen Winter über hart trainiert, damit sie ihre neuerworbenen Fähigkeiten in der fünften Woche des Wintersemesters unter Beweis stellen konnten.

Torpids sind sogenannte Bumping-Regatten der Colleges, die sich über mehrere Tage erstrecken. Die dreizehn an den Wettkämpfen beteiligten Boote starten gestaffelt in einem Abstand von jeweils 42 Metern. Jedes ist mit dem Ufer durch eine zwölf Meter lange Leine verbunden, deren eines Ende der Steuermann hält. Sobald der Startschuß fällt, läßt der Steuermann die Leine los, und die Boote jagen einander den Fluß entlang, mit dem Ziel, das Boot vor ihnen anzustoßen, ohne selbst von dem nachfolgenden Boot berührt zu werden. Die Hauptaufgabe des Steuermanns besteht darin, die Mannschaft so zu dirigieren und anzufeuern, daß dieses Ziel erreicht wird. Alle Mannschaften sind bestrebt, ihre Position in der Reihenfolge der dreizehn Boote durch häufiges «Bumping» zu verbessern, ohne selbst angestoßen zu werden. Nach jedem Lauf wechseln die erfolgreichen «Bumpers» und die angestoßenen Boote die Plätze. Wenn eine Mannschaft mehrere Plätze während der Rennläufe gutmacht, darf sich jedes Mannschaftsmitglied ein Ruder kaufen, auf dem die triumphale Bilanz der angestoßenen Boote, die Namen der Mannschaftsmitglieder und das Datum verzeichnet sind. Solche Ruder schmücken die Wände in den Arbeitszimmern siegreicher Ruderer. Hawkings Mannschaft war allerdings recht durchschnittlich und konnte während ihrer Torpids nur eine bescheidene Zahl angestoßener Boote für sich verbuchen.

Nach den Regatten kamen die Feiern und Mitleidsbekundungen, beide mit Strömen von Ale begossen, und dann folgte das Ruderklubdinner im College mit Reden und Trinksprüchen. Diese Geselligkeit war der eigentliche Grund, warum Hawking sich zum Rudern entschlossen hatte. Während des ersten Jahres war er eine Art Außenseiter gewesen, einsam und gelangweilt vom Studium, das keine Herausforderung für ihn bedeutete. Der Ruderklub erlöste den Neunzehnjährigen aus seiner Isolation und verschaffte ihm Gelegenheit, sich einer der angesehensten Gruppen der Universität anzuschließen.

Wenn frühere Schulkameraden Hawking während seines zweiten Studienjahres begegneten, staunten sie nicht wenig über die Veränderung, die mit ihm vorgegangen war. Verschiedentlich wurde der schlaksige junge Mann mit dem rosa Schal des Ruderklubs als «Rauhbein» und «ziemlich verwegen» beschrieben. Er hatte nur noch wenig Ähnlichkeit mit dem linkischen Schüler, der knapp zwei Jahre zuvor die St. Albans School verlassen hatte, und war kein gesellschaftlicher Nobody mehr, sondern ein akzeptiertes Mitglied einer angesehenen sozialen Gruppe. Es handelte sich um eine weitgehend männlich dominierte Welt, zu der Frauen nur selten Zutritt hatten. In gewisser Weise war der Ruderklub die Fortsetzung der Clique an der St. Albans School, allerdings ohne deren geistige Interessen: Vielmehr ging es darum, riesige Mengen von Ale in sich hineinzuschütten, gräßliche Geschichten zu erzählen und soviel harmlosen Spaß wie möglich zu haben. Fast hätte Hawking sich mit diesem neu entdeckten Geschmack am Abenteuer in Schwierigkeiten gebracht.

Eines Nachts begab er sich mit einem Freund, ausgerüstet mit einer Dose Farbe und einigen Pinseln, die sie in einer Tasche verbargen, zu einer der Fußgängerbrücken, die über den Fluß führen. Dort angekommen, hängten sie am Geländer zwei Holzbretter auf, kletterten mit Farbdose und Pinseln hinab und begannen ihr Werk. Ein paar Minuten später standen die Worte WÄHLT LIBERAL in dreißig Zentimeter hohen Lettern auf dem Brückenbogen, in der Dunkelheit kaum zu erkennen, aber bei Tageslicht für jeden auf dem Fluß deutlich sichtbar.

Dann nahm die Katastrophe ihren Lauf. Als Hawking den letzten Buchstaben geschrieben hatte, traf die beiden der Strahl einer Taschenlampe von der Brücke, und eine ärgerliche Stimme rief: «Und was wird das, wenn es fertig ist?» Es war ein Oxforder Polizist. Die beiden gerieten in Panik, Hawkings Freund sprang von den Brettern ans Ufer, rannte zur Stadt zurück und ließ Hawking mit dem Pinsel in der Hand in der Tinte sitzen. Offenbar ist er mit einer Verwarnung davongekommen, und der Vorfall geriet in Vergessenheit, doch scheint er ihn zutiefst erschreckt zu haben, denn er ist nie wieder mit dem Gesetz in Konflikt geraten.

Knapp drei Jahre nach Studienbeginn an der Oxford University sah Hawking sich abermals in der Tinte sitzen, denn die Abschlußexamen rückten näher, und jäh durchfuhr ihn die Erkenntnis, daß er sich besser hätte vorbereiten können. Berman wußte, daß die Prüfungen für Hawking trotz seiner Begabung schwerer werden würden, als dieser dachte. Nach Bermans Erfahrung gab es zwei Arten von Studenten, die in Oxford gut abschnitten: die Intelligenten, die sehr fleißig waren, und die Hochbegabten, die wenig arbeiteten. Bei den schriftlichen Arbeiten schnitt die erste Kategorie stets besser ab. Das lag an der Struktur der Examen. Die Preise am Ende eines Studienjahres zu gewinnen war eine Sache, doch die Abschlußexamen gehörten einer ganz anderen Güteklasse an. Sie verkörperten das Alles-oder-nichts-Prinzip, waren das Nadelöhr des gesamten dreijährigen Studiums. Hawking hat einmal ausgerechnet, daß er während der drei Jahre in Oxford etwa tausend Stunden für sein Studium gearbeitet hat, was auf einen Durchschnitt von einer Stunde pro Tag hinausläuft – kaum eine solide Basis für die anspruchsvollen Abschlußprüfungen. Einer seiner Freunde erinnert sich amüsiert: «Gegen Ende des Studiums hat er sage und schreibe drei Stunden pro Tag gearbeitet!»

Immerhin hatte Hawking sich einen Plan zurechtgelegt. Da die Prüfungskandidaten bei jedem Test unter einer Vielzahl von Fragen wählen konnten, wollte er sich nur den Aufgaben aus der theoretischen Physik widmen und alle Fragen übergehen, die ein detailliertes Faktenwissen voraussetzten. Er wußte, daß ihm bei jeder theoretischen Frage sein intuitives Verständnis des Sachgebietes zustatten kommen würde. Er hatte sich in Cambridge beworben, um bei Fred Hoyle, dem angesehensten britischen Astronomen jener Zeit, in Kosmologie zu promovieren. Der Haken war, daß er, um in Cambridge angenommen zu werden, sein Universitätsexamen mit einer «First-class»-Benotung ablegen mußte, der höchsten Qualifikation, die Oxford zu vergeben hatte.

Am Morgen des ersten Prüfungstages kleidete sich Hawking in die dunkle Tracht, die für solche Anlässe vorgeschrieben war: schwarzer Talar, weißes Hemd und Schleife. Mit bösen Vorahnungen verließ er sein Zimmer und machte sich auf den Weg zu den Examensräumen, The High ein paar Schritte hinunter. Auf der Straße begegnete er Hunderten ebenso gekleideter Studenten, einige mit Büchern unter dem Arm, andere nervös an einer Zigarette ziehend, der letzten, bevor sie das Gebäude betraten.

Die Prüfungssäle waren wie geschaffen, die Kandidaten einzuschüchtern: hohe Decken, große Kronleuchter, deren Halteketten aus dem Nichts zu kommen scheinen, viele Reihen kahler Holzpulte und harter Stühle. Aufsichtspersonen schreiten in den Gängen auf und ab und mustern mit wachsamem Blick die Kandidaten, die in einer bunten Vielfalt von Körperhaltungen über den Aufgaben brüten – an die Decke oder ins Leere starrend, den Stift zwischen die zusammengebissenen Zähne geklemmt, oder in totaler Konzentration, völlig abwesend über ihre Papiere gebeugt. Als man Hawking die Testbögen auf das Pult legte, hielt er sich wie geplant an die theoretischen Aufgaben.

Nach Abschluß der Prüfungen feierte er mit den anderen Studenten seines Jahrgangs, indem er Champagner aus der Flasche trank und sich dem Zug der Studenten anschloß, der, wie es Brauch ist, den Verkehr auf The High zum Erliegen brachte und den Schampus in den Sommerhimmel spritzen ließ. Noch eine kurze Zeit nervösen Wartens mußte überbrückt werden, dann wurden die Ergebnisse bekanntgegeben. Hawking lag auf der Grenze zwischen einem First- und einem Second-class-Abschluß, einer Eins und einer Zwei. Sein Schicksal mußte sich also in einer mündlichen Prüfung entscheiden.

Er machte sich keine Illusionen über seinen Ruf an der Universität. Er galt, so sein Eindruck, als schwieriger Student, nachlässig und offenbar ziemlich faul, mehr am Vergnügen interessiert als an ernsthafter Arbeit. Allerdings wußte er nicht, welch hohe Meinung man von seinen Fähigkeiten hatte. Nicht nur das – er war auch, wie Berman noch heute voller Vergnügen berichtet, in einer mündlichen Prüfung in seinem Element, weil die Prüfer, wenn sie auch nur eine Spur von Intelligenz besaßen, rasch bemerken mußten, daß der Prüfling klüger war als sie. In der Prüfung gab er eine Erklärung ab, die seine nüchterne Haltung zum Ausdruck bringt und zugleich von entscheidender Bedeutung für seine wissenschaftliche Laufbahn gewesen ist. Der Prüfungsleiter forderte ihn auf, der Kommission seine Zukunftspläne mitzuteilen.

«Wenn Sie mir eine Eins geben», sagte Hawking, «gehe ich nach Cambridge. Wenn ich eine Zwei bekomme, bleibe ich in Oxford. Deshalb gehe ich davon aus, daß Sie mir eine Eins geben.»

Was auch geschah.

4 Doktoren und Doktorate

Es heißt, Cambridge sei die einzige echte Universitätsstadt in England. Oxford ist sehr viel größer und besitzt jenseits des Stadtrings ein ausgedehntes Industriegebiet, an das sich eine der größten Wohnsiedlungen Europas anschließt. Entgegen der verbreiteten Auffassung, abtrünnige Gelehrte aus Oxford hätten die Universität Cambridge gegründet, wurden beide Studienorte etwa zur gleichen Zeit im 12. Jahrhundert nach dem Vorbild der Pariser Universität ins Leben gerufen. Wie Oxford ist die Cambridge University eine Ansammlung von Colleges unter der Verwaltung einer zentralen Universitätsbehörde. Wie Oxford zieht es hervorragende Gelehrte aus aller Welt an und hat weltweit einen Ruf, der nur mit dem der großen Konkurrentin, keine 140 Kilometer entfernt, zu vergleichen ist. Und wie Oxford ist es von seiner langen Tradition geprägt.

Nach einer gemeinsam mit einem Freund unternommenen Auslandsreise, die ihn von Teheran bis nach Istanbul führte, ging Stephen Hawking BA (Hon.) im Oktober 1962 nach Cambridge, von der sonnenverbrannten, kahlen Landschaft des Nahen Ostens in den Herbstwind und den Nieselregen über den dunklen Feldern Südostenglands. Als er an jenem regnerischen Morgen vorbei an den Wiesen und sanftgewellten Hügeln seiner neuen Heimstatt entgegenfuhr, lastete ein drohender Schatten über der Ruhe und dem Frieden von Cambridge wie über jeder menschlichen Ansiedlung des Planeten, denn die Welt steckte mitten in der Kubakrise. Es sah so aus, als könnte die Erde jeden Augenblick in einem gewaltigen Atomfeuer enden.

In dem Gefühl, einer globalen Gefahr hilflos ausgeliefert zu sein, richteten sich die in Cambridge eintreffenden Studenten in ihren neuen Zimmern und Wohnungen ein und versuchten, sich in der unbekannten Stadt zurechtzufinden. In den Tagen vor seinem Umzug nach Cambridge, während die Welt ihren Untergang vorzubereiten schien, war sich Hawking zugleich allmählich einer inneren, persönlichen Krise bewußt geworden. Gegen Ende seines Studiums in Oxford hatte er manchmal Schwierigkeiten, seine Schuhbänder zu schnüren, stieß er gegen Hindernisse und fühlte mehrfach seine Beine unter sich nachgeben. Hin und wieder hatte er Artikulationsschwierigkeiten, als sei er betrunken. Er sprach nicht darüber und fuhr mit seinem Leben in den gewohnten Bahnen fort, weil er sich nicht eingestehen mochte, daß etwas mit seinem Körper geschah, über das er keine Kontrolle hatte.

Als er nach Cambridge kam, stellte sich ein weiteres Problem. Bei der Bewerbung für die Doktorarbeit standen ihm zwei Gebiete offen: die Teilchenphysik, die Erforschung des sehr Kleinen, und die Kosmologie, die Erforschung des sehr Großen. Er selbst sagt dazu:

> Allerdings erschien mir die Teilchenphysik weniger interessant, weil sie damals, obwohl viele neue Teilchen entdeckt wurden, über keine angemessene Theorie verfügte, bestenfalls konnte man die Teilchen, wie in der Botanik, in Familien einordnen. In der Kosmologie dagegen gab es eine eindeutig definierte Theorie, Einsteins allgemeine Relativitätstheorie. [1]

Doch lief nicht alles nach Hawkings Vorstellungen. Er hatte sich ursprünglich für die Cambridge University entschieden, weil in Oxford damals keine kosmologische Forschung betrieben wurde und weil er, was noch wichtiger war, bei Fred Hoyle studieren wollte, der weltweit als der bedeutendste Wissenschaftler auf diesem Gebiet galt. Doch statt Hoyle als Doktorvater zu bekommen, wurde er der Obhut eines gewissen Dennis Sciama anvertraut, von dem er noch nie gehört hatte. Eine Zeitlang haderte er mit dieser Entwicklung, doch dann wurde ihm klar, daß Sciama ein weit besserer Doktorvater war, weil Hoyle ständig im Ausland umherreiste und wenig Zeit gefunden hätte, ihn zu beraten. Bald stellte er fest, daß Sciama ein brillanter Wissenschaftler war und ein außerordentlich hilfreicher und anregender Mentor, den er stets ansprechen konnte.

Hawkings erstes Semester in Cambridge verlief recht enttäuschend. Er stellte fest, daß er sich im Grundstudium nicht eingehend genug mit Mathematik beschäftigt hatte und rasch Schwierigkeiten mit den komplexen Gleichungen der Relativitätstheorie bekam. Er hatte immer noch einen etwas gemächlichen Arbeitsstil, während sein Forschungsgebiet immer größere Ansprüche an ihn stellte. Zum zweitenmal in seinem Leben geriet er ins Schwimmen. Sciama erinnert sich, daß Hawking, obwohl er außergewöhnlich intelligent wirkte und in der Lage war, seinen Standpunkt gründlich und mit guten Argumenten zu vertreten, Probleme zu haben schien, ein geeignetes Forschungsprojekt zu finden.

Einerseits mußte das Forschungsvorhaben den hohen Anforderungen eines Doktorandenkurses genügen. Andererseits war relativistische Forschung auf diesem Niveau noch neu und unüblich, so daß sich die richtige Art von Aufgabenstellung nicht leicht finden ließ. Sciama meint, Hawking sei damals kurz davor gewesen, den Überblick zu verlieren und aufzugeben. Mindestens während seines ersten Cambridger Jahres blieb diese Situation unverändert. Ein Umschwung trat erst durch eine weitreichende Folge von Ereignissen ein, ausgelöst durch die Erkrankung, die sich nun in immer deutlicheren Symptomen manifestierte.

Als Stephen Ende 1962 in den Weihnachtsferien nach St. Albans zurückkehrte, lag der ganze Süden Englands unter einer dicken Schneedecke. Ihm muß damals schon klar gewesen sein, daß etwas nicht stimmte. Die merkwürdige Ungeschicklichkeit, von der er heimgesucht wurde, trat immer häufiger auf, wenn es in Cambridge auch noch niemandem auffiel. Sciama erinnert sich, er habe Anfang des Semesters bemerkt, daß Hawking einen kleinen Sprachfehler zu haben schien, doch habe er ihn als eine Eigenheit seines Studenten hingenommen. Die Eltern hingegen bemerkten sofort, daß mit ihrem Sohn etwas nicht in Ordnung war, als dieser nach mehrmonatiger Abwesenheit kurz vor dem Weihnachtsfest nach Hause kam. Der Vater nahm an, Stephen habe sich im Sommer zuvor auf der Reise durch den Nahen Osten mit irgendeinem seltenen Erreger infiziert – ein naheliegender Schluß für einen Tropenmediziner. Aber man wollte sichergehen. Stephen suchte den Hausarzt auf, der ihn an einen Spezialisten überwies.

Am Silvesterabend gaben die Hawkings eine Party in der Hillside Road 14. Es war, gemäß den Erwartungen der Anwesenden, ein besinnliches Zusammensein bei Sherry und Wein; nur die engsten Freunde waren eingeladen, darunter Stephens Schulkameraden John McClenahan und Michael Church. Es hatte sich herumgesprochen, daß Stephen krank war. Man wußte zwar nicht genau, was ihm fehlte, aber es hieß allgemein, er habe sich irgendeine Infektion im fremden Klima zugezogen. Michael Church erinnert sich, Stephen habe große Schwierigkeiten gehabt, sich ein Glas Wein einzuschenken, und den größten Teil der Flüssigkeit auf dem Tischtuch vergossen. Man sprach nicht darüber, aber es lag über diesem Fest eine Vorahnung drohenden Unheils.

Unter den Gästen an diesem Abend war auch eine junge Frau namens Jane Wilde, die Stephen vorher nur flüchtig gekannt hatte. Im Laufe des Abends wurde er ihr von einem gemeinsamen Freund vorgestellt. Jane wohnte in St. Albans und besuchte dort das Gymnasium. In den letzten Stunden des alten Jahres und den ersten des Jahres 1963 führten die beiden ein langes Gespräch und lernten sich näher kennen. Sie besuchte die Abschlußklasse des Gymnasiums und hatte bereits einen Studienplatz am Westfield College in London erhalten, wo sie im folgenden Herbst ein Sprachstudium beginnen wollte. Jane Wilde fühlte sich sogleich zu dem einundzwanzigjährigen Doktoranden aus Cambridge hingezogen. Sie erinnert sich an eine gewisse intellektuelle Arroganz, die ihm eigen gewesen sei, aber: «Er hatte auch etwas Verlorenes. Er wußte, daß da etwas mit ihm geschah, was sich seinem Einfluß entzog.»[2] Von dieser Nacht an entwickelte sich ihre Freundschaft.

Hawking hätte zum Beginn des Frühjahrstrimesters später im Januar nach Cambridge zurückkehren müssen. Doch statt seine Arbeit wiederaufzunehmen, ging er in eine Klinik, um sich einer Reihe von Untersuchungen zu unterziehen. Lebhaft erinnert er sich an diese Erfahrung:

> Sie entnahmen meinem Arm eine Muskelprobe, pflanzten mir Elektroden ein, injizierten ein Kontrastmittel in meine Wirbelsäule und beobachteten seine Bewegungen auf dem Röntgenschirm, während sie das Bett kippten. Danach teilte man mir aber nicht mit, was ich hatte, nur daß es keine multiple Sklerose und ich ein atypischer Fall sei. Ich begriff jedoch, daß die Ärzte mit einer Verschlechterung meines Zustands rechneten und nichts tun konnten, außer mir Vitamine zu geben, wovon sie sich aber offenbar keine große Wirkung versprachen. Allerdings war ich auch nicht in der Stimmung, nach Einzelheiten zu fragen, weil sie mit Sicherheit nicht erfreulich gewesen wären.[3]

Die Ärzte rieten ihm, nach Cambridge und zu seiner kosmologischen Forschung zurückzukehren, aber das war natürlich leichter gesagt als getan. Die Arbeit machte keine rechten Fortschritte, denn nun war alles, was er dachte und tat, von der Möglichkeit eines nahen Todes überschattet. Er fuhr nach Cambridge und wartete auf die Ergebnisse der Tests. Nach kurzer Zeit teilte man ihm die Diagnose mit: Er litt an einer seltenen und unheilbaren Krankheit – ALS oder amyotropher Lateralsklerose.

ALS greift die Nerven des Rückenmarks und einiger Teile des Gehirns an, die für die willkürliche Motorik verantwortlich sind.

Die Zellen degenerieren im Laufe der Zeit, die Körpermuskulatur bildet sich zurück, und es tritt eine Lähmung ein. Das Gehirn wird nicht in Mitleidenschaft gezogen, so daß höhere Funktionen wie Denken und Gedächtnis intakt bleiben. Der Körper verfällt allmählich, während der Verstand des Patienten ungetrübt ist. Im allgemeinen lautet die Prognose, daß sich die Bewegungsfähigkeit immer weiter zurückbildet, bis die fortschreitende Lähmung schließlich zum Tod durch Ersticken oder Lungenentzündung führt, wenn auch die Atemmuskeln versagen. Die Symptome sind schmerzlos, doch in den letzten Stadien der Krankheit gibt man den Patienten häufig Morphium, um ihrer chronischen Depression entgegenzuwirken.

Als einzig glücklicher Umstand in diesem Alptraum erwies es sich nun, daß sich Hawking ausgerechnet für theoretische Physik entschieden hatte, eines der ganz wenigen Gebiete, die im Grunde nur die reine Verstandestätigkeit erfordern. Wäre er Experimentalphysiker gewesen, wäre seine wissenschaftliche Laufbahn in diesem Moment beendet gewesen. Natürlich war das damals nur ein geringer Trost für den Einundzwanzigjährigen, der wie jeder andere Mensch mit einer normalen Lebensspanne gerechnet hatte und nicht mit einem Todesurteil durch eine Erkrankung des Nervensystems. Die Ärzte gaben ihm noch zwei Jahre.

Hawking verfiel in tiefe Depressionen. Nach einer Presselegende hat er sich in ein abgedunkeltes Zimmer eingeschlossen und unter dröhnenden Wagnerklängen, in Selbstmitleid versinkend, mit Alkohol zugeschüttet. Er selbst hat indessen erklärt, die Geschichten vom übermäßigen Alkoholgenuß seien aufgebauscht. Er habe sich aber schon als «tragische Gestalt»[4] empfunden, sich deshalb eine Zeitlang zurückgezogen und viel Musik, vor allem Wagner, gehört.

> Die Zeitschriftenberichte, denen zufolge ich unmäßig getrunken habe, sind übertrieben. Das Problem ist, daß solche Behaup-

tungen, sind sie erst einmal veröffentlicht, in anderen Artikeln ständig wiederholt werden, weil sie eine gute Story liefern. Und was so oft gedruckt zu lesen ist, muß einfach wahr sein. [5]

Wir werden vielleicht nie erfahren, wie es wirklich war, doch Hawkings Erinnerungen klingen plausibel. Die Vorstellung, er habe sich dem Alkohol hingegeben, um die düsteren Gedanken zu vertreiben, mag zwar aller Welt einleuchtend erscheinen, aber es gibt einige Anhaltspunkte, die für Hawkings Version sprechen. Dennis Sciama zum Beispiel sagt, er könne sich nicht erinnern, daß Hawking längere Zeit verschwunden gewesen sei, wie es die Boulevardzeitungen behaupteten. Da er während der Trimester seine Studenten täglich sah, wäre ihm eine längere Abwesenheit Hawkings aufgefallen.

Doch wird niemand bezweifeln, daß Hawking von dieser Nachricht zutiefst betroffen war und eine Zeit schlimmer Depression durchlebte. Es schien für ihn wenig Zweck zu haben, mit seiner Forschungsarbeit fortzufahren, denn die Aussicht, daß er lange genug leben würde, um seine Dissertation zu beenden, war gering. Eine Zeitlang glaubte er – eine naheliegende Haltung unter solchen Umständen –, es gebe nichts, wofür es sich zu leben lohne. Ihm blieben nur noch ein paar Jahre, was konnte ihn da noch interessieren? Die Religion oder der Gedanke an ein Leben nach dem Tod hatte ihn nie zu überzeugen vermocht. Deshalb konnte er von dieser Seite keine Tröstung erwarten. Er würde leben, solange es ihm noch vergönnt war, und dann sterben. Das war sein Schicksal. Wie jeder andere, der mit einer persönlichen Tragödie von solchen Ausmaßen konfrontiert ist, dachte er: «Wie konnte mir so etwas passieren? Warum sollte meinem Leben ein so plötzliches Ende gesetzt werden?» [6]

Ein Erlebnis in jenen Tagen, als die Untersuchungen an ihm vorgenommen wurden, hat einen tiefen Eindruck in ihm hinterlassen und ihm über diese alptraumhafte Zeit nach seiner Rückkehr nach Cambridge hinweggeholfen:

> Während meines Krankenhausaufenthaltes wurde ich Zeuge, wie ein Junge, den ich flüchtig kannte, im gegenüberstehenden Bett an Leukämie starb. Es war kein schöner Anblick. Ich fühlte mich zumindest nicht krank. Seither denke ich immer an diesen Jungen, wenn ich versucht bin, mich zu bemitleiden. [7]

Damals hatte er einige beunruhigende, sehr eindringliche Träume. Im Krankenhaus träumte er, er solle hingerichtet werden. «Plötzlich begriff ich, daß es eine Reihe wertvoller Dinge gab, die ich tun könnte, wenn mir ein Aufschub gewährt würde. In einem anderen Traum, der sich mehrfach wiederholte, opferte ich mein Leben, um andere zu retten. Wenn ich schon sterben mußte, konnte ich wenigstens noch etwas Gutes tun.» [8]

Nachdem Hawking sich aus seiner Depression befreit und wieder an die Arbeit gemacht hatte, beschloß sein Vater, Dennis Sciama aufzusuchen. Er erklärte ihm die Situation und fragte, ob Stephen nicht rascher als in der vorgeschriebenen Mindestzeit von drei Jahren promovieren könne, weil er möglicherweise nicht mehr so lange zu leben habe. Sciama, der vielleicht besser als irgend jemand sonst wußte, wozu sein Student in Wirklichkeit fähig war, erklärte Frank Hawking, eine verkürzte Promotionszeit komme nicht in Frage. Vielleicht ahnte Sciama damals schon, daß Hawking seine Arbeit brauchte, um durchzuhalten; mit Sicherheit aber kannte er die eisernen Gesetze der Universität, und die ließen sich nicht umgehen, auch nicht im Falle eines Studenten, dem möglicherweise ein naher Tod bevorstand.

Die meisten Freunde und Verwandten sahen keinen Grund, an der Prognose der Ärzte zu zweifeln, daß Hawking nur noch kurze Zeit zu leben hatte. John McClenahan erinnert sich lebhaft an einen Abend vor seiner Abreise zu einem einjährigen Arbeitsaufenthalt in den Vereinigten Staaten. Hawkings Schwester Mary suchte ihn auf und teilte ihm mit, er werde seinen Freund wahrscheinlich nicht mehr wiedersehen, wenn er tatsächlich erst nach einem Jahr zurückkehre. Sobald die Krankheit manifest geworden war, machte sie rasche Fortschritte. Jane Wilde traf Hawking bald nach seiner Entlassung aus dem Krankenhaus und stellte fest, daß er tief verstört war und keinen Lebenswillen mehr zu haben schien.

Es gibt keinen Zweifel daran, daß die Bekanntschaft mit ihr zu einem Wendepunkt in seinem Leben wurde. Die beiden begannen sich häufiger zu sehen, und ihre Beziehung wurde enger. Die Begegnung mit Jane half ihm, seine Depression zu überwinden; zögernd begann er wieder an das Leben und die Arbeit zu glauben. Mit seiner Dissertation kam er weiterhin nur sehr mühsam voran.

Natürlich war er nicht der einzige Student, der bei Sciama promovierte. Der Südafrikaner George Ellis wurde Sciamas erster Doktorand, nachdem dieser seine Stellung 1961 angetreten hatte. Ein Jahr später kam Hawking, und 1963 folgten zwei weitere Studenten, mit denen Hawking, wie mit Ellis, seither befreundet ist – Brandon Carter und Martin Rees. Mit einigen anderen Physikern zusammen bildeten sie eine kleine Gruppe von Relativitätstheoretikern und Kosmologen, die alle auf dem gleichen Gebiet an leicht voneinander abweichenden Fragestellungen arbeiteten.

Oft trafen sie sich abends in einem Pub oder besuchten gemeinsam Konzerte, Theateraufführungen und Filme, wenn sie genug davon hatten, über Physik zu debattieren. Auch neben der Arbeit gab es Berührungspunkte. Ellis war politisch sehr interessiert und ein entschiedener Gegner der Apartheid-Politik. Bei Hawking traf er auf ähnliche Einstellungen; so sprachen sie häufig über politische Fragen. Im Winter saßen die beiden am Kamin eines Pub, an Sommerabenden in Gärten zusammen und diskutierten aktuelle Probleme, vom Vietnamkrieg bis zur Black-Power-Bewegung. Natürlich lernten sie alle Jane Wilde kennen. Wenn sie am Wochenende nach Cambridge kam, ging die ganze Gruppe häufig gemeinsam essen oder zu einem Picknick am Fluß, wo sie die Boote vorbeigleiten sahen.

Während des ersten Jahres arbeitete Hawking mit den Studenten und Dozenten im Phoenix-Flügel des Cavendish Laboratory, das von James Clerk Maxwell in den siebziger Jahren des 19. Jahrhunderts gegründet worden war. Anfang der sechziger Jahre unseres Jahrhunderts veranlaßte der Direktor des Fachbereiches Physik, George Batchelor, die Universität, einen eigenen Fachbereich für Mathematik und theoretische Physik im damaligen Old University Press Building in der Silver Street einzurichten. Es erhielt die Bezeichnung Department of Applied Mathematics and Theoretical Physics (DAMTP – Fachbereich für angewandte Mathematik und theoretische Physik).

In Cambridge sind Studenten des Grundstudiums wie Postgraduates – Studenten, die einen höheren Universitätsgrad erwerben – in einem der Colleges eingeschrieben, arbeiten jedoch mit anderen, demselben Fachbereich angehörenden, aber von anderen Colleges kommenden Kommilitonen zusammen. Hawking gehörte dem Trinity Hall College an. Dort aß er zu Abend, dort wohnte er, aber er arbeitete nicht dort. Ebensowenig studierte er nur mit Studenten von Trinity Hall oder hatte nur mit Dozenten des eigenen College zu tun.

Die Atmosphäre am Fachbereich Physik ist sehr locker; die Doktoranden haben keinen festen Studienplan zu befolgen und keine Kurse zu besuchen. Aufgabe des Doktorvaters ist es, eine Reihe von Fragestellungen oder Zielen vorzugeben, mit dem Studenten zu erörtern, wie er vorgehen möchte, und ihn anzuleiten, wenn es notwendig ist. Sciama erinnert sich, daß er oft in Hawkings Büro stürmte, weil er eine neue Idee für dessen Forschungsprojekt hatte, und wie sie dann zusammen einen Plan für das weitere Vorgehen entwickelten. In anderen Fällen suchte Hawking Sciama in dessen Büro auf, einem Ort, an den sich seine Studenten gern erinnern. Die Wände zwischen den Regalen mit Büchern und Artikeln waren mit Drucken moderner Kunst bedeckt.

Neben den Vorlesungen an der Universität besuchten alle Doktoranden des DAMTP die regelmäßig stattfindenden Vorträge, in denen dreißig oder vierzig Leute den Ausführungen eines Cambridger Professors oder eines auswärtigen Wissenschaftlers lauschten. Stets folgte eine allgemeine Diskussion. Doch der wichtigste Umschlagplatz für die Gedanken und Theorien war der Teeraum. Dort fand zweimal täglich ein Ritual statt, das man vom Cavendish Laboratory übernommen hatte: Alle trafen sich um elf Uhr morgens zum Kaffee und um vier Uhr nachmittags zum Tee, um ihre neuesten Gedanken und Ideen auszutauschen. Die Studenten teilten sich die Büros, deren Türen stets jedem offenstanden – hier wurden keine Ideen geheimgehalten und ängstlich behütet. Hawking hat einmal geschrieben, daß er während seiner frühen Jahre als Doktorand in dieser Atmosphäre freier Kommunikation auf sein erstes wichtiges Projekt gestoßen sei.

Ein wichtiger Mann im Fachbereich Physik der Cambridge University war Fred Hoyle, der vor allem aufgrund seiner Hypothesen über den Ursprung des Universums hohes Ansehen genoß. In rastloser publizistischer Aktivität verstand er es, sich virtuos der Medien zu bedienen, und er gehörte zu jener Sorte von Wissenschaftlern, die gelegentlich auch vorläufige und unbewiesene Ideen in die Öffentlichkeit bringen. Dafür hatte er eine einfache Rechtfertigung. Er war weder Egomane noch intellektueller Abenteurer, sondern mußte öffentliches Aufsehen erregen und für internationalen Ruhm sorgen, um die nötigen Mittel für seine Forschung aufzutreiben. Publizität war von höchster Bedeutung für ihn.

Hoyle, Sohn eines Textilkaufmanns aus Yorkshire, war in den dreißiger Jahren mit einem Scholarship nach Cambridge gekommen und hatte sich von Anfang an seiner Herkunft und des seltsamen Akzentes wegen als Außenseiter gefühlt. Diese Erfahrung hatte ihn bis in die Tiefen seiner Persönlichkeit geprägt. Es war später schwierig, mit ihm auszukommen. Während seiner Professur in Cambridge lag er meist mit den Behörden und mit vielen seiner Kollegen im Streit. Bald nach dem Umzug in die Silver Street gründete Hoyle sein eigenes Institut in Cambridge, machte sich aber auch weiterhin das intellektuelle Potential und die Hilfe des DAMTP gern zunutze.

Ungeachtet seiner Auseinandersetzungen und Reibereien in Cambridge beschäftigte sich Hoyle sehr intensiv mit der Steady-state-Theorie des Universums. Er hatte sie mit dem Mathematiker Hermann Bondi vom King's College in London und dem Astronomen Thomas Gold entwickelt. Von den beiden miteinander konkurrierenden kosmologischen Modellen hatte die Steady-state-Theorie damals das bessere wissenschaftliche Fundament. Die andere Theorie, die von einer spontanen Schöpfung des Universums im Urknall ausging, verabscheute Hoyle; einmal nannte er sie ein Partygirl, das aus einer Geburtstagstorte hüpft – sie war ihm einfach nicht fein und elegant genug. Er hat übrigens den Ausdruck «Big Bang», Urknall, geprägt, worüber er sich später sehr amüsierte, denn er hatte sich mit dieser Bezeichnung eigentlich über die Theorie lustig machen wollen. Das geschah während einer Radiosendung, in der er seine eigene Steady-state-Theorie vertrat.

Hoyle betreute ebenfalls eine ausgewählte Gruppe von Doktoranden. Einer seiner Schützlinge war ein Student namens Jayant Narlikar, der damals die Aufgabe hatte, im Rahmen seiner Dissertation einige Berechnungen zu Hoyles Theorie vorzunehmen. Zufällig saß er in dem Raum neben dem Büro Hawkings, der großes Interesse an Narlikars Gleichungen zeigte. Ohne Narlikar dazu überreden zu müssen, gewährte ihm dieser Einblick in das Forschungsmaterial, an dem er arbeitete, und Hawking begann, die Theorien weiterzuentwickeln. In den nächsten Monaten verbrachte er mehr und mehr Zeit damit, zwischen dem Büro seines Freundes und seinem eigenen hin und her zu wandern, in der einen Hand Seiten mit mathematischen Gleichungen, in der anderen den neu erworbenen Gehstock, auf den er bereits in erheblichem Maße angewiesen war.

Hier sei betont, daß Hawking keinerlei böswillige Absichten gegen Hoyle oder gar gegen Narlikar hegte. Er fand das Material nur faszinierend, während er sich mit den eigenen Projekten mehr oder minder lustlos herumschlug.

Bald darauf nahmen die Ereignisse eine überraschende Wendung. Hoyle beschloß, seine Ergebnisse auf einem Treffen der Royal Society in London öffentlich bekanntzugeben. Obwohl sein Vorgehen sicherlich nicht einmalig war, hielten es einige seiner Kollegen doch für ziemlich kühn, weil Hoyle die Arbeit niemandem zur Begutachtung vorgelegt hatte. Er hielt seinen Vortrag vor ungefähr hundert Zuhörern. Am Ende erntete er freundlichen Applaus, und in dem Stimmengewirr, das daraufhin einsetzte, forderte er das Publikum zur Diskussion auf.

Natürlich befand sich auch Hawking, der dem Vortrag aufmerksam gefolgt war, unter den Zuhörern. Langsam erhob er sich, auf seinen Stock gestützt, und im Saal wurde es still.

«Die Größe, von der Sie sprechen, divergiert», sagte er.

Ein leises Murmeln lief durch die Reihen der Zuhörer. Die versammelten Wissenschaftler begriffen augenblicklich, daß Hoyles letzte Behauptungen falsch sein mußten, wenn Hawking recht hatte.

«Natürlich divergiert sie nicht», entgegnete Hoyle.

«Sie tut es doch», lautete Hawkings herausfordernde Erwiderung.

Hoyle hielt inne und ließ seinen Blick einen Moment lang über das erwartungsvoll schweigende Publikum schweifen. «Woher wissen Sie das?» fragte er scharf.

«Weil ich darüber gearbeitet habe», sagte Hawking langsam.

Ein verlegenes Lachen ging durch den Saal. Das paßte Hoyle ganz und gar nicht. Er war wütend über den jungen Parvenü. Doch die Feindschaft zwischen den beiden Männern, sollte es sie je gegeben haben, war nur von kurzer Dauer. Dennoch empfand Hoyle Hawkings Vorgehensweise als schlechten Stil und sagte ihm das auch. Hawking und andere erwiderten daraufhin, Hoyle selbst habe insofern einen schlechten Stil bewiesen, als er seine Resultate bekanntgegeben habe, ohne sie zu verifizieren. Eine Person hat zweifellos Hoyles ganzen Zorn zu spüren bekommen: der arglose Mittelsmann Narlikar.

Obwohl Hoyle Hawking intellektuell gewachsen ist, erwies sich in diesem Fall, daß der Jüngere recht hatte: Die Größe, von der Hoyle gesprochen hatte, divergierte in der Tat, woraus folgte, daß das letzte Teilstück von Hoyles Theorie falsch war. Hawking schrieb einen Artikel, in dem er die entsprechenden mathematischen Ergebnisse zusammenfaßte. Die Arbeit fand wohlwollende Aufnahme in Fachkreisen und begründete seinen Ruf als vielversprechender junger Wissenschaftler. Während Hawking noch versuchte, mit der eigenen Dissertation bei Sciama zurechtzukommen, begann er bereits, sich in der dünnen Atmosphäre der kosmologischen Forschung einen Namen zu machen.

Im Laufe der ersten beiden Jahre, die Hawking in Cambridge zubrachte, verschlimmerten sich die Symptome der ALS rasch. Er hatte große Schwierigkeiten beim Gehen und war gezwungen, seinen Stock zu benutzen, wenn er sich nur ein paar Schritte vorwärts bewegen wollte. Seine Freunde halfen ihm, so gut es ging, doch meistens wies er alle Hilfe zurück. Unter Verwendung von Wänden, Möbelstücken und seinem Stock gelang es ihm, wenn auch erbarmungswürdig langsam, Zimmer und offenes Gelände zu durchqueren. Es gab jedoch viele Situationen, in denen diese Hilfen nicht ausreichten. Sciama und seine Kollegen erinnern sich mancher Tage, an denen Hawking mit einem Kopfverband im Institut erschien, weil er gestürzt war und sich eine Verletzung zugezogen hatte.

Auch sein Sprechen begann zunehmend unter der Krankheit zu leiden. Seine Aussprache wurde nun rasch so unverständlich, daß selbst enge Mitarbeiter nur mit Mühe verstanden, was er sagen wollte. Doch das alles vermochte ihn nicht von der Arbeit abzuhalten, die ihn jetzt ergriffen hatte. Er machte die raschesten und bedeutendsten Fortschritte seiner ganzen wissenschaftlichen Laufbahn, und das zeigt, wie er zu seiner Krankheit steht. So verrückt es klingen mag, die ALS hat einfach keine überragende Bedeutung für ihn. Natürlich hatte er unter den Demütigungen und Unbequemlichkeiten zu leiden, denen alle Behinderten in unserer Gesellschaft ausgesetzt sind. Natürlich hatte er sich auf diese Beeinträchtigungen einzustellen und mußte unter außergewöhnlichen Bedingungen leben. Aber die Krankheit berührte nicht sein Wesen und sein Denken und hatte deshalb keinen negativen Einfluß auf seine Arbeit.

Hawking ist bemüht, seine Behinderung herunterzuspielen und sich ganz auf seine wissenschaftliche Arbeit zu konzentrieren, denn nur die zählt für ihn. Seine Mitarbeiter und die vielen Physiker in aller Welt behandeln Hawking wie ihresgleichen. Der Umstand, daß er heute nicht mehr sprechen kann und ohne die Apparatur, die er mit seinen Fingerspitzen bedient, stumm und zu keiner Bewegung fähig ist, hat für sie keine Bedeutung. Für sie ist er ein Freund, ein Kollege und vor allem ein großer Wissenschaftler.

Nachdem er diese Einstellung zur ALS gefunden hatte und in Jane Wilde einem Menschen begegnet war, mit dem er sein persönliches Leben teilen konnte, begann er aufzublühen. Das Paar verlobte sich, und die Wochenendbesuche wurden häufiger. Jeder sah, daß die beiden sehr glücklich waren und ihrer Beziehung große Bedeutung beimaßen. Jane erinnert sich: «Ich suchte nach einer Aufgabe in meinem Leben, und ich glaube, ich fand sie in der Vorstellung, mich um ihn zu kümmern. Aber wir waren auch verliebt ineinander.»[9] Ein andermal hat sie gesagt: «Ich gelangte zu einer Entscheidung und hielt an ihr fest. Er war ungeheuer entschlossen, sehr ehrgeizig. Genau wie heute. Er befand sich bereits im Anfangsstadium seiner Krankheit, als ich ihn kennenlernte. Deshalb habe ich nie einen gesunden, nichtbehinderten Stephen gekannt.»[10]

Für Hawking war die Verlobung mit Jane Wilde wahrscheinlich das wichtigste Ereignis in seinem Leben: Sie veränderte seine ganze Existenz, gab ihm etwas, wofür er leben konnte, stärkte seinen Lebenswillen. Ohne die Hilfe dieser Frau hätte er wohl kaum weitermachen können oder auch nur den Willen dazu gehabt.

Von nun an ging ihm die Arbeit immer besser von der Hand, und Sciama gelangte zu der Überzeugung, daß es Hawking doch noch gelingen könnte, die losen Fäden seiner Dissertation zusammenzufügen. Es ging noch immer recht langsam voran, doch dann gab ihm die Begegnung mit einem anderen Wissenschaftler entscheidende Impulse.

Sciamas Forschungsgruppe begann sich mehr und mehr für die Arbeit von Roger Penrose zu interessieren, einem jungen Wissenschaftler vom Birkbeck College in London, der im Bereich der angewandten Mathematik tätig war. Er war der Sohn eines bekannten Genetikers, hatte am University College in London studiert und war Anfang der fünfziger Jahre nach Cambridge gegangen. Nach Forschungsarbeiten in den Vereinigten Staaten hatte er Anfang der sechziger Jahre damit begonnen, Ideen zu einer Singularitätstheorie zu entwickeln, die vorzüglich zu den am DAMTP erarbeiteten Vorstellungen paßten.

Die Cambridger Gruppe begann Symposien am King's College in London zu besuchen, wo der große Mathematiker Hermann Bondi, Mitbegründer der Steady-state-Theorien, Professor für angewandte Mathematik war. King's College war ein geeigneter Treffpunkt für Penrose (der quer durch London anreiste), die Wissenschaftler aus Cambridge und eine kleine Gruppe von Physikern und Mathematikern vom College selbst. Sciama nahm Carter, Ellis, Rees und Hawking zu den Treffen mit, weil er hoffte, die Gespräche würden sich fruchtbar auf die Arbeit seiner Schützlinge auswirken. Doch es gab Zeiten, in denen Hawking die Reise nach London fast zuviel wurde.

Brandon Carter erinnert sich in diesem Zusammenhang besonders an einen Tag, als die Gruppe ziemlich spät am Bahnhof eintraf und der Zug schon einlief. Alle setzten sich in Trab und vergaßen Hawking, der sich verzweifelt mit seinen Stöcken abmühte. Erst als sie im Abteil saßen, bemerkten sie, daß er fehlte. Carter erinnert sich, daß sie aus dem Fenster hinaussahen und eine mitleiderregende Gestalt erblickten, die auf dem Bahnsteig auf sie zuhumpelte. Ihnen wurde klar, daß Hawking es nicht mehr schaffen konnte. Da sie wußten, wie strikt er es ablehnte, anders als andere Menschen behandelt zu werden, widerstrebte es ihnen gewöhnlich, ihm zu helfen. Doch in diesem Fall gab es kein Zögern: Carter und ein anderes Mitglied der Gruppe sprangen kurz entschlossen auf den Bahnsteig und beförderten den Freund gerade noch rechtzeitig in den Zug.

Es wäre auch ein böser Streich des Schicksals gewesen, hätte Hawking nicht an diesen Londoner Treffen teilnehmen können, denn durch sie nahm seine ganze Laufbahn eine weitere positive Wendung. Im Laufe der Gespräche am King's College hatte Roger Penrose seine Kollegen mit seiner Vorstellung von der Raumzeit-Singularität im Mittelpunkt eines Schwarzen Loches vertraut gemacht, und die Cambridger Gruppe war von diesem Gedanken außerordentlich angetan.

Eines Nachts auf dem Rückweg nach Cambridge saßen alle in einem Abteil und erörterten, was an diesem Abend auf dem Treffen zur Sprache gekommen war. Hawking, der keine Lust verspürte, sich an dem Gespräch zu beteiligen, blickte durch das Fenster, sah die dunklen Felder vorbeigleiten und davor das Spiegelbild seiner Freunde. Die Kollegen diskutierten ein mathematisches Detail in Penroses Modell. Plötzlich kam ihm ein Gedanke, und Sciama zugewandt, der ihm gegenübersaß, sagte er: «Ich frage mich, was sich ergäbe, wenn man Rogers Singularitätstheorem auf das gesamte Universum anwenden würde.» Tatsächlich war es diese eine Idee, die Hawkings Promotion sicherte und seine Entwicklung zu einem Wissenschaftler von Weltrang einleitete.

Penrose veröffentlichte seine Überlegungen im Januar 1965. Zu diesem Zeitpunkt war Hawking damit beschäftigt, den Gedankenblitz auszuarbeiten, den er in jener Nacht auf dem Heimweg nach Cambridge gehabt hatte. Die Singularitätstheorie auf das Universum anzuwenden war natürlich alles andere als leicht, aber Hawking machte Fortschritte, und nach wenigen Monaten begann Sciama zu bemerken, daß sein junger Doktorand etwas ganz Außergewöhnliches ausbrütete. Für Hawking war es das erste Mal, daß er sich bei einer Aufgabe ernsthaft Mühe gab.

> Ich begann zum erstenmal in meinem Leben richtig zu arbeiten. Zu meiner Überraschung stellte ich fest, daß es mir gefiel. Vielleicht ist es nicht ganz ehrlich, es Arbeit zu nennen. Jemand hat einmal gesagt: Wissenschaftler und Prostituierte werden dafür bezahlt, daß sie etwas tun, was ihnen Spaß macht. [11]

Als er mit den mathematischen Berechnungen zufrieden war, auf die sich seine Ideen stützten, begann er die Dissertation zu schreiben. In vieler Hinsicht kam er zu recht wirren Ergebnissen, was sicher auch auf die Verstörung zurückzuführen ist, in der er während der ersten Hälfte seiner Zeit als Doktorand in Cambridge gelebt hatte. Die Probleme, die er und Sciama hatten, geeignete Forschungsprojekte für ihn zu finden, führten dazu, daß eine Reihe von Ungereimtheiten und offenen Fragen ungeklärt blieb. Doch die Untersuchung hatte einen Vorzug, der alles wettmachte – die Anwendung der Singularitätstheorie, die Hawking während seines dritten Postgraduiertenjahres entwickelte.

Das Schlußkapitel der Hawkingschen Dissertation war eine brillante Leistung und ausschlaggebend für die Verleihung der Doktorwürde. Die Arbeit wurde vom Doktorvater Dennis Sciama und einem externen Zweitgutachter bewertet. Neben den Alternativen «Bestanden» und «Nichtbestanden» gibt es bei der Promotionsprüfung noch eine dritte Möglichkeit: Sie kann aufgeschoben werden, was bedeutet, daß der Student seine Dissertation zu einem späteren Zeitpunkt noch einmal vorlegen kann, gewöhnlich nach einem weiteren Jahr. Dank seines Schlußkapitels blieb Hawking diese Demütigung erspart, und die Prüfer erkannten ihm den Doktortitel zu. Von nun an durfte sich der dreiundzwanzigjährige Physiker Doktor Stephen Hawking nennen.

5 Von Schwarzen Löchern zum Urknall

Anfang der sechziger Jahre wußten die Astronomen bereits, daß jeder Stern, der mehr als etwa die dreifache Masse unserer Sonne enthält, schließlich in sich zusammenstürzen muß und sich dabei zu einem Objekt entwickelt, das wir heute als Schwarzes Loch bezeichnen. Mehr als zwanzig Jahre zuvor hatte man mit Hilfe der Gleichungen der Einsteinschen Relativitätstheorie berechnet, daß ein solches Objekt die Raumzeit zu einer es umgebenden, in sich geschlossenen Krümmung veranlassen und damit seine zentrale Masse vom Universum isolieren würde. Lichtstrahlen, die in der Nähe eines solchen Objekts vorbeikämen, würden so stark abgelenkt werden, daß selbst Photonen in engen Schleifen um den «Zentralstern» kreisen müßten und niemals wieder in das Universum entweichen könnten. Da ein solches Objekt folglich kein Licht emittieren kann, muß es schwarz sein, weshalb ihm der amerikanische Relativitätstheoretiker John Wheeler 1969 den Namen «Schwarzes Loch» gab.

Zwar war zu jener Zeit, als Hawking sein Grundstudium beendete und mit seiner Promotion begann, allgemein bekannt, daß Einsteins Theorie diese Vorhersage macht, doch niemand nahm die Vorstellung von Schwarzen Löchern wirklich ernst. Es sind nämlich sehr viele Sterne bekannt, die mehr als die dreifache Sonnenmasse besitzen. Sie kollabieren nicht, weil sie von den Kernreaktionen in ihrem Innern aufgeheizt werden. Die Wärme erzeugt einen Druck nach außen, der dem Zug der Schwerkraft Widerstand leistet. Die Astronomen wußten, daß solche Sterne, wenn ihnen ihr «Kernbrennstoff» ausgeht, explodieren und ihre äußeren Schichten ins Weltall schleudern. Noch vor dreißig Jahren nahm man an, eine solche Explosion würde stets so viel Materie absprengen, daß der zurückbleibende Kern weniger als jene dreifache Sonnenmasse aufwiese – oder daß vielleicht irgendein noch unbekannter Druck ins Spiel käme, wenn die verbleibende Sternsubstanz zu schrumpfen beginne.

In dieser Auffassung wurden die theoretischen Physiker durch den Umstand bestärkt, daß die Astronomen tatsächlich viele alte, tote Sterne entdeckt hatten. Alle diese stellaren Schlackehaufen wiesen etwas weniger als eine Sonnenmasse auf, waren aber auf ein Volumen zusammengepreßt, das etwa dem unserer Erde entspricht. Solche Sterne von Planetengröße bezeichnet man als weiße Zwerge. Sie wirken der nach innen ziehenden Schwerkraft durch den Druck der Elektronen entgegen, die an ihre Atome gekoppelt sind und eine Art Elektronengas bilden. Ein weißer Zwerg ist so dicht, daß jeder Kubikzentimeter des Sterns eine Million Gramm Materie enthält. Bis 1967 galten sie als die dichtesten Objekte im Universum.

Doch obgleich Astronomen nicht ernsthaft meinten, es könnte Objekte geben, die dichter als weiße Zwerge sind, spielten ein paar Mathematiker mit Einsteins Gleichungen herum und erkundeten, was mit der Materie geschähe, wenn sie zu noch größeren Dichten zusammengepreßt würde. Die Gleichungen besagten, daß eine Materiemenge von der dreifachen Sonnenmasse, wenn sie auf eine kugelförmige Region mit einem Radius von knapp neun Kilometern zusammengedrängt würde, die Raumzeit in ihrer Nachbarschaft so krümmte, daß nicht einmal das Licht entweichen könnte. Da nichts sich rascher als das Licht fortbewegen kann, bedeutet dies, von einem solchen Objekt, das Mathematiker manchmal als «Collapsar» bezeichnen (zusammengezogen aus *collapsed star*, kollabierter Stern), könnte überhaupt nichts entweichen. Es wäre der absolut bodenlose Abgrund, in den alles hineinfallen, aber aus dem nichts jemals wiederauftauchen könnte. Die Dichte im Innern des Collapsars wäre größer als die Dichte eines Atomkerns; dies hielten die theoretischen Physiker damals für vollkommen unmöglich.

Zwar zogen sie (aber nicht allzu ernsthaft) die Möglichkeit von

Sternen in Betracht, die die Dichte eines Atomkerns erreichen. Seit den dreißiger Jahren wußten die Physiker, daß der Kern eines Atoms aus dicht gepackten Teilchen, den Protonen und Neutronen, besteht. Jedes Proton trägt eine positive Ladungseinheit; die Neutronen sind, wie ihr Name nahelegt, elektrisch neutral, aber jedes hat die gleiche Masse wie ein Proton. In gewöhnlichen Atomen, jenen zum Beispiel, aus denen dieses Buch besteht, ist der Kern von einer Elektronenwolke umgeben. Jedes Elektron trägt eine negative Ladungseinheit, und es gibt ebenso viele Elektronen wie Protonen, so daß das Atom insgesamt elektrisch neutral ist.

Doch ein Atom ist zum größten Teil leerer Raum. Der Kern ist winzig, aber sehr dicht, und die Elektronenwolke ist (vergleichsweise) riesig und immateriell. Im Verhältnis zur Größe eines ganzen Atoms ist der Kern wie ein Sandkorn in der Mitte einer Konzerthalle. In weißen Zwergen sind einige der Elektronen durch den hohen Druck von ihren Atomen abgespalten, so daß die Kerne in ein Meer von Elektronen eingebettet sind, die zum ganzen Stern und nicht zu einem bestimmten Kern gehören. Doch bleibt immer noch viel Raum zwischen den Kernen, obwohl sich in diesem Raum Elektronen befinden. Jeder Kern ist positiv geladen, und da gleichnamige Ladungen sich abstoßen, bewahren die Kerne ihre Distanz.

Doch nach der Quantentheorie gibt es eine Möglichkeit, einen Stern dichter werden zu lassen als einen weißen Zwerg. Würde der Stern durch die Schwerkraft noch stärker zusammengepreßt werden, könnten die Elektronen gezwungen sein, sich mit den Protonen zu weiteren Neutronen zu vereinen. Das Ergebnis wäre ein Stern, der völlig aus Neutronen bestünde, und diese könnten so dicht gepackt werden wie die Protonen und Neutronen in einem Atomkern. Wir hätten es dann mit einem Neutronenstern zu tun.

Nach entsprechenden Berechnungen müßte dies mit jedem erloschenen Stern geschehen, dessen Masse mehr als zwanzig Prozent größer ist als die unserer Sonne (das heißt mehr als 1,2 Sonnenmasse aufwiese). Bei einem Neutronenstern wäre diese Masse innerhalb eines Radius von ungefähr zehn Kilometern versammelt. Er wäre mithin nicht größer als viele Berge auf der Erde. Die Dichte der Materie in einem Neutronenstern betrüge in Gramm pro Kubikzentimeter 10^{14} – das ist eine Eins gefolgt von vierzehn Nullen oder einhunderttausend Milliarden. Doch selbst ein Objekt von solcher Dichte wäre kein Schwarzes Loch, weil das Licht noch immer von der Oberfläche dieses Sterns ins All entweichen könnte.

Um aus einem toten Stern ein Schwarzes Loch zu machen, wäre es, wie die Theoretiker Anfang der sechziger Jahre sehr wohl erkannten, erforderlich, auch noch die Neutronen durch ungeheuren Druck zum Verschwinden zu bringen. Nach den Quantengleichungen sind selbst Neutronen nicht in der Lage, das Gewicht eines toten Sterns von drei oder mehr Sonnenmassen auszuhalten. Wenn ein Objekt von solcher Größe nach dem explosiven Todeskampf eines massereichen Sterns übrigbliebe, würde er ganz in sich zusammenstürzen und zu einem mathematischen Punkt schrumpfen, den man Singularität nennt. Lange bevor der kollabierende Stern diesen Zustand erreicht hätte – ein Volumen von Null sowie unendliche Dichte –, hätte er die Raumzeit in seiner Umgebung vollständig gekrümmt und den Collapsar vom übrigen Universum abgekapselt.

Die Gleichungen besagen sogar, daß *jede* Ansammlung von Materie auf diese Weise kollabieren würde, wenn man sie stark genug zusammenquetschte. Das besondere Merkmal von Objekten, die mehr als drei Sonnenmassen aufweisen, liegt darin, daß sie infolge ihres eigenen Gewichts auf jeden Fall kollabieren. Doch wenn es möglich wäre, unsere Sonne zu einer Kugel mit einem Radius von ungefähr drei Kilometern zusammenzupressen, würde auch sie ein Schwarzes Loch werden. Selbst die Erde würde dieses Schicksal ereilen, könnte man sie auf ungefähr einen Zentimeter konzentrieren. Sobald das Objekt auf die kritische Größe verdichtet wäre, täte die Schwerkraft das Ihre und würde das Objekt ganz in die Raumzeit «einwickeln», während das Objekt seinen Schrumpfungsprozeß bis zur unendlichen Dichte einer Singularität im Innern eines Schwarzen Loches fortsetzte. Doch halten wir fest, es ist weitaus leichter, ein Schwarzes Loch zu erzeugen, wenn eine große Masse zur Verfügung steht. Die kritische Größe ist nicht einfach der vorhandenen Masse proportional. Die Dichte, bei der sich ein Schwarzes Loch bildet, ist größer, wenn weniger Masse zur Verfügung steht, die sich zusammenpressen läßt.

Für jede Masse gibt es einen kritischen Radius, den sogenannten Schwarzschild-Radius, bei dem dieses Ereignis eintritt. Wie unsere Beispiele zeigen, ist der Schwarzschild-Radius kleiner für masseärmere Objekte – man muß die Erde stärker zusammenpressen als die Sonne und diese wiederum stärker als einen massereicheren Stern, um ein Schwarzes Loch zu erzeugen. Sobald es sich gebildet hat, existiert eine Fläche rund um das Loch (etwa wie die Meeresoberfläche), welche die Grenze zwischen dem restlichen Universum und der Region bildet, in der die Raumzeit so stark gekrümmt ist, daß dieser Region nichts mehr entweichen kann. Wir hätten es mit einem «Einweghorizont» zu tun (im Gegensatz zur Oberfläche des Meeres!), den Strahlung und Materieteilchen ohne Schwierigkeiten durchdringen können, um sich, von der Schwerkraft angezogen, mit der immer größer werdenden Masse der Singularität zu vereinigen, durch den aber nichts, noch nicht einmal Licht, nach außen gelangen kann.

Einige Mathematiker hatten vor dreißig Jahren arge Probleme mit der Vorhersage, Schwarze Löcher müßten Singularitäten enthalten. Die Vorstellung, daß es einen Punkt von unendlicher Dichte geben sollte, war ihnen sehr unbehaglich. Pragmatischer verhielten sich da die meisten Astronomen. Zunächst einmal bezweifelten sie, daß es Schwarze Löcher überhaupt geben könnte. Wahrscheinlich existierten, so dachten sie, irgendwelche physikalischen Gesetze, die tote Sterne daran hinderten, genügend Masse übrigzubehalten, um auf diese Weise zu kollabieren. Und selbst wenn es Schwarze Löcher gab, würden sie ja aufgrund ihrer besonderen Beschaffenheit die Singularitäten in ihrem Innern jeglichem Zugriff durch Teleskope oder andere Forschungsinstrumente entziehen. Hatte es denn die geringste Bedeutung, daß die Theorie behauptete, es könnte Punkte von unendlicher Dichte geben, wenn dieselbe Theorie feststellte, solche Singularitäten lägen unzugänglich hinter unüberwindlichen Horizonten verborgen?

Eines aber hätte diesen Astronomen bereits Anfang der sechziger Jahre zu denken geben müssen. Wie man eine geringe Masse sehr stark zusammenpressen muß, um ein Schwarzes Loch zu erzeugen, so ist eine größere Masse dazu auf weniger Druck angewiesen. Entsprechend könnte eine Masse von ungefähr 4,5 Milliarden Sonnenmassen ein Schwarzes Loch bilden, wenn sie in einer Kugel enthalten wäre, die etwa den doppelten Durchmesser unseres Sonnensystems aufwiese. Zunächst erscheint die Vorstellung einer solch ungeheuren Masse absurd. Doch erinnern wir uns, daß es hundert Milliarden Sterne allein in unserer Galaxis, der Milchstraße, gibt. Es wären nur fünf Prozent dieser Gesamtmasse erforderlich, um ein solches enorm massereiches Schwarzes Loch zu bilden, und die Dichte eines derartigen Objekts läge in einer ganz anderen Größenordnung als die eines Atomkerns oder eines Neutronensterns: Sie betrüge gerade ein Gramm pro Kubikzentimeter – die gleiche Dichte, wie sie das Wasser hat. Man könnte also ein Schwarzes Loch aus Wasser machen, wenn man nur genügend davon hätte!

Wir können uns diesen Vorgang durch einen Vergleich mit den Rundbahnen in einem Stadion klarmachen. Entscheidend daran ist, daß ein Schwarzes Loch die Raumzeit vollständig um sich selbst krümmt, so daß Lichtstrahlen am Horizont endlos um die zentral gelegene Singularität kreisen würden. Doch die «Photonenbahnen» können entweder sehr eng sein oder einer sanft geschwungenen Kurve folgen. Hallenbahnen weisen in der Regel sehr enge Kurven auf, weil nicht mehr Platz zur Verfügung steht. In Freiluftstadien haben die Bahnen weite Kurven und brauchen mehr Raum. Doch in beiden Fällen gelangt man, folgt man den Bahnen, wieder an seinen Ausgangspunkt zurück – man beschreibt eine geschlossene Schleife.

Entsprechend kann ein Schwarzes Loch sehr klein sein – dann ist die Raumzeit sehr eng gekrümmt – oder sehr groß, dann folgen die Lichtstrahlen sehr weit geschwungenen Kurven um den Horizont (oder die Löcher liegen in ihrer Größe irgendwo dazwischen).

Sehr langsam begannen die Kosmologen im Laufe der sechziger Jahre, die Konsequenzen dieser Überlegungen zu begreifen. Das Universum insgesamt könnte sich, so erkannten sie, in mancher Beziehung wie das größte aller denkbaren Schwarzen Löcher verhalten: Alles im Universum wird durch die Schwerkraft zusammengehalten, und die gesamte Raumzeit bildet eine in sich geschlossene Einheit, um sich selbst gekrümmt, aber mit extrem geringer Krümmung. Es gibt allerdings einen großen Unterschied – Schwarze Löcher ziehen Materie nach innen, zur Singularität hin, das Universum dehnt sich aus, vom Urknall nach außen. Mithin gleicht das Universum eher einem von innen nach außen gestülpten Schwarzen Loch.

Einsteins Gleichungen – die der allgemeinen Relativitätstheorie – besagen, das Universum könne nicht statisch sein, sondern müsse entweder expandieren oder sich zusammenziehen. Aus den Beobachtungen geht hervor, daß das Universum tatsächlich expandiert. Was sagen Einsteins Gleichungen dann über die Verhältnisse vor langer Zeit aus, als die Galaxien noch dicht gepackt waren, oder über noch frühere Zeiträume? Beim Wort genommen, erklären die Gleichungen, das Universum müsse vor ungefähr 15 Milliarden Jahren aus einem Punkt von unendlicher Dichte, einer Singularität, hervorgegangen sein. «Natürlich» war das (für die Astronomen der vierziger und fünfziger Jahre) lächerlich. Diese aus den Gleichungen folgende Vorhersage einer Anfangssingularität mußte doch wohl bedeuten, daß irgendein Fehler in ihnen steckte. Zweifellos würde irgend jemand über kurz oder lang eine bessere Theorie entwickeln, eine Theorie, die nicht so extreme Vorhersagen machte. Doch inzwischen hielt man es für vertretbar, die Gleichungen ernst zu nehmen, soweit sie Bedingungen betrafen, die eine gewisse Ähnlichkeit mit heutigen Verhältnissen aufwiesen.

Die größte uns heute bekannte Materiedichte ist die des Atomkerns: die dichtgepackten Protonen und Neutronen im Zentrum des Atoms. Deshalb waren ein paar unverzagte Denker bereit, die Möglichkeit in Betracht zu ziehen, daß die allgemeine Relativitätstheorie unter Umständen Aufschluß darüber geben könnte, wie sich das Universum aus einem Zustand entwickelt hat, in dem die allgemeine Dichte so groß war wie im Kern eines Atoms. Sie stellten es sich gewissermaßen als «Uratom» vor, das die *gesamte* Masse des Universums als eine Art Neutronensuperstern enthielt.

Doch was war «davor»? Wie entstand dieses superdichte Uratom – manchmal auch als «kosmisches Ei» bezeichnet? Das wußte niemand; nur Vermutungen wurden geäußert. Vielleicht hatte es das kosmische Ei seit allen Ewigkeiten gegeben, und dann war durch irgendein Ereignis seine Expansion ausgelöst worden. Vielleicht hatte es auch eine vorhergehende Phase des Universums gegeben, in der die Raumzeit in Übereinstimmung mit Einsteins Gleichungen kollabiert war. Ein solches kontrahierendes Universum könnte sich bis zu den Dichten von Atomkernen zusammenziehen, um dann wieder nach außen «abzuprallen» und eine neue Expansionsphase zu beginnen, ohne den soviel Beunruhigung hervorrufenden Zustand der Singularität zu durchlaufen.

Das Konzept des Uratoms oder kosmischen Eies entstand Anfang der dreißiger Jahre und wurde in den nächsten zwanzig Jahren weiter ausgearbeitet. Die Vorstellung eines superdichten kosmischen Eies, das nur etwa dreißigmal größer als unsere Sonne war, aber alles enthielt, und das in einer explosionsartigen Expansion das sich ausdehnende Universum geschaffen hatte, deckte sich mit Einsteins Gleichungen und den Beobachtungsdaten. Doch nur wenige schienen davon überzeugt zu sein, daß die Gleichungen der Relativitätstheorie auch tatsächlich das Universum beschrieben. Niemand wäre übermäßig entsetzt gewesen, wenn sich herausgestellt hätte, daß das gesamte Konzept des Uratoms falsch war.

Die Abkürzungen, mit denen die Wissenschaftler in den fünfziger Jahren ihre Arbeit beschrieben, lassen erkennen, welchen Realitätswert sie ihren Ideen beimaßen. Die Gleichungen der allgemeinen Relativitätstheorie gestatten mehr als eine Beschreibung des allgemeinen Verhaltens der Raumzeit. Wie erwähnt, lassen sie entweder eine Expansions- oder eine Kontraktionsbewegung zu (aber keinen statischen Zustand). Natürlich kann das Universum, in dem wir leben, sich nicht gleichzeitig ausdehnen und zusammenziehen. Die beiden Lösungen der Gleichungen können also für das heutige Universum nicht beide gültig sein. Deshalb nennt man sie Modelle. Ein kosmologisches Modell ist ein Gleichungssystem, das beschreibt, wie sich ein Universum (mit unbestimmtem Artikel) verhalten könnte. Die Gleichungen müssen den allgemein bekannten physikalischen Gesetzen gehorchen, sind aber nicht zwangsläufig dazu bestimmt, das tatsächliche Verhalten des realen Universums (mit bestimmtem Artikel) zu beschreiben. Sowohl die zur Expansion wie die zur Kontraktion führenden Lösungen der Einsteinschen Gleichungen beschreiben Modelluniversen, faszinierende mathematische Spielzeuge, wobei die Lösung, die eine Expansion erfordert, dem realen Universum entsprechen könnte. Anfang der sechziger Jahre hätten es jedoch die meisten Kosmologen vorgezogen, auch die zur Expansion führende Lösung einfach als Modelluniversum zu bezeichnen.

Doch im Laufe der sechziger Jahre begann sich das Konzept des Urknalls, wie die Theorie genannt wurde, zu konsolidieren. Als die Kosmologen immer mehr Anhaltspunkte fanden, die die aus der allgemeinen Relativitätstheorie abgeleiteten Vorhersagen bestätigten, gelangten sie zu der Überzeugung, daß ihre Gleichungen tatsächlich beschreiben, was im realen Universum vor sich geht. Das regte weitere theoretische Berechnungen an, die zu neuen Vorhersagen führten – eine Rückkopplungsschleife, die unser Verständnis von der Entstehung des Universums dramatisch veränderte. 1976 war die Urknalltheorie so gründlich belegt, daß der amerikanische Physiker Steven Weinberg den populärwissenschaftlichen Bestseller ‹*Die ersten drei Minuten*› schreiben konnte, in dem er die frühen Stadien des Urknalls schilderte – die Entwicklung des Universums aus dem superdichten Zustand des kosmischen Eies. Obwohl in den siebziger Jahren geschrieben, enthielt das Buch im wesentlichen die Vorstellungen, die in den sechziger Jahren zum Verständnis des Urknalls entwickelt worden waren. Es bedeutet keinen Vorgriff in unserer Geschichte, wenn wir an dieser Stelle eine kurze Zusammenfassung dieser Ideen liefern.

Einer der seltsamsten Aspekte aller dieser Beschreibungen des Universums – der relativistischen kosmologischen Modelle – ist die Behauptung, man habe sich den Urknall nicht als riesiges Uratom vorzustellen, das sich im leeren Raum befinde und dann nach außen explodiere. Viele Menschen denken sich den Vorgang noch immer so: die Galaxien als Fragmente einer explodierenden Bombe, die durch den Raum nach außen jagen. Doch dieses Bild ist falsch.

Aus Einsteins Gleichungen geht vielmehr hervor, daß der Raum selbst expandiert und dabei die Galaxien mit sich führt. Vor langer Zeit, als das Universum noch jünger war, lagen die Galaxien, nachdem sie sich gebildet hatten, viel näher beieinander als heute. Man kann das besser verstehen, wenn man sich zwei Farbpunkte auf einem Gummiband vorstellt. Zieht man an den Enden des Bandes, so dehnt es sich, und die beiden Farbflecken rücken auseinander, doch bewegen sie sich nicht durch das Material, aus dem das Band besteht.

In dem sehr frühen Universum, zu dem Zeitpunkt, als das Uratom explodierte, gab es infolgedessen kein «außen» für die Bruchstücke der Explosion, in das sie sich hätten bewegen können. Der Raum war eng «aufgewickelt», so daß im kosmischen Ei alles enthalten war: Materie, Energie, Raum und Zeit. Es war ein superdichtes Schwarzes Loch. Und noch immer ist es ein Schwarzes Loch – der einzige Unterschied liegt darin, daß es infolge der Expansion ein Schwarzes Loch mit sehr geringer Dichte geworden ist, an dessen Horizont das Licht extrem geringfügig gekrümmten Bahnen folgt.

Wir leben also nach diesem Modell im Innern eines Schwarzen Loches, welches allerdings so riesig ist, daß sich die geringe Krümmung der Raumzeit in seinem Innern nicht mehr mit irgendwelchen astronomischen Instrumenten auf der Erde messen läßt. Die «Explosion» des Urknalls weitete den Raum, das heißt, sie schuf buchstäblich mehr Platz, in dem sich die materiellen Bestandteile des kosmischen Eies bewegen konnten. Nach einem sehr heißen und dichten Anfang verdünnte sich der Feuerball und kühlte ab, während der verfügbare Raum expandierte. Es ist exakt der gleiche Prozeß, mit dessen Hilfe die Flüssigkeit im Röhrensystem Ihres Kühlschranks den Innenraum kühl hält. Im Kühlschrank expandiert die Flüssigkeit in eine große Kammer und kühlt dabei ab. An der Rückseite des Kühlschranks wird sie auf einem kleinen Raum zusammengepreßt und erwärmt sich, doch die Wärme entweicht vom Röhrensystem nach außen, bevor die Flüssigkeit wieder in den Kühlschrank eingeleitet wird, um den Kreislauf zu wiederholen. Wie die zusammengepreßte Flüssigkeit oder wie Luft, die in einer Fahrradpumpe komprimiert wird, wenn wir mit ihr einen Reifen aufpumpen, muß das Universum in komprimierterem Zustand heißer gewesen sein.

Wieviel heißer? Wenn man ein kosmologisches Modell bis zur Singularität zurückverfolgt, die von Einsteins Gleichungen vorhergesagt wird, so gelangt man zu unendlich hohen Temperaturen und unendlicher Dichte. Doch in den sechziger Jahren mochte niemand so weit gehen. Die Unendlichkeiten galten als Indizien für einen grundlegenden Fehler in der allgemeinen Relativitätstheorie. Allerdings deutete man den Augenblick, in dem die Unendlichkeiten in den Modellen auftraten, als Hinweis auf den Anfang der Zeit (und hoffte zugleich auf eine bessere Theorie).

Obwohl die Physik der sechziger Jahre nicht erklären konnte, was in dem Sekundenbruchteil nach Beginn der Zeit geschehen war, konnte sie in allen Einzelheiten beschreiben, was in den restlichen

15 Milliarden Jahren mit dem Universum passiert ist – von einer Zehntelsekunde nach dem Urknall bis zur Gegenwart. Immer mehr Kosmologen hatten den Eindruck, die allgemeine Relativitätstheorie sei gar kein so schlechtes Instrument zur Beschreibung des Universums, da sie doch, abgesehen von der ersten Zehntelsekunde, alles Geschehen dieser 15 Milliarden Jahre erklären konnte. Betrachten wir, was sie den Gleichungen der allgemeinen Relativitätstheorie entnahmen:

Eine Zehntelsekunde nach dem «Anfang» (oder dem «Abprall», wie viele Kosmologen in den sechziger Jahren noch gesagt hätten) war die Dichte des Universums dreißigmillionenmal größer als die des Wassers. Die Temperatur betrug 30 Milliarden Grad Celsius*, und das Universum bestand aus einer Mischung von sehr energiereicher Strahlung (Photonen) und Materieteilchen – darunter Neutronen, Protonen und Elektronen, aber auch exotischere und unbeständigere Teilchen, die vorübergehend aus reiner Strahlung entstanden. Dies ist das extremste Beispiel für die Äquivalenz von Masse und Energie, wie sie in Einsteins berühmter Gleichung $E = mc^2$ zum Ausdruck kommt. Auf der Erde in einer explodierenden Atombombe und im Innern der Sonne, wo Kernreaktionen stattfinden, werden winzige Materiemengen (m) in riesige Energiemengen (E) umgewandelt, weil c für die Lichtgeschwindigkeit steht, die 300000 Kilometer pro Sekunde beträgt, so daß c^2 einer außerordentlich großen Zahl entspricht. Doch wenn genügend Energie zur Verfügung steht, läßt sich auch Materie aus Energie erzeugen; und während des Urknalls stand reichlich Energie zur Verfügung, um dieses Kunststück zu vollbringen – auch wenn viele der auf diese Weise erzeugten

* Physiker messen die Temperatur in Kelvin (K). Diese Meßskala beginnt mit dem absoluten Temperaturnullpunkt bei –273 °C (= 0 K), an dem alle Wärmebewegungen der Atome zum Stillstand kommen. Doch lächerliche 273 °C sind ohne Bedeutung, wenn wir es mit Temperaturen von Milliarden Grad zu tun haben. Deshalb spielt es praktisch keine Rolle, ob wir die Temperaturen dieses Feuerballs in Kelvin oder Celsius angeben.

Teilchen instabil waren und in winzigen Sekundenbruchteilen wieder in einem Strahlenblitz verschwanden.

Eine Sekunde später, 1,1 Sekunden nach dem Anfang, hatte sich das Universum erheblich abgekühlt – bis auf 10 Milliarden K. Bis zu diesem Zeitpunkt war die Dichte nur noch 380000mal größer als die Dichte des Wassers – und von nun an hatten die Reaktionen zwischen den Teilchen große Ähnlichkeit mit den Kernreaktionen, die sich heute im Innern der Sonne und anderer Sterne vollziehen.

Bei einer Temperatur von 3 Milliarden K, knapp vierzehn Sekunden nach dem Anfang, konnten sich die ersten Deuteriumkerne bilden, wenn auch nur vorübergehend. Wasserstoff ist das einfachste Atom, mit nur einem einzigen Proton im Kern und einem Elektron, das diesen umkreist. (Insofern kann man separate Protonen als Kerne von Wasserstoffatomen ansehen.) Das nächsteinfache Atom ist das des Deuteriums, dessen Kern aus einem Proton und einem Neutron besteht, um den wiederum nur ein Elektron kreist. Atome mit der gleichen Zahl von Elektronen, aber unterschiedlichen Neutronenzahlen haben identische chemische Eigenschaften und werden Isotopen genannt. Deuterium ist ein Isotop des Wasserstoffs und wird häufig als «schwerer Wasserstoff» bezeichnet.

Die Temperatur ist ein Maß für die durchschnittliche Geschwindigkeit der Teilchen, aus denen die Materie zusammengesetzt ist (weshalb es keine Temperatur geben kann, die niedriger als –273 °C ist, denn dann hört jede atomare Bewegung auf), und bei Temperaturen über 3 Milliarden K werden die Protonen und Neutronen zu schnell, um irgend etwas anderes tun zu können, als voneinander abzuprallen. Bei einer bestimmten Temperatur bewegen sich einige Teilchen rascher als der Durchschnitt, andere langsamer, die meisten aber weisen Geschwindigkeiten nahe dem Durchschnitt auf. Als die Temperatur unter diesen Wert fiel, bewegten sich deshalb einige Protonen und Neutronen langsam genug, um aneinander haftenzubleiben, wenn sie zusammenstießen. Sie blieben zusammen, weil sie unter den Einfluß einer Anziehungskraft gerieten, die man als starke Wechselwirkung bezeichnet. Wie der Name vermuten läßt, handelt es sich um eine intensive Anziehungskraft, die zwischen allen Protonen und Neutronen wirkt. Doch sie hat nur eine sehr kurze Reichweite, so daß Teilchen, die sich in rascher Bewegung befinden, zu schnell aneinander vorbeijagen oder zu heftig voneinander abprallen, als daß die starke Wechselwirkung während der kurzen Zeit, in der sie sich in ihrer Reichweite befinden, ihren Einfluß geltend machen könnte. Zunächst wurden die meisten Deuteriumkerne, die auf diese Weise entstanden, durch Stöße mit noch rascheren Teilchen wieder zerschlagen, doch je weiter der Feuerball abkühlte, desto besser wurden die Überlebenschancen der Deuteriumkerne.

Lediglich drei Minuten und zwei Sekunden nach dem Anfang hatte sich die Temperatur auf weniger als eine Milliarde K abgekühlt – womit das gesamte Universum nur siebzigmal wärmer war als der Kern der Sonne heute. Zu diesem Zeitpunkt waren fast alle Deuteriumkerne in der Lage, sich paarweise zu Heliumkernen zusammenzuschließen. Jeder Heliumkern enthält zwei Protonen und zwei Neutronen, also insgesamt vier «Nukleonen». Deshalb bezeichnet man ihn als Helium-4-Kern (und natürlich kreisen in jedem Heliumatom zwei Elektronen um den Kern).

Nun will es der Zufall, daß Helium-4-Kerne besonders stabil sind. Hingegen gibt es keine stabilen Kerne mit fünf Nukleonen (wie man sie etwa erhielte, wenn man ein Proton oder ein Neutron zu einem Kern des Helium-4 hinzufügen würde) oder mit acht Nukleonen (das Resultat nach der Vereinigung zweier Helium-4-Kerne). Deshalb endete der Prozeß der «Nukleosynthese» im Urknall mit der Erzeugung von Helium-4. Weniger als vier Minuten nach dem Anfang war der Entstehungsprozeß der Materie mit einer Mischung von ungefähr 75 Prozent Wasserstoffkernen und 25 Prozent Helium abgeschlossen. Diese Materie war von rasch umherschießenden Elektronen umgeben und in einen Ozean heißer Strahlung getaucht.

Eine halbe Stunde später, 34 Minuten nach dem Anfang, war die

Temperatur auf 300 Millionen K gesunken, und die Dichte des Universums betrug nur noch zehn Prozent der Wasserdichte. Es dauerte allerdings weitere 700000 Jahre, bis das Universum so weit abgekühlt war, daß sich die Elektronen an die Kerne anlagern und stabile Atome bilden konnten. Wenn vorher ein positiv geladener Kern versuchte, sich an einem negativ geladenen Elektron festzuhalten, wurde dieses sofort von einem energiereichen Photon herausgeschlagen. Nach 700000 Jahren war die Temperatur des Universums jedoch auf ungefähr 4000 K abgefallen (in etwa die heutige Temperatur an der Sonnenoberfläche), woraufhin Kern und Elektron endlich in der Lage waren, einander festzuhalten und stabile Atome zu bilden.

Den größten Teil der vergangenen 15 Milliarden Jahre hindurch sind die Protonen, Neutronen und Elektronen in den Sternen und Galaxien verbunden gewesen, die sich aus diesem Urstoff bildeten, als sich unter dem Einfluß der Schwerkraft Gaswolken im All zusammenballten. Die aus dem Urknall übriggebliebene Strahlung verlor jede Beziehung zur Materie, nachdem sie nicht mehr heiß genug war, um die Elektronen von ihren Kernen abzuspalten. So kühlte sie mit der Expansion des Universums stetig ab. Doch wie wir noch sehen werden, trug diese Hintergrundstrahlung, das «Echo der Schöpfung», entscheidend dazu bei, die Kosmologen davon zu überzeugen, daß eines ihrer «Modelluniversen» ihnen tatsächlich höchst wichtige Informationen über das reale Universum mitzuteilen haben könnte. Und all dies geschah, während der Mann, der in den siebziger Jahren einer der Hauptakteure des Geschehens werden und wesentlich daran mitwirken sollte, der Kosmologie den Weg zu weisen, der sie schließlich bis zum Uranfang führte, selbst tiefgreifende Umbrüche persönlicher und beruflicher Art erlebte.

6 Heirat und Fellowship

Die mittsechziger Jahre waren einer der wichtigsten Abschnitte im Leben von Stephen Hawking. Nach der Verlobung mit Jane Wilde wurde ihm klar, daß er rasch eine angemessene Stellung finden mußte, um heiraten zu können. Nach Erlangung der Doktorwürde ist der nächste Schritt in der britischen Universitätslaufbahn gewöhnlich das Fellowship, das mit einem Forschungsstipendium verbunden ist. Ähnlich wie beim Übergang vom Grundstudium zur Postgraduiertenforschung bewirbt man sich für Fellowships meist schon im Zuge der Abschlußarbeit. Während Hawking also noch mit seiner Dissertation rang und Heiratspläne für den kommenden Sommer schmiedete, sah er sich schon nach in Frage kommenden Posten um. Glücklicherweise mußte er nicht in weiter Ferne suchen. Er hörte von einem Fellowship für theoretische Physik, das vom Herbst des folgenden Jahres an von einem anderen College der Universität angeboten wurde – vom Caius College.* Unverzüglich begann er seine Bewerbung vorzubereiten.

Seine Krankheit erlaubte es ihm mittlerweile nicht mehr, selbst zu schreiben; deshalb wollte er Jane am folgenden Wochenende während ihres Besuches in Cambridge bitten, ihm seine Bewerbung zu tippen. Doch als seine Verlobte aus dem Zug stieg, trug sie den linken Arm bis zum Ellenbogen in Gips. Sie hatte ihn sich in der letzten Woche bei einem Unfall gebrochen. Hawking gibt zu, er habe nicht das angemessene Mitgefühl aufbringen können, als er gesehen habe, in welchem Zustand Jane sich befand. Es gelang ihm

* Wie «Kies» ausgesprochen; der vollständige Name lautet Gonville and Caius College.

rasch, sie wieder zu versöhnen, und gemeinsam überlegten sie, was zu tun sei. Jane nahm, da sie ja die rechte Hand frei bewegen konnte, die Bewerbung nach dem Diktat ihres Verlobten handschriftlich auf, und anschließend baten sie einen Freund in Cambridge, den Text abzutippen.

Nach den Bestimmungen mußte Hawking zwei Wissenschaftler angeben, die seine Arbeit empfehlen würden. Natürlich war Dennis Sciama der erste Befürworter, und er schlug Hermann Bondi als zweiten vor. Hawking hatte Bondi im gleichen Jahr mehrfach bei Penroses Seminaren am King's College getroffen, und Bondi hatte ihm einen Beitrag zugeschickt, den er vor ein paar Monaten für die Royal Society geschrieben hatte. Durch diese Kontakte ermutigt, beschloß Hawking, Bondi um eine Empfehlung zu bitten:

> Nach einem Vortrag, den er in Cambridge hielt, bat ich ihn um diesen Gefallen. Er sah mich etwas geistesabwesend an und erklärte sich einverstanden. Offenbar erinnerte er sich aber nicht an mich, denn als ihn das College anschrieb und ihn um die Referenzen bat, erwiderte er, er habe noch nie von mir gehört. Heute, da sich so viele um Forschungsstipendien bemühen, könnte ein Kandidat alle Hoffnungen begraben, wenn einer der von ihm genannten Gewährsleute erklären würde, der Bewerber sei ihm unbekannt. Doch damals waren die Zeiten noch etwas ruhiger. Das College informierte mich in einem Schreiben über die peinliche Situation, und mein Doktorvater frischte Bondis Gedächtnis auf. Daraufhin schrieb Bondi mir eine Empfehlung, die wahrscheinlich viel besser ausfiel, als ich es verdiente. [1]

Der College-Rat von Caius trifft sich jährlich während des Frühjahrssemesters, um über neue Fellows zu entscheiden. Gewöhnlich werden insgesamt in allen Fachbereichen sechs oder sieben Stellen angeboten. Ein erfolgreicher Bewerber gesellt sich dann zu den etwa siebzig Fellows, die bereits im College wohnen. Dem Rat gehört etwa ein Dutzend Dozenten des College an, während die Leitung dem Rektor – 1965 war das der berühmte Sinologe Joseph Needham – obliegt. Hawking kam mit guten Empfehlungen, und einigen der naturwissenschaftlichen Dozenten im Rat, aber auch Needham, war der Ruf schon zu Ohren gekommen, den Hawking sich in den akademischen Kreisen von Cambridge erworben hatte. Shakespeares Satz «Süß ist der Nutzen der Not» traf auf Hawking ganz bestimmt zu. Trotz des Mißgeschicks bei der Beschaffung der Referenzen zog der Rat ihn seinen Konkurrenten vor, und er erhielt das Physik-Fellowship am Caius College. Hinsichtlich seines beruflichen Werdegangs konnten Hawking und Jane Wilde nun mit einer gewissen Zuversicht in die Zukunft blicken.

Abgesehen von der Bedingung, daß Fellows mit ihrer Forschung fortzufahren haben, werden wenig Anforderungen an sie gestellt. Das Fellowship gilt als große Ehre und soll es jungen Wissenschaftlern ermöglichen, sich ohne eigene Mittel ganz ihrer Arbeit zu widmen. Dafür gewinnt das College an Prestige, wenn einer seiner Fellows sich als erfolgreich erweist.

In seiner unverblümten Art wäre es Hawking beinahe gelungen, das eigentlich schon sichere Fellowship am Caius College wieder aufs Spiel zu setzen. Er verärgerte nämlich den Finanzverwalter, den «Quästor», der ehrwürdigen Institution, indem er ihn aus einer Laune heraus fragte, was ihm für die neue Stelle bezahlt würde. Der Beamte wies ihn wegen dieser Unverschämtheit scharf zurecht.

Das Paar heiratete im Juni 1964 in der Trinity Hall, der Kapelle von Hawkings Postgraduierten-College. Es war keine typische «Akademikerhochzeit», aber auch kein pompöses gesellschaftliches Ereignis. Beide Elternpaare waren schlichte Angehörige der Mittelschicht. Janes Vater George Wilde war Beamter, und die Familie Wilde kannte die Hawkings schon einige Zeit, bevor sich die Kinder begegneten. Etwa hundert Hochzeitsgäste waren geladen. Nach der kirchlichen Trauung gab es einen Empfang mit den üblichen Reden und Toasts auf das glückliche Paar. Brandon Carter erinnert sich, daß er auf der Hochzeit erstmals mit der Familie Hawking zusammengekommen ist. Er schildert Frank Hawking als großen schlanken Mann, der ruhig und gesetzt wirkte, und Hawkings Mutter als freundlich und lebhaft, eine gesellige Dame, die sich freute, Stephens Freunde kennenzulernen, und sie sofort in der Familie willkommen hieß.

Auf den Hochzeitsfotos trägt Hawking, auf einen Stock gestützt, einen dunklen Anzug und eine schmale, sorgsam geknotete Krawatte, während ihm die schwarzgeränderte Brille in seinem schmalen Gesicht einen etwas eulenhaften Ausdruck verleiht. Neben ihm steht Jane, in den Händen einen Blumenstrauß, den Schleier zurückgeschlagen, so daß man über ihrem Hochzeitskleid das schulterlange, nach außen gewellte Haar sieht. Stolz blickt Hawking in die Kamera, Entschlossenheit und Ehrgeiz im Blick, eine Miene, die zu sagen scheint: «Dies ist erst der Anfang.»

Natürlich wußten die beiden, wie alle anderen Gäste, daß Stephen möglicherweise nur noch kurze Zeit zu leben hatte – die Frist, die ihm die medizinischen Prognosen zugebilligt hatten, war bereits überschritten. Doch solche Gedanken warfen nur einen blassen Schatten auf diesen Sommertag in Cambridge. Jane und Stephen Hawking waren sich so sicher wie jedes andere jungverheiratete Paar, daß sie alle Widrigkeiten überwinden würden.

Das Gehalt eines Fellow ist nicht gerade fürstlich, und 1965 waren Ferienreisen ins Ausland noch relativ ungewöhnlich; deshalb hatten die beiden Suffolk als Ziel ihrer Hochzeitsreise gewählt. Gleich darauf mußte sich Hawking wieder seiner Arbeit zuwenden. Das Paar brach zu einem Sommerkurs in allgemeiner Relativitätstheorie auf, für den Hawking an der Cornell University im Norden des Staates New York gemeldet war. Es war ein zwiespältiges Erlebnis für die beiden:

> Wir lebten in einem Wohnheim, das voller Paare mit lauten Kleinkindern war – eine echte Belastungsprobe für unsere junge Ehe. Trotzdem war der Kurs in anderer Hinsicht sehr wertvoll für mich, denn ich lernte viele der wichtigen Leute kennen, die auf diesem Gebiet arbeiteten.[2]

Ziel eines Sommerkurses ist es, Doktoranden und Dozenten von Universitäten in aller Welt mit den aktuellen Entwicklungen auf einem Gebiet vertraut zu machen. Sie werden in der Regel von den namhaftesten Wissenschaftlern einer Disziplin besucht und geben den Teilnehmern Anregungen, wie sie die neuesten Entdeckungen in die eigene Arbeit eingliedern können. Hawking begann gerade, seine Fähigkeiten als Physiker zu entfalten, so daß dieser Aufenthalt, soweit es seine kosmologischen Ideen betraf, trotz der Spannungen zwischen seiner Frau und ihm zu einem idealen Zeitpunkt stattfand. Mit Schwung und neuen Ideen kehrte er ans Caius College und zu seiner ersten Anstellung zurück.

Doch bei ihrer Rückkehr mußten die Hawkings sich mit einer Reihe neuer häuslicher Probleme auseinandersetzen. Zunächst ging es um die Frage, wo sie leben sollten. Jane studierte im dritten und letzten Jahr am Westfield College, weshalb sie vereinbart hatten, sie solle die Woche über in London wohnen, während Stephen für sich selber sorgte. Wie in der Zeit vor ihrer Ehe sollte sie nur an den Wochenenden kommen. Die größte Schwierigkeit bestand darin, in einer Universitätsstadt, wo Wohnungen immer knapp sind, eine geeignete Unterkunft zu finden.

Vor der Amerikareise hatte Hawking den Quästor ein zweites Mal aufgesucht und ihn gebeten, ihm bei der Suche nach einer geeigneten Wohnung zu helfen, und er hatte die barsche Antwort bekommen, es sei nicht üblich, daß das College Fellows bei der Wohnungssuche unterstütze. Da Stephen nicht radfahren und mit seinen Stöcken nur kurze Strecken zurücklegen konnte, war es für die Hawkings natürlich von entscheidender Bedeutung, eine Wohnung im Stadtzentrum von Cambridge in der Nähe des DAMTP zu finden. Aus der Sicht der Collegeverwaltung schien jedoch die Körperbehinderung ihres neuesten Fellow keine Ausnahmeregelung erforderlich zu machen. Kurz vor ihrer Abreise nach Cornell hörten sie, in der Nachbarschaft des DAMTP solle ein neuer Wohnblock gebaut werden, und sie schrieben sich in die Liste der Interessenten ein. Als die Hawkings nach Cambridge zurückkehrten, erfuhren sie, daß die Wohnungen erst in einigen Monaten fertiggestellt werden sollten.

Verzweifelt wandte Hawking sich erneut an den Quästor, der sich schließlich bereit erklärte, das Paar in einem Wohnheim für graduierte Studenten unterzubringen. Der Beamte schien Hawking jedoch seine übermütige Frage nach der Bezahlung des Fellowship noch immer nachzutragen, denn er berechnete den Hawkings den doppelten Preis für ihr Zimmer, weil sie zu zweit waren, obwohl Jane dort nur die Wochenenden verbringen wollte.

Tatsächlich aber blieben sie nur drei Nächte in dem Wohnheim, denn sie entdeckten, daß ganz in der Nähe, in einer winzigen Gasse mit malerischen alten Häusern, der Little St. Mary's Lane, ein kleines Haus frei geworden war. Keine hundert Meter vom DAMTP entfernt, war es für die beiden ideal geeignet. Das Haus gehörte einem anderen Cambridger College, welches es an einen seiner eigenen Fellows vermietet hatte. Dieser war vor kurzem in ein größeres Haus in einem Vorort gezogen und hatte sich bereit erklärt, das Häuschen für die verbleibenden drei Monate, die sein Mietvertrag noch galt, einem Nachmieter zu überlassen.

Während sich die Hawkings dort einrichteten, hörten sie von einem anderen unbewohnten Haus in derselben Straße. Ein älterer Nachbar, der sich mit dem Paar angefreundet hatte, erfuhr von ihrem Wohnungsproblem und setzte sich mit dem Eigentümer dieses Hauses in Verbindung. Empört über den Gedanken, daß ein tüchtiges junges Paar solche Probleme hatte, während nur ein kurzes Stück weiter ein Haus völlig leer stand, holte der Nachbar den Eigentümer nach Cambridge und bewog ihn, das Haus zu einem vernünftigen Preis an die Hawkings zu vermieten. Wieder einmal hatten sich die Probleme der beiden von selbst gelöst. Als der Dreimonatsvertrag für das erste Haus ablief, zogen sie ein paar Häuser weiter und blieben dort viele Jahre wohnen.

Am Umzugstag wurden sie von Freunden tatkräftig unterstützt; sie trugen die Möbel die Straße entlang und stellten sie an ihren neuen Ort, während Stephen, auf seine Stöcke gestützt, die Aufsicht führte und seine Anweisungen mit der trainierten Stimme des Achtersteuermanns gab. Brandon Carter und Martin Rees halfen ebenso wie ein weiterer Freund, Bob Donevan, ein Chemiedoktorand, der sich mit Stephen und Jane vor ihrer Heirat angefreundet hatte.

Das neue Haus war ein winziges, altes Gebäude. Die Haustür öffnete sich direkt ins Wohnzimmer, und die Küche lag nach hinten hinaus. Eine enge Wendeltreppe führte ins Schlafzimmer im ersten Stock; darüber, im zweiten Stock, befanden sich noch zwei kleinere Zimmer.

Die Hawkings waren bekannt für ihre Gastfreundschaft. So war das Haus häufig überfüllt mit Freunden, die an den Wochenenden zum Mittag- oder Abendessen kamen, sich um den Eßtisch versammelten und versuchten, nicht zu fachsimpeln, was ihnen allerdings nicht immer gelang. Brandon Carter erinnert sich an das Haus in der Little St. Mary's Lane als einen sehr fröhlichen Ort, wo die Freunde der Familie zu den Klängen von Wagner oder Mahler bei der Zubereitung der Mahlzeiten oder beim Abwaschen halfen.

Inzwischen kam Hawking mit seiner Arbeit über Schwarze Löcher gut voran. Im Dezember 1965 wurde er zu einem Vortrag auf eine Konferenz in Miami eingeladen, auf der es um Fragen der Relativitätstheorie ging. Jane Hawking hatte Weihnachtsferien, und obwohl sie sich auf ihr Abschlußexamen vorbereitete, das sie im kommenden Sommer am Westfield College ablegen wollte, beschloß sie, ihren Mann zu begleiten.

Zu diesem Zeitpunkt hatte sich Hawkings Sprechweise erheblich verschlechtert, und er fürchtete, die Zuhörer könnten ihn nicht verstehen. Glücklicherweise verbrachte sein alter Freund George Ellis damals ein Jahr an der University of Texas in Austin und beabsichtigte ebenfalls, die Konferenz in Miami zu besuchen. Nach einem Gespräch in ihrem Hotelzimmer vereinbarten sie, daß Ellis den Vortrag in Hawkings Namen hielt. Die Zuhörer waren begeistert. Hawkings Dissertation war kaum angenommen, da wurde seine Arbeit über das Singularitätstheorem schon von einigen der namhaftesten Gelehrten aus aller Welt diskutiert.

In Miami waren sie im Hotel Fountainbleau untergebracht, in dem kurz zuvor Teile des James-Bond-Films ‹*Goldfinger*› gedreht worden waren. Es war ein großes Hotel mit einem Privatstrand, wo George Ellis, seine Frau, Stephen und Jane an einem der freien Tage während der Konferenz den Nachmittag verbrachten. Als gegen sechs Uhr abends die rote Scheibe der Sonne tief am Horizont stand, beschlossen sie, zum Abendessen ins Hotel zurückzukehren, mußten aber feststellen, daß die Strandtore verschlossen waren. Die hastige Suche nach einer Möglichkeit, den Strand zu verlassen, ergab, daß der einzige Weg zurück ins Hotel durch ein offenes Küchenfenster an der Seite des Gebäudes führte. Das Problem war nur, wie sie Hawking, der ohne seine Stöcke nicht einmal gehen konnte, durch dieses Fenster zurück in sein Zimmer schaffen sollten.

Es gelang ihnen, durch die Öffnung zu klettern, und sie waren gerade damit beschäftigt, Stephen ins Gebäude zu ziehen, als sie entdeckten, daß sie von einigen mexikanischen Putzfrauen beobachtet wurden, die recht finster dreinschauten beim Anblick dieses obskuren Trios, das versuchte, einen offenbar leblosen Körper durch das Küchenfenster zu zerren. Welch dankenswerte Fügung, daß Jane moderne Sprachen studierte! Sobald sie sich über die Nationalität der Frauen klargeworden war, erklärte sie ihnen in fließendem Spanisch ihr Dilemma. Kaum hatten diese begriffen, was vor sich ging, zeigten sie sich äußerst freundlich, halfen, Stephen in die Hotelküche zu bugsieren, und begleiteten die vier sogar bis zu ihren Zimmern.

George Ellis lud die Hawkings zu einem kurzen Besuch nach Texas ein. Jane mußte erst im Januar wieder in London sein, deshalb nahmen sie und Stephen die Einladung an. Sie verbrachten eine Woche in Texas, sahen sich die Gegend an und ruhten sich von den Anstrengungen aus, die beide hinter sich hatten. Zu viert unternahmen sie lange Autofahrten durch die zerklüftete texanische Landschaft, tranken kühles Bier in verlassenen Wüstenbars und betrachteten die Schaufenster in Austins Einkaufszentren.

Nach Cambridge zurückgekehrt, waren sie wieder mit den Realitäten des Alltags konfrontiert. Jane mußte umgehend nach London aufbrechen, und die alte Routine der Wochenendbesuche begann von neuem.

Im ersten Ehejahr kam Jane Hawking an die Grenzen ihrer Leistungsfähigkeit. Sie schaffte es, ihr Studium fortzusetzen, und machte im Sommer 1966 ihr Examen. Zugleich tippte sie in dieser Zeit die Dissertation ihres Mannes und fuhr an den Wochenenden und in den Ferien nach Cambridge. Erst vom Sommer 1966 an konnte sie endlich auch während der Woche mit ihrem Mann in dem Haus in der Little St. Mary's Lane leben.

Hawkings Zustand verschlimmerte sich weiter. Diese Krankheit schreitet oft in unregelmäßigen Schüben fort. Auf eine Phase geringfügiger Veränderungen, die jahrelang andauern kann, folgt eine rasche Verstärkung der Symptome und dann wieder ein allmählicher Stillstand. Seit der Diagnose und den ersten Anzeichen der Erkrankung war Hawkings Zustand nur langsam kritischer geworden, doch in der zweiten Hälfte der sechziger Jahre trat eine zweite Phase rascher Verschlechterung ein. Er mußte seine Gehstöcke gegen Krücken vertauschen, um sich fortbewegen zu können. Zu diesem Zeitpunkt beschloß sein Vater, skeptisch und ungeduldig geworden gegenüber den Ratschlägen, die sein Sohn von den Ärzten erhielt, Stephens Behandlung selbst in die Hand zu nehmen. Noch intensiver als zuvor befaßte er sich mit ALS und verordnete dem Kranken eine Kur mit Steroiden und Vitaminen, die dieser bis zum Tod seines Vaters im Jahre 1986 nahm.

Die Wendeltreppe zum ersten Stock in der Little St. Mary's Lane machte ihm zunehmende Schwierigkeiten. Freunde, die das Ehepaar abends besuchten, mußten feststellen, wie drastisch sich Hawkings Zustand verschlechtert hatte. Sie beobachteten, wie er sich mühsam die Treppen hinaufquälte, um schlafen zu gehen. Ein Bekannter erinnert sich, er sei entsetzt gewesen, als er sah, daß Hawking eine volle Viertelstunde brauchte, um von der ersten Stufe bis zur Schlafzimmertür zu gelangen. Dabei lehnte Hawking jede Hilfe ab und erwartete, daß man ihn behandelte wie einen Nichtbehinderten. Jane und ihre Freunde respektierten diesen Wunsch, aber er erforderte manchmal nervtötende Geduld. Hawkings Entschlossenheit und sein Eigensinn ließen sich leicht als Arroganz und Sturheit mißverstehen. Der Schriftsteller John Boslough schreibt, Hawking sei «ein zäher Mann, der zäheste, dem ich je begegnet bin».[3] Und Jane meinte einmal: «Einige würden seine Haltung als Entschlossenheit bezeichnen, andere als Halsstarrigkeit. Ich habe je nach Gelegenheit beide Bezeichnungen benutzt. Aber ich nehme an, diese Eigenschaft gibt ihm die Kraft durchzuhalten.»[4]

Am DAMTP und in Cambridges akademischen Kreisen begann Hawking, das Image des «schwierigen Genies» zu pflegen, und allmählich, wenn auch zunächst noch zögerlich, verfestigte sich der Ruf, er sei der Nachfolger Einsteins. Wer ihn damals kannte, hat ihn als freundlich und aufgeschlossen in Erinnerung, doch durch seine Unverblümtheit einerseits und die Körperbehinderung andererseits gestaltete sich die Kommunikation mit den Menschen in seiner Umgebung immer schwieriger.

Gerade bei Vorträgen, die von berühmten und hochgeachteten Vertretern der Physikerzunft gehalten wurden, nahm Hawking kein Blatt vor den Mund. Während die meisten jüngeren Wissenschaftler glücklich gewesen wären, von den Großen überhaupt beachtet zu werden, stellte Hawking ihnen eindringliche, oft bohrende Fragen, die sie in Verlegenheit bringen konnten. Das machte ihn bei den namhaften Physikern nicht etwa unbeliebt, sondern erhöhte vielmehr sein Ansehen, doch viele Kollegen fühlten sich von ihm eingeschüchtert.

Hawkings großer Vorzug ist es, daß er sich von seiner Behinderung nicht unterkriegen läßt und sich seinen Humor und eine positive Lebenseinstellung bewahrt hat. Sein Gesundheitszustand hat ihm nicht den Mut nehmen können. In der Physik hat er ein ideales Betätigungsfeld gefunden, das ihm hilft, seine Aufmerksamkeit von den körperlichen Beschwerden abzuwenden. Er geht völlig auf in den Fragen nach Ursprung und Wesen des Weltalls; er spielt das «Spiel des Universums», wie er es nennt, so intensiv, daß ihm keine Zeit und Energie bleibt, über seine körperliche Verfassung nachzudenken. Als man ihn einmal fragte, ob ihn sein Zustand nicht manchmal deprimiere, antwortete er: «Normalerweise nicht. Es ist mir gelungen, ihm zum Trotz zu tun, was ich tun wollte, und das vermittelt ein Gefühl der Leistungsfähigkeit.»[5] Obwohl er immer undeutlicher sprach und unter fortschreitendem Muskelschwund litt, blieb er für seine engsten Freunde derselbe Stephen Hawking, den sie seit seinen frühen Cambridger Tagen kannten; und wer ihn richtig verstand, der wußte auch um seine Herzlichkeit.

Jane und Stephen Hawking waren sich bei der Eheschließung darüber klar, daß sie keine Zeit zu verlieren hatten, wenn sie Kinder haben wollten. 1967 wurde das erste, ein Junge namens Robert, geboren.

Dieses Ereignis war ein weiterer Wendepunkt in Hawkings Leben. Nur vier Jahre nachdem die Ärzte seine unheilbare Krankheit diagnostiziert und ihm eine Lebenserwartung von nur zwei Jahren eingeräumt hatten, galt er als aufgehender Stern am Himmel der Physik, hatte er durch seine Willenkraft und die Hilfe von Frau und Freunden ein gewisses Maß an Unabhängigkeit und Mobilität bewahrt und war nun sogar, gegen alle Wahrscheinlichkeit, Vater geworden. «Für Stephen», sagt Jane, «war es offensichtlich ein neuer starker Antrieb, daß er für dieses winzige Geschöpf verantwortlich war.»[6]

Für Jane hingegen war diese Entwicklung eine zwiespältige Erfahrung. Ihr fiel die Aufgabe zu, sich um das Kind zu kümmern, den Haushalt zu führen und einen schwer körperbehinderten Mann zu versorgen, der ihr nichts abnehmen konnte.

> Als ich ihn heiratete, wußte ich, daß es keine Möglichkeit für mich gab, mich meinem Beruf zu widmen, und daß in unserem Haushalt nur einer berufstätig sein konnte – Stephen eben. Trotzdem, das muß ich zugeben, es war in diesen Anfangsjahren sehr schwer und frustrierend für mich. Ich war das Arbeitstier, während Stephen all die glänzenden Preise einstrich.[7]

Bei einer anderen Gelegenheit sagte sie:

> Ich kann mir vorstellen, wie frustrierend es für die Frauen mancher Physiker sein muß, wenn sie vergebens auf die Hilfe ihrer nichtbehinderten Ehemänner warten. Ich habe in dieser Hinsicht keine Illusionen, und deshalb stört es mich nicht übermäßig.[8]

Es sollte noch viele Jahre dauern, bevor sich die unvermeidlichen Spannungen, die sich im Laufe der Zeit unterschwellig aufbauten, zum Ausbruch kamen.

Das Paar beschloß, das Haus in der Little St. Mary's Lane zu kaufen. Hawking schluckte seinen Stolz hinunter und suchte noch einmal den Quästor des Caius College auf, um ihn um eine Hypothek zu bitten. Dieser ließ das Haus von einem Gutachter inspizieren, gelangte zu der Auffassung, es sei keine vernünftige Investition, und lehnte Hawkings Antrag ab. Abermals zeigte sich, daß der Status des Fellow im «wirklichen Leben» wenig Privilegien verschaffte. Doch die Hawkings ließen sich nicht entmutigen und wandten sich an eine Bausparkasse, die ihnen einen Kredit gewährte. Von Stephens Eltern erhielten sie das Geld zur Renovierung des Hauses, und abermals halfen ihm Freunde, diesmal beim Tapezieren und Streichen. Obgleich das Haus beengt war, blieben sie dort, bis es Mitte der siebziger Jahre für die wachsende Familie zu klein wurde.

Die sechziger Jahre waren eine wunderbare Zeit zum Leben und zum Jungsein, eine Zeit großer, wenn auch in mancherlei Hinsicht verfehlter Hoffnungen, eine Ära des Wiedererwachens zwei Jahrzehnte nach Ende des Weltkriegs und all den Entbehrungen, die folgten, eine Zeit des Neubeginns und des Optimismus in allen Lebensbereichen. In der zweiten Hälfte des Jahrzehnts vollzog sich die erste wirkliche gegenkulturelle Revolution der westlichen Welt und bescherte ihr eine neue Musik, eine neue Kunst und eine neue Literatur. Die Jugend experimentierte mit psychedelischen Drogen, die Kleider wurden kürzer, die Haare länger.

Die Hawkings und ihre Freunde in Cambridge zeigten wenig Interesse an Mode und Popmusik. Auch in der Welt der Wissenschaft waren die Dinge in Bewegung geraten. George Ellis erinnert sich noch deutlich, wie er den Start zum Jungfernflug der britischen Concorde 002 im April 1969 verfolgte und von der neuen Technologie tief beeindruckt war. Nur ein paar Monate später saßen die Menschen gebannt vor dem Fernsehschirm und beobachteten den «kleinen Schritt» von Neil Armstrong, als die Mondfähre Eagle im «Meer der Ruhe» auf der Oberfläche des Mondes landete, 384000 Kilometer von der Erde entfernt. «Der Eagle ist gelandet», sagte er. «Die Oberfläche ist wie feines Pulver. Sie ist von ganz eigentümlicher sanfter Schönheit, wie einige Wüsten in den Vereinigten Staaten.» In diesem Augenblick schien alles möglich zu sein.

Hawking arbeitete intensiver als jemals zuvor. 1966 gewann er den Adams-Preis für einen Aufsatz mit dem Titel «Singularities and the Geometry of Spacetime» (Singularitäten und die Geometrie der Raumzeit). Seine Forschungen in dieser Periode waren großenteils eine Fortsetzung der Arbeit, die zu den erstaunlichen Ergebnissen im letzten Kapitel seiner Dissertation geführt hatte. Meistens arbeitete er mit Roger Penrose zusammen, der inzwischen Professor für angewandte Mathematik am Birkbeck College in London war.

Eine der größten Schwierigkeiten, mit denen sich die beiden konfrontiert sahen, war der Umstand, daß sie neue mathematische Verfahren für die Berechnungen entwickeln mußten, die notwendig waren, um ihre Theorien zu verifizieren – um sie aus der Welt der Ideen herunterzuholen und auf eine empirische Grundlage zu stellen. Einstein war fünfzig Jahre zuvor bei der Mathematik der allgemeinen Relativitätstheorie auf ein ähnliches Problem gestoßen. Wie Hawking war er kein überragender Mathematiker, im Gegensatz zu Penrose, der seinem Wesen nach mehr Mathematiker als Physiker ist, wobei es hier allerdings um die fundamentalste Ebene geht, auf der die beiden Gebiete fast ununterscheidbar werden.

Letztlich reduziert sich dieser Gegensatz auf die Art, sich einem Problem zu nähern. Hawking arbeitet weitgehend intuitiv – er weiß einfach, ob eine Idee richtig ist oder nicht. Das verdankt er der Tatsache, daß er ein verblüffendes Gespür für den jeweiligen Gegenstand entwickelt, ähnlich einem Musiker, der nach dem Gehör spielt. Penrose denkt und arbeitet auf andere Weise, mehr wie ein Konzertpianist, der einer Partitur folgt. Diese beiden Vorgehensweisen ergänzten sich hervorragend, und bald begannen sich einige interessante Ergebnisse über die Beschaffenheit des frühen Universums herauszukristallisieren. Dazu Dennis Sciama: «[Die Theorien] erforderten außerordentlich hochentwickelte Methoden, zumindest nach den Standards der theoretischen Physik.»[9] Penrose arbeitete gern mit visuellen Mitteln, mit Diagrammen und Grafiken, was Hawking sehr entgegenkam. Es fällt ihm leichter, mit solchen bildhaften Darstellungen umzugehen, als Gleichungen auszuarbeiten, die er nicht niederschreiben kann, sondern im Gedächtnis behalten muß.

Seit dem Grundstudium war Hawking ein überzeugter Anhänger

des Philosophen Karl Popper. Die Hauptthese der Popperschen Wissenschaftstheorie besagt, daß die traditionelle Art und Weise, sich dem Gegenstand zu nähern, «die wissenschaftliche Methode», wie sie ursprünglich etwa von Newton und Galilei vertreten worden war, im Grunde unzureichend ist.

Der traditionelle wissenschaftliche Ansatz läßt sich in sechs Schritte zerlegen. Zuerst findet eine Beobachtung oder ein Experiment statt. Dann versucht der Wissenschaftler, eine allgemeine Theorie zu entwickeln, um induktiv zu erklären, was er beobachtet hat, woraufhin er eine Hypothese vorschlägt, die sich auf diese allgemeine Theorie gründet. Anschließend versucht er, die Hypothese durch weitere Experimente zu verifizieren. Auf diese Weise wird die ursprüngliche Theorie bewiesen oder widerlegt, und der Wissenschaftler hält die Theorie dann so lange für wahr beziehungsweise falsch, bis das Gegenteil bewiesen wird.

Popper plädiert für ein anderes Vorgehen: Man nehme ein Problem, schlage eine Lösung oder eine Theorie vor, um zu erklären, was geschieht, arbeite alle überprüfbaren Aussagen aus, die man aus dieser Theorie ableiten kann, und unterwerfe diese Deduktionen Tests und Experimenten, nicht um sie zu beweisen, sondern um sie zu widerlegen. Die Widerlegungen führen in Verbindung mit der ursprünglichen Theorie zu einer besseren Theorie.

Der wesentliche Unterschied zwischen den beiden Ansätzen liegt darin, daß nach der traditionellen wissenschaftlichen Methode der Wissenschaftler, nachdem er eine Beobachtung gemacht hat, versucht, seine Theorie durch weitere Experimente zu verifizieren. In Poppers System ist der Wissenschaftler bemüht, die Theorie zu widerlegen, um, wenn möglich, eine bessere zu finden. Dieser Aspekt der Popperschen Methodologie überzeugte Hawking und viele andere Wissenschaftler, und er hat ihn oft der eigenen wissenschaftlichen Arbeit zugrunde gelegt. Der Wissenschaftsautor Dennis Overbye hat Hawking einmal nach seiner Denkweise gefragt. Hawking antwortete:

Manchmal habe ich eine Vermutung und versuche sie zu beweisen. Oft stoße ich dabei auf ein Gegenbeispiel. Dann muß ich meine Vermutung ändern. Manchmal handelt es sich um eine Hypothese, mit der sich schon andere Wissenschaftler beschäftigt haben. Viele Artikel sind unklar, und ich verstehe sie einfach nicht. Dann muß ich versuchen, sie in meine eigene Denkweise zu übersetzen. Oft habe ich eine Idee, beginne an einem Artikel zu arbeiten und stelle auf halbem Wege fest, daß es mit der Idee weit mehr auf sich hat.

Ich verlasse mich weitgehend auf meine Intuition und denke, nun ja, eine bestimmte Idee muß richtig sein. Dann versuche ich, sie zu beweisen. Manchmal stelle ich fest, daß ich nicht recht habe, manchmal aber auch, daß der ursprüngliche Gedanke zwar falsch ist, daß er aber zu neuen Ideen führt. Für mich ist es eine große Hilfe, meine Einfälle mit anderen Menschen zu erörtern. Selbst wenn sie überhaupt nichts beitragen, gelange ich zu größerer Klarheit, wenn ich ihnen die Idee erklären muß. [10]

Ob er Ende der sechziger Jahre geahnt hat, wie wichtig seine Ideen bald werden würden?

7 Singuläre Lösungen

Vier neue Entwicklungen – zwei betrafen Schwarze Löcher, und zwei waren kosmologischer Natur – sorgten in den sechziger Jahren dafür, daß das Interesse an den singulären Lösungen der Einsteinschen Gleichungen wieder erwachte. Durch die Arbeiten, denen diese Entwicklungen Impulse gaben – vor allem die Zusammenarbeit zwischen Hawking und Roger Penrose –, gelangten die Physiker Anfang der siebziger Jahre zu der Erkenntnis, sie müßten sich möglicherweise mit dem Undenkbaren abfinden: daß nämlich die Vorhersage der allgemeinen Relativitätstheorie, derzufolge Punkte von unendlicher Dichte – Singularitäten – im Universum existieren *könnten*, vielleicht doch keinem Fehler in diesen Gleichungen entspringe, daß Singularitäten also unter Umständen *wirklich* existierten. Was für die Wissenschaftler, die weiterhin an einem älteren Bild der Wirklichkeit festzuhalten versuchten, noch schlimmer war: Da das Universum selbst ein Schwarzes Loch zu sein scheint, das wir von der Innenseite des Schwarzschild-Radius erleben, könnte es am Anfang der Zeit eine Singularität gegeben haben, die unserem Blick *nicht* entzogen ist – eine «nackte» Singularität.

Alles begann mit der Entdeckung der Quasare im Jahre 1963. Sie hat eine Vorgeschichte. In den fünfziger Jahren hatten Astronomen mit Teleskopen, die nicht auf Licht, sondern auf Radiowellen ansprachen, viele Objekte im Universum entdeckt, die ein starkes Funkrauschen erzeugen. Einige dieser Objekte waren auch als helle Galaxien sichtbar und wurden deshalb als Radiogalaxien bezeichnet, andere konnten noch nicht als bekannte sichtbare Objekte identifiziert werden. Ende der fünfziger Jahre berichtete der amerikanische Astronom Allan Sandage, daß eine der Radioquellen, die ein Cambridger Radioastronom entdeckt hatte (bekannt als 3C 48), nicht als ferne Galaxie zu identifizieren war, sondern ein heller Stern zu sein schien. Im Laufe der nächsten Jahre wurden etliche solcher «Radiosterne» entdeckt, aber niemand konnte erklären, wie sie ihr Funkrauschen erzeugen. 1963 erklärte dann Maarten Schmidt vom Mount Palomar Oberservatory in Kalifornien, warum ein anderes dieser Objekte, 3C 273, ein sehr ungewöhnliches Lichtspektrum hat.

Alle Sterne (und andere heiße Objekte) offenbaren ihre Zusammensetzung durch die Art des Lichts, das sie emittieren. Jede Atomsorte (etwa Wasserstoff, Helium oder Sauerstoff) absorbiert oder emittiert Energie nur bei ganz bestimmten Wellenlängen, wofür die in Kapitel zwei erwähnten Quanteneffekte verantwortlich sind. Wenn also Licht von einem Stern oder einer Galaxie mit Hilfe eines Prismas in ein Spektrum zerlegt wird, ist zu erkennen, daß das Spektrum bei verschiedenen Wellenlängen von einer Reihe dunkler und heller Linien durchquert wird. Das läßt auf das Vorkommen von Atomen der verschiedenen Elemente in der Atmosphäre des Sterns (oder der Sterne, aus denen die Galaxie besteht) schließen. Diese Spektrallinien sind so charakteristisch wie Fingerabdrücke – sie werden von einer bestimmten Atomart immer bei den gleichen unverwechselbaren Wellenlängen produziert.

Nun wußten die Astronomen bereits, daß solche Spektrallinien im Licht, das von anderen Galaxien stammt, stets ein bißchen zum roten Ende des Spektrums hin verschoben werden. Diese vielzitierte «Rotverschiebung» wird durch die Expansion des Universums hervorgerufen, die den Raum und damit auch die Wellenlänge des Lichts dehnt, während es den Weg von einer fernen Galaxie zu uns zurücklegt. Durch die Entdeckung dieses Effekts waren die Astronomen zu der Erkenntnis gelangt, daß das Universum tatsächlich expandiert – wie Einsteins Gleichungen es vorhergesagt hatten.

Daß das Licht von 3C 273 rotverschoben war – die Entdeckung, die Maarten Schmidt machte –, war also an sich keine Überraschung, doch das Ausmaß der Verschiebung, nahezu 16 Prozent (0,16) zum roten Ende des Spektrums hin, versetzte die Astronomen 1963 in Erstaunen. Typische Rotverschiebungen für Galaxien sind weit geringer; sie liegen bei ungefähr 1 Prozent (0,01). Nachdem man erkannt hatte, daß solche großen Rotverschiebungen möglich sind, unterzog man andere «Radiosterne» einer erneuten Untersuchung, und es stellte sich heraus, daß sie alle ähnliche oder sogar noch größere Verschiebungen aufweisen. 3C 48 hat beispielsweise eine Rotverschiebung von 0,368 (nahezu 37 Prozent); sie ist damit mehr als doppelt so groß wie die Rotverschiebung von 3C 273. Der Rekord für Rotverschiebungen liegt mittlerweile sogar über 4 (mit anderen Worten, das Licht der fernsten bekannten Quasare wird auf mehr als das Vierfache seiner ursprünglichen Wellenlänge gedehnt).

Im expandierenden Universum ist die Rotverschiebung ein Maß für die Entfernung (je weitere Wege das Licht zurücklegen muß, um zu uns zu gelangen, desto mehr wird es durch die Expansion des Universums gedehnt). Bei diesen Himmelskörpern handelt es sich also keineswegs um Sterne, sondern um bislang unbekannte Objekte – Objekte, die wie Sterne aussehen, aber weit entfernt sind, in den meisten Fällen noch weiter als die damals bekannten Galaxien. Man bezeichnete sie deshalb als quasistellare Objekte oder «Quasare».

Um überhaupt über die riesigen Distanzen hin sichtbar zu sein, die sich aus ihren Rotverschiebungen ergeben, müssen die Quasare unvorstellbare Energiemengen erzeugen. Ein typischer Quasar strahlt mit einer Helligkeit von 300 Milliarden Sternen von der Größe unserer Sonne – dreimal so hell wie die gesamte Milchstraße. Nachdem die Astronomen sich vergebens bemüht hatten, die Energie der Quasare auf andere Weise zu erklären, sahen sie sich widerstrebend zu der Annahme gezwungen, daß es sich um Schwarze Löcher handeln müsse. Wir wissen heute, daß jeder Quasar ein Schwarzes Loch ist, das mindestens 100 Milliarden Sonnenmassen in einem Volumen von etwa dem Durchmesser unseres Sonnensystems enthält. (Hier handelt es sich um jene Art großer Schwarzer Löcher von geringer Dichte, wie sie in Kapitel fünf beschrieben wurden.) Jedes befindet sich im Kern einer gewöhnlichen Galaxie und speist sich aus ihrem stellaren Material. Dank immenser Fortschritte in der Teleskoptechnik ist es uns in vielen Fällen gelungen, die Galaxie zu fotografieren, die in der Umgebung des Quasars schwach zu erkennen ist.

Nun sind zwar 100 Milliarden Sonnenmassen eine gewaltige Menge, ganz gleich unter welcher Perspektive man sie betrachtet, dennoch machen sie nur ein Zehntel eines Prozents von der Masse der Muttergalaxie aus, in der sich der Quasar befindet. Wenn ein solches Objekt Materie verschluckt, kann bis zur Hälfte der Materiemenge in Energie verwandelt werden – gemäß Einsteins berühmter Formel $E = mc^2$. Wie in Kapitel fünf gezeigt, ist der Faktor c^2 so riesig, daß wir es mit einer ungeheuren Energiemenge zu tun bekommen. Diese Energieerzeugung funktioniert außerordentlich gut: Wenn ein Quasar jedes Jahr nur ein oder zwei Sonnenmassen Materie schluckt und nur zehn Prozent dieser Masse in Energie umwandelt, dann kann er so hell wie 300 Milliarden Sonnen scheinen. Die Materie wirbelt in Form einer großen heißen Scheibe um das Schwarze Loch. In dieser Scheibe wird die Energie erzeugt, die für das Funkrauschen verantwortlich ist, aber auch das sichtbare Licht hervorbringt, während das Loch selbst natürlich schwarz ist. Mit 100 Milliarden Sternen als Nahrung kann ein Quasar, selbst wenn er nur ein Prozent der Masse der Muttergalaxie verspeist, eine Milliarde Jahre lang strahlend hell am Himmel stehen.

Die Existenz von Quasaren zeigt, daß ausgedehnte Schwarze Löcher mit geringer Dichte tatsächlich existieren. 1967, nur vier Jahre nachdem man die Rotverschiebung von 3C 273 gemessen hatte, gelang den Cambridger Radioastronomen eine weitere Entdeckung von bahnbrechender Bedeutung – sie waren auf jene Radioquellen gestoßen, die man bald darauf als «Pulsare» bezeichnete. Obgleich diese Objekte selbst keine Schwarzen Löcher sind, führten sie den meisten Astronomen die Möglichkeit vor Augen, daß es tatsächlich superdichte, kompakte Schwarze Löcher geben könnte, wie es die allgemeine Relativitätstheorie vorhersagt.

Die ersten Pulsare wurden von der Doktorandin Jocelyn Bell entdeckt, als sie ein neues Radioteleskop testete. Das Erstaunliche an diesen Radioquellen ist, daß sie mit großer Regelmäßigkeit mehrere Male in der Sekunde aufblinken (einige von ihnen mehrere *hundert*mal pro Sekunde). Das hat so große Ähnlichkeit mit einem künstlichen Signal, einer Art kosmischen Metronoms, daß man die ersten entdeckten Pulsare nicht nur im Scherz «LGM 1» und «LGM 2» nannte, wobei die Abkürzung «LGM» für «Little Green Man» stand. Doch als man immer mehr dieser Objekte entdeckte, wurde klar, daß sie viel zu zahlreich waren, um sie als interstellare Navigationszeichen erklären zu können, die von irgendeiner Superzivilisation eingerichtet worden waren. Man einigte sich also auf den Namen «Pulsar», eine Kurzform von «pulsating radio source» (pulsierende Radioquelle).

Doch welches natürliche Phänomen konnte so regelmäßige Radiopulse in so rascher Folge erzeugen? Es gab nur zwei Möglichkeiten. Die Pulse stammten entweder von der Rotation oder der Vibration eines sehr kompakten Sterns. Alles, was größer als ein weißer Zwerg ist, rotiert oder schwingt mit Sicherheit zu langsam, um die Geschwindigkeit der bekannten Pulsare zu erklären. Rotierende weiße Zwerge konnte man bald ausschließen – eine einfache Berechnung zeigte, daß ein so rasch rotierender weißer Zwerg sehr bald auseinanderbrechen würde.

Anfang 1968 sah es eine kurze Zeit so aus, als könnten die Vibrationen eines weißen Zwerges, sein Pulsschlag gewissermaßen, die Schwankungen in der Radiostrahlung von Pulsaren erklären. Doch man konnte ziemlich leicht ausrechnen, mit welcher Periodenlänge ein weißer Zwerg bestenfalls pulsieren kann, ohne auseinanderzubrechen. Tatsächlich hat einer der Autoren dieses Buches (J.G.) genau dies in einem Teil seiner Dissertation getan. Die Antwort war enttäuschend (für ihn), aber eindeutig: Weiße Zwerge können selbst unter günstigsten Voraussetzungen nicht mit der erforderlichen Geschwindigkeit pulsieren. Woraus folgt, daß die Sterne, die am Phänomen der Pulsare beteiligt sind, noch kompakter und noch dichter sein müssen als weiße Zwerge.

Kurzum, es muß sich um Neutronensterne handeln, die von der Theorie zwar vorhergesagt werden, aber zuvor noch nie entdeckt worden waren. Schon wenige Monate nachdem die Entdeckung der Pulsare bekanntgegeben worden war, hatte man bewiesen, daß diese Objekte tatsächlich rotierende Neutronensterne sind, die sich eindeutig innerhalb unserer eigenen Galaxis befinden und Radiopulse erzeugen, die wie die Lichtfinger eines Leuchtturms über uns hinweghuschen. Ihre Entstehung verdanken sie den Supernova-Explosionen riesiger Sterne. Und eines muß den Fachleuten von Anfang an klar gewesen sein: Aus derselben Theorie, welche die Existenz von Protonensternen vorhersagt – eine Vorhersage, die rund dreißig Jahre lang praktisch nicht zur Kenntnis genommen worden war –, geht auch hervor, daß lediglich ein wenig Masse (ein paar Trümmer aus einer Supernova-Explosion) mehr erforderlich ist, um aus einem Protonenstern einen Collapsar zu machen.

Es ist kein Zufall, daß John Wheeler den Ausdruck «Schwarzes Loch» ein Jahr nach der Entdeckung der Pulsare prägte, denn die Erkenntnis, daß Pulsare Neutronensterne sein müssen, löste eine Welle plötzlichen Interesses an den noch exotischeren Vorhersagen der allgemeinen Relativitätstheorie aus. Dieses Interesse war zuvor schon infolge einer anderen Entdeckung erwacht, die man mit Hilfe von Radioteleskopen gemacht und die die Existenz des Urknalls selbst bestätigt hatte.

In einem Zustand größerer Kompression war das Universum wärmer, so wie die Luft sich erwärmt, wenn sie in einer Fahrradpumpe zusammengepreßt wird. Der Urknall war ein Feuerball aus Strahlung, in dem die Materie ursprünglich eine unbedeutende Rolle spielte. Doch im Laufe der Expansion und Abkühlung des Universums nahm die Strahlungsintensität ab, woraufhin die Materie in Gestalt von Sternen und Galaxien das Bild zu beherrschen begann.

All das war den Astronomen in den vierziger und fünfziger Jahren schon bekannt. George Gamow und seine Mitarbeiter haben sogar in groben Zügen berechnet, auf welche Temperatur diese Reststrahlung heute abgekühlt sein müßte. 1948 kamen sie dabei auf einen Wert von ungefähr 5 K (*minus* 268 °C). 1952 neigte Gamow zu der Annahme, sie sei erheblich höher, und in seinem Buch ‹*Die Geburt des Alls*› meinte er, die Temperatur müsse unter 50 K liegen. Doch ob 5 oder 50 K, in beiden Fällen handelt es sich um eine sehr niedrige Temperatur. In den fünfziger Jahren wurden kaum Versuche unternommen, dieses «Echo der Schöpfung» zu entdekken, ein Meer von kalter Hintergrundstrahlung, das als Relikt des Urknalls das gesamte Universum erfüllt.

Doch Anfang der sechziger Jahre begannen einige Astronomen ernsthaft zu erwägen, ob man nicht die Stärke dieser Hintergrundstrahlung messen und so das Urknallmodell auf die Probe stellen könnte. Wie und warum die Strahlung abgekühlt ist, läßt sich unter anderem durch die Rotverschiebung erklären. Die Strahlung, die während des Urknalls entstand, füllt das Universum auch heute noch. Doch da sich der Raum seither gedehnt hat, müssen sich auch die Wellen dieser Strahlung entsprechend gedehnt haben. Sonst würden sie den verfügbaren Raum nicht ausfüllen. Folglich müßte die Energie, die zunächst in Gestalt von Röntgen- und Gammastrahlung existiert hat, jetzt in Form von Mikrowellen meßbar sein, mit Wellenlängen von ungefähr einem Millimeter. Genau solche Radiowellen werden für bestimmte Techniken der Nachrichtenübermittlung und in Radargeräten verwendet. Angesichts der für die Radar- und Funkgeräte entwickelten Technik hielten es Forscher in der Sowjetunion und in den Vereinigten Staaten für möglich, die vom Urknallmodell vorhergesagte Hintergrundstrahlung zu entdecken, und sie begannen, entsprechende Radioteleskope zu bauen.

Leider kamen diese Versuche etwas zu spät. Das amerikanische Team an der Princeton University wurde von Robert Dicke geleitet, der während des Krieges in der Radarforschung tätig gewesen war. Anfang der sechziger Jahre stellte er einer Gruppe von jungen Wissenschaftlern die Aufgabe, mit Hilfe von verbesserten Geräten, an deren Entwicklung er während des Krieges selbst beteiligt gewesen war, einen Mikrowellenhintergrunddetektor zu bauen. Das Projekt kam gut voran, als Dicke 1965 einen Telefonanruf von einem jungen Forscher der Bell Laboratories erhielt, die knapp fünfzig Kilometer von Princeton entfernt liegen. Der Anrufer, Arno Penzias, bat Dicke um Rat, weil er und sein Kollege Robert Wilson seit Mitte des Jahres 1964 mit ihrem Radioteleskop an den Bell Labs eine merkwürdige Radiointerferenz empfingen.

Penzias und Wilson benutzten eine Antenne, die ursprünglich als Teil der Empfangsanlage für die ersten Nachrichtensatelliten entwickelt worden war und die man nun zu einem Radioteleskop umgebaut hatte. Die beiden Forscher stellten fest, daß sie, wie auch immer sie ihr Teleskop ausrichteten, stets ein Signal zu empfangen schienen, das einer Mikrowellenstrahlung mit einer Temperatur von knapp 3 K entsprach. Nachdem sie alles versucht hatten, um mögliche Mängel des Teleskops zu beseitigen (sie hatten die Antenne sogar von Taubendreck gereinigt), gaben die Forscher auf und fragten Dicke, den Fachmann für Mikrowellen, um Rat.

Dicke erkannte rasch, daß Penzias und Wilson auf die aus dem Urknall stammende Hintergrundstrahlung gestoßen waren. Der kurze Zeit später in aller Eile fertiggestellte Princeton-Detektor bestätigte die Entdeckung, und bald darauf taten es ihnen Radioastronomen in aller Welt nach. Wir wissen heute, daß das Universum tatsächlich mit einer schwachen Mikrowellenhintergrundstrahlung angefüllt ist, die eine Wellenlänge von ungefähr einem Millimeter hat, was einer Temperatur von 2,73 K entspricht.

Diese Entdeckung öffnete den Kosmologen die Augen für die Realität des Urknallmodells: Es ist eben *kein* Modell, sondern offenbar eine präzise Beschreibung des realen Universums, in dem wir leben. Zunächst einmal zeigte die Hintergrundstrahlung, daß es tatsächlich einen Urknall gegeben hat. Sodann war es durch genaue Messungen der heutigen Temperatur dieser Strahlung möglich, die Entwicklung bis zum Urknall zurückzuverfolgen und die exakte Temperatur des Feuerballs auszurechnen. Wir haben unserer Geschichte in Kapitel fünf etwas vorgegriffen, als wir die ersten Minuten im Dasein des Universums beschrieben. Die Exaktheit dieser Beschreibung beruht zum Teil auf unserem heutigen Wissen um die genaue Temperatur der Hintergrundstrahlung. Doch kommt in jener Darstellung der Frühphasen, die das Universum durchlief, noch ein weiterer wichtiger Aspekt zum Ausdruck. Er offenbart sich zum Beispiel in der Tatsache, daß das Buch ‹*Die ersten drei Minuten*› nicht von einem Spezialisten für kosmologische Theorien geschrieben wurde, auch nicht von einem Astronomen, sondern von einem namhaften Physiker, dem Nobelpreisträger Steven Weinberg.

Vor 1965 war die Kosmologie ein relativ stiller Seitenarm der Physik gewesen. Heute, ein Vierteljahrhundert später, gehört die Beschäftigung mit dem Urknall zu den wichtigsten Unternehmungen der Physik, denn man erwartet von der Urknallkosmologie den Schlüssel zum Verständnis der fundamentalen Gesetze und Kräfte, die in der physikalischen Welt wirken. Die Messungen der Hintergrundstrahlung geben uns Aufschluß darüber, wie sich nach dem Urknall Atomkerne gebildet haben (Nukleosynthese). Die ersten Berechnungen dieser Art nach der Entdeckung der Hintergrundstrahlung überzeugten dann auch viele Physiker (und nicht nur Kosmologen) davon, daß die Kosmologie des heißen Urknalls als Beschreibung des Universums ernst zu nehmen sei.

Die Berechnungen wurden nicht etwa angesichts der Entdeckung der Hintergrundstrahlung mit heißer Nadel zusammengestrickt, sondern bildeten den Abschluß einer mehr als zehnjährigen Arbeit. In den fünfziger Jahren hatte ein Team von britischen und amerikanischen Wissenschaftlern unter der maßgebenden Leitung von Fred Hoyle ausgearbeitet, wie jene Elemente, die schwerer als Helium sind, im Innern von Sternen entstehen. Das war ein erstaunlicher Kraftakt. Im wesentlichen beruht der Prozeß darauf, daß sich Helium-4-Kerne zusammenschließen und komplexere Kerne bilden. Einige der komplexen Kerne trennen sich dann von dem entscheidenden Proton oder nehmen es auf und fügen sich so zu Kernen anderer Elemente.

Wie in Kapitel fünf erwähnt, gerät dieser Prozeß jedoch zu einem sehr frühen Zeitpunkt in eine Sackgasse. Es gibt keinen stabilen Kern, der durch Zusammenschluß zweier Helium-4-Kerne entstehen kann. Deshalb endete die Nukleosynthese des Urknalls mit dem Helium. Hoyle umging diese Sackgasse, indem er die sehr seltene, fast gleichzeitige Kollision von drei Helium-4-Kernen postulierte. Dadurch entsteht ein Kern des Kohlenstoff-12, jedoch nur wenn die Energien (Geschwindigkeiten) der Helium-4-Kerne einen ganz bestimmten Wert annehmen. Den haben sie im Innern von Sternen, und zwar dank eines ungewöhnlichen Quanteneffektes, den man als Resonanz bezeichnet. Niemandem war dies klar, bis Hoyle die Existenz dieser alles entscheidenden Resonanz vorhersagte, die dann in Experimenten hier auf der Erde tatsächlich entdeckt wurde. Zusammen mit seinen Kollegen erklärte Hoyle anschließend, wie sich im Innern der Sterne einfach *alles* aus Wasserstoff und Helium bildet – auch die Atome Ihres Körpers und dieses Buches.

In einer der seltsamsten Entscheidungen, die je von einem Nobelpreiskomitee getroffen wurden, erhielt für diese Arbeit sehr viel später, im Jahre 1983, ein Kollege Hoyles, Willy Fowler, einen Teil des Nobelpreises für Physik. Fowler ist zweifellos ein hervorragender Physiker mit großen Verdiensten; er war ein wichtiges Mitglied des Teams, aber er wäre der letzte, der in Abrede stellen würde, daß

Hoyle die entscheidenden Erkenntnisse über die Kohlenstoff-12-Entstehung beisteuerte und der Ideenlieferant für alle Aktivitäten des Teams war. Leider vertrat Hoyle in späteren Phasen seiner Laufbahn einige höchst unkonventionelle Ideen über die Möglichkeit, daß für Krankheitsepidemien auf der Erde von Kometen stammende Viren verantwortlich sein könnten. Es scheint, als habe das Nobelpreiskomitee in seiner Weisheit (?) beschlossen, ihn nicht an dem Preis für Fowler zu beteiligen, um nicht den Eindruck zu erwecken, man würdige damit auch diese verschrobenen Arbeiten. Immerhin hat das britische Establishment Hoyles wahre Leistung anerkannt – und damit sein konservatives Image Lügen gestraft –, als es Hoyle in den Ritterstand erhob. All das lag jedoch noch in weiter Zukunft, als Fowler, Hoyle und ihr Kollege Robert Wagoner 1967 der Theorie der Nukleosynthese den letzten Schliff gaben.

In der Form, in der die Theorie der stellaren Nukleosynthese in den fünfziger Jahren entwickelt wurde, lag ihr einziges Problem darin, daß sie die Herkunft des Heliums nicht erklären konnte. Sie ging von Sternen aus, die zu 75 Prozent aus Wasserstoff und zu 25 Prozent aus Helium bestehen, und konnte dann wunderbar das Vorkommen jedes anderen Elements erklären und sogar darlegen, warum und um wieviel einige Elemente häufiger sind als andere. Doch alles beginnt mit der Tripel-Helium/Kohlenstoff-12-Resonanz. Ohne diese ursprünglichen 25 Prozent Helium wären die Sterne nicht in der Lage, den Rest der Elemente zu brennen. Gemeinsam zeigten Wagoner, Fowler und Hoyle, daß jene Form des Urknalls, von der heute eine Hintergrundstrahlung mit einer Temperatur von 2,73 K zurückgeblieben wäre, am Ende der ersten vier Minuten eine Mischung von 25 Prozent Helium und 75 Prozent Wasserstoff erzeugt hätte.

Sie stellten ihre Ergebnisse 1967 auf einer Tagung in Cambridge vor. Einer der Autoren dieses Buches (J.G.) war als sehr junger Doktorand zugegen und folgte dem Ereignis mit großer Ehrfurcht. Er erinnert sich noch deutlich an die eindringlichen Fragen, die ein anderer Zuhörer stellte, etwas älter als er, aber auch noch kein arrivierter Wissenschaftler. Er schien einen leichten Sprachfehler zu haben, fand aber die ungeteilte Aufmerksamkeit der namhaften Forscher auf dem Podium. Noch ganz am Anfang seiner Laufbahn stehend, galt Stephen Hawking schon damals als jemand, dem zuzuhören sich lohnte. Der Grund für sein eingehendes Interesse an der Urknallkosmologie wurde bald offenkundig, als nämlich die Ergebnisse der Forschungsarbeiten erschienen, die er zusammen mit Roger Penrose durchgeführt hatte.

Anfang der sechziger Jahre begann Hawking über die Singularität am Anfang der Zeit nachzudenken, war aber, wie wir gesehen haben, durch die Diagnose seiner Krankheit abgelenkt worden und hatte seine Arbeit vorübergehend ruhen lassen. Doch 1965 sah alles viel freundlicher aus. Er hatte festgestellt, daß es nicht so schnell mit ihm zu Ende ging, wie die Ärzte es ihm prophezeit hatten; er hatte Jane Wilde kennengelernt und geheiratet; und er hatte sich mit rastloser Energie wieder in die Arbeit gestürzt. Damals gehörte er zu den wenigen Wissenschaftlern, die auch die extremeren Vorhersagen der allgemeinen Relativitätstheorie ernst nahmen. Zwei Jahre nach der Entdeckung des ersten Quasars (doch bevor seine Energiequelle erklärt war) und zwei Jahre bevor man auf die Pulsare stieß, glaubte nur eine Handvoll Menschen an die Möglichkeit, daß Schwarze Löcher wirklich existierten oder daß das Universum tatsächlich aus einer Singularität entstanden sei.

Einer der wenigen, die sich ernsthaft mit dem Konzept der Schwarzen Löcher befaßten, war der junge Mathematiker Roger Penrose vom Birkbeck College in London. Er wies nach, daß jedes Schwarze Loch eine Singularität enthalten muß und daß es für Materieteilchen keine Möglichkeit gibt, in der Mitte des Loches aneinander vorbeizugleiten. Nicht nur Materie, sondern auch die Raumzeit selbst verschwindet in einer Singularität. An einem solchen

Punkt verlieren die Gesetze der Physik ihre Gültigkeit, und man kann nicht mehr vorhersagen, was als nächstes geschehen wird.

Doch wie erwähnt, braucht uns das nicht allzusehr zu bekümmern, vorausgesetzt, solche bizarren Objekte sind immer hinter dem Ereignishorizont, dem Schwarzschild-Radius, eines Schwarzen Loches verborgen. In diesem Sinne schlug Penrose die «Kosmische-Zensur»-Hypothese vor, womit er meinte, daß alle Singularitäten auf diese Weise verborgen sein müßten und daß die Natur «eine nackte Singularität verabscheut». Mit anderen Worten, Beobachter außerhalb des Ereignishorizonts eines Schwarzen Loches sind immer vor allen Konsequenzen geschützt, die sich aus dem Zusammenbruch der Naturgesetze in der Singularität ergeben.

Hawking war von Penroses Arbeit über Singularitäten fasziniert, erkannte aber, daß die Abneigung der Natur gegen Singularitäten uns nicht vor der Singularität am Anfang der Zeit bewahren kann – *wenn* es sie denn gab. 1965 versuchten die beiden mit vereinten Kräften, dieses Rätsel zu lösen.

Zuvor hatte man allgemein erwartet, man würde bei dem Versuch, die Gleichungen für das expandierende Universum rückwärts zu verfolgen, auf immer kompliziertere Verhältnisse stoßen, je mehr man sich dem Urknall nähere. Die Teilchen würden regellos zusammenstoßen und voneinander abprallen, wodurch sie einen chaotischen und völlig unübersichtlichen Feuerball produzierten. Vielen Wissenschaftlern erschien dies als ideale Möglichkeit, das Modell eines Universums zu entwickeln, das bei hohen Dichten zurückprallt, ohne auf eine Singularität zu stoßen. Doch in den nächsten Jahren erarbeiteten Hawking und Penrose neue mathematische Verfahren, um die Beziehung von Punkten in der Raumzeit zu analysieren. Dadurch brauchten sie sich nicht mit den unübersichtlichen und verwirrenden Wechselwirkungen zwischen Materieteilchen auseinanderzusetzen, sondern konnten sich der zugrundeliegenden Bedeutung der Expansion (oder des Kollapses) des Raums selbst zuwenden.

Endergebnis dieser Untersuchung war der Beweis, daß es am Anfang der Zeit eine Singularität gegeben haben muß, wenn die allgemeine Relativitätstheorie eine zutreffende Beschreibung des Universums liefert. In einem kontrahierenden Universum haben die Teilchen keine Möglichkeit, aneinander vorbeizuschlüpfen und die Singularität im Feuerball zu vermeiden, sowenig wie man der Singularität im Innern eines Schwarzen Loches ausweichen kann. Wenn der Raum schließlich auf Null zusammenschrumpft, bleibt den Teilchen buchstäblich kein Platz mehr, um einander auszuweichen. Mit anderen Worten, die Expansion des Universums aus der Singularität am Anfang ist tatsächlich das exakte Gegenteil vom Kollaps der Materie (und der Raumzeit) zu einer Singularität in einem Schwarzen Loch. Der kosmische Zensor hat eine Nachlässigkeit begangen, und es gibt zumindest eine nackte Singularität im Universum, der wir ausgesetzt sind, auch wenn sie durch eine Zeit von 15 Milliarden Jahren von uns getrennt ist.

Während Hawking und Penrose diese Theorie ausarbeiteten, wurde die Entdeckung der Hintergrundstrahlung bekannt, stieß man auf die Pulsare und erklärten Wagoner, Fowler und Hoyle, wie Helium im Urknall entstanden ist. Zu der Zeit, da die Hawking-Penrose-Theoreme veröffentlicht wurden, hatte John Wheeler den Astronomen den Ausdruck «Schwarzes Loch» an die Hand gegeben, und es erschienen bereits Zeitungsartikel über das Phänomen. Was als ein scheinbar spielerisches (wenn auch hochgelehrtes) mathematisches Forschungsunternehmen begann, hatte sich Ende der sechziger Jahre zu einem entscheidenden Beitrag auf dem bedeutendsten naturwissenschaftlichen Sektor der Zeit entwickelt.

Und doch handelte es sich um Hawkings *erste* echte wissenschaftliche Arbeit, die noch auf seine Dissertation zurückging – das Gesellenstück, das seine Lehrzeit beendete. Was also war als nächstes von ihm zu erwarten? Und was bedeutete die Aussage eigentlich, die Zeit habe im Urknall ihren Anfang gehabt? Man schien jedoch kaum damit rechnen zu können, daß der junge Wissenschaftler noch einmal mit einem Resultat von vergleichbarer Bedeutung würde aufwarten können. Die Verschlechterung seines gesundheitlichen Zustands ließ eine längere berufliche Laufbahn höchst unwahrscheinlich erscheinen.

8 Die Jahre des Durchbruchs

Ende der sechziger Jahre sah Hawking sich gezwungen, angesichts seines körperlichen Zustands eine Konzession zu machen. Auf Drängen seiner Frau und vieler seiner engsten Freunde beschloß er endlich, seine Krücken aufzugeben und einen Rollstuhl zu akzeptieren. Für alle, die die allmähliche Verschlechterung seines Gesundheitszustandes miterlebt hatten, war dies eine entscheidende Zäsur, die sie mit Besorgnis und Traurigkeit erfüllte. Doch Hawking weigerte sich, diesen Schritt negativ zu werten. Obwohl er mit der Entscheidung für den Rollstuhl seine körperliche Hinfälligkeit eingestand, ließ er sich davon weder emotional noch geistig beeinträchtigen. In allen anderen Bereichen setzte er sein Leben fort wie bisher. Und er konnte nicht leugnen, daß er jetzt sogar beweglicher geworden war. Zur Lebenseinstellung von Stephen Hawking gehört, daß er nur die Zugeständnisse an seine Krankheit macht, zu denen er sich körperlich gezwungen sieht. «Stephen macht seiner Krankheit nicht die geringsten Konzessionen», sagt Jane Hawking, «und ich mache *ihm* keinerlei Konzessionen.»[1] Diese Haltung dürfte dafür verantwortlich sein, daß er entgegen allen Prognosen so viele Jahre überlebt hat und daß seine Frau im Zusammenleben mit ihm ihr seelisches Gleichgewicht hat bewahren können.

1968 hatte man Hawking gefragt, ob er bereit sei, am Institute of Theoretical Astronomy mitzuarbeiten, das in einem modernen Gebäude in den Außenbezirken von Cambridge untergebracht ist. Ursprünglich leitete es Fred Hoyle, doch der verzichtete 1972 nach einem letzten fürchterlichen Krach mit dem Cambridger Establishment auf den Posten. Damals ging es um die Verwaltung des englischen Wissenschaftsbetriebs im allgemeinen und des Cambridger

Wissenschaftsbetriebs im besonderen. Als Hoyle ging, wurde das Institut mit den Cambridge Observatories zusammengelegt und Professor Donald Lynden-Bell unterstellt. Unter seiner Leitung wurde das Adjektiv «Theoretical» aus dem Namen gestrichen; seither ist es das Institute of Astronomy. Im gleichen Jahr wurde der junge Radioastronom Simon Mitton zum Verwaltungsdirektor des Instituts ernannt. In den Jahren, die er dort verbrachte, arbeitete er eng mit Hawking zusammen.

An drei Vormittagen in der Woche war Hawking im Institut. Die Little St. Mary's Lane lag viel zu weit entfernt, um die Strecke im Rollstuhl zurückzulegen. So erwarb er ein dreirädriges, motorisiertes Gefährt für Körperbehinderte, mit dem er auf der Straße in den Vorort fuhr. Mitton kam ihm entgegen, half ihm aus dem kleinen blauen Fahrzeug und führte ihn ins Hauptgebäude. Dort hatte Hawking ein eigenes Büro, und als er in den folgenden Jahren immer bekannter wurde, gaben sich namhafte Astronomen und theoretische Physiker die Klinke in die Hand. Sie kamen ins Institut, um mit ihm zu reden. Mitton beschreibt ihn als Magneten in der Physikerwelt. Junge Doktoranden und arrivierte Wissenschaftler aus aller Welt suchten das Institut auf, in erster Linie, weil er dort wirkte.

Hawking hat sich nie für praktische Astronomie interessiert. Während seines Grundstudiums in Oxford hatte er einen Ferienkurs am Royal Greenwich Observatory besucht, wo er dem damaligen Royal Astronomer Sir Richard Woolley half, die Komponenten von Doppelsternen zu messen. Es heißt jedoch, als Hawking durch das Teleskop geschaut und nichts Eindrucksvolleres erblickt hatte als ein paar verschwommene Punkte im Sternenfeld, habe er die Überzeugung gewonnen, die theoretische Physik sei interessanter. Bis auf den heutigen Tag hat er nicht mehr als ein halbes dutzendmal durch ein Teleskop gesehen. Die Arbeit, die Hawking am Institute of Astronomy verrichtete, konnte er im Kopf, mit Bleistift und Papier oder mit dem Computer ausführen.

Mitton erinnert sich, daß die Zusammenarbeit mit Hawking

nicht immer leicht war. Oft sei er ihm reizbar und ungeduldig erschienen, und an den vielgerühmten Hawkingschen Witz und Humor habe er kaum Erinnerungen. Auch Sekretärinnen hatten offenbar ihre Schwierigkeiten mit ihm, und häufig kam eine neu eingestellte Mitarbeiterin zu Mitton und beklagte sich, den Tränen nahe, über unzumutbare Arbeitsbelastung. Alle Aufträge wollte Hawking möglichst sofort erledigt haben. Bei diesen Gelegenheiten mußte Mitton sich selbst und die Sekretärinnen, die für ihn arbeiteten, daran erinnern, daß solche Stimmungen möglicherweise auf Hawkings Krankheit zurückzuführen waren.

Andere haben ganz gegensätzliche Erinnerungen. Roger Penrose weiß zu berichten, daß Hawking angesichts von Widrigkeiten ungewöhnlich fröhlich und humorvoll reagierte. Zwar hat auch er Hawking schlecht gelaunt erlebt, reizbar und ungeduldig gegen die Menschen in seiner Umgebung, doch meint er, daß viele ALS-Patienten einen Kompensationsmechanismus entwickeln, ein System, das antidepressiv wirkt. Man sollte Hawkings Verhalten wohl besser auf seinen Charakter als auf seine Krankheit zurückführen. Wie wir alle ist er manchmal kurz angebunden und ungeduldig, hat er seine Schwierigkeiten mit der Begriffsstutzigkeit anderer Menschen. Da er selbst immer unter Hochdruck arbeitet und sich nicht schont, erwartet er von aller Welt die gleiche Energie und Begeisterung. Vielleicht hat er sich auch einfach nicht mit den Sekretärinnen am Institute of Astronomy verstanden.

Trotzdem hat ihn das Institut augenscheinlich besser zu schätzen gewußt als sein eigenes College. Die Verwaltung bemühte sich nach Kräften, ihn bei seiner Arbeit zu unterstützen und seiner Behinderung Rechnung zu tragen. In seinem Büro hatte man ein automatisches Telefon angebracht, mit dem er verschiedene Nummern durch Drücken eines einzigen Knopfes wählen konnte. Das war lange vor Einführung der digitalen Technik, und das Gerät war kaum mehr als ein Trickkasten mit einer Unzahl von Kabeln und Verbindungen, die zu einer Anschlußbuchse in einer Ecke des Zimmers führten. Die Fernsprechtechniker brauchten mehr als eine Woche, um die Anlage zu installieren.

Noch bevor Hawking am Institute of Astronomy begann, entstanden in Cambridge Gerüchte, die sich um seine Person und seine Arbeit rankten. Eine gewisse Aura begann ihn zu umgeben. Er hatte sich noch lange keinen besonderen Ruf in der Kosmologie erworben, da führten die graduierten Studenten den Namen Stephen Hawking schon mit Hochachtung im Munde. Diese frühe Gefolgschaft ist der Anfang jener Entwicklung, die ihn schließlich zu einer Kultfigur machte und die alles, was er sagte und tat, mit einem besonderen Nimbus umgab. Schon Anfang der siebziger Jahre war zu beobachten, daß sich das Image des verkrüppelten Genies, auf das sich die Medien später so begeistert stürzen sollten, in der Vorstellung der Menschen einnistete, die sich am Rande von Hawkings Leben und Arbeit bewegten. Statt im Laufe seiner glänzenden beruflichen Laufbahn zu verblassen und ganz zu verschwinden, festigte sich mit jeder neuen Leistung sein Ruf als neuer Einstein, als rein zerebrales Geschöpf, das in einem bewegungsunfähigen Körper gefangen ist.

Mitton erinnert sich, daß Hawkings Sprechweise schon bei ihrem ersten Treffen im Jahre 1972 stark beeinträchtigt war. Man mußte sich sehr konzentrieren, um zu verstehen, was er sagte. Mitton meinte, am besten sei es gegangen, wenn er ihm gegenübersaß, weil er dann nicht nur hören, sondern auch sehen konnte, was Hawking sagte. Selbst dann war es nicht leicht. Am besten klappte die Verständigung, so Mitton, wenn man Fragen stellte, die nur Ja- oder Nein-Antworten erforderten. Statt also zu fragen: «Wann möchten Sie zu Mittag essen, Stephen?», war es weit leichter zu sagen: «Wir gehen um 12 Uhr 30 Mittag essen, ist das in Ordnung?» Fischer Dilke, der einen der ersten Fernsehfilme über Hawking drehte, ist in dieser Hinsicht ganz anderer Meinung. Er sagt, Hawking verabscheue nichts so sehr, wie solche Fragen gestellt zu bekommen, weil sie ihm zeigen, daß ihn sein Gesprächspartner nicht normal behandelt. Diese Methode zwinge ihn, nur mit Ja oder Nein zu antworten, während ihm eine vernünftige Unterhaltung lieber sei.

In der Rückschau erscheinen die siebziger Jahre etwas grau. Nach dem Optimismus und der Hoffnung der sechziger geriet der Westen – vielleicht mit Ausnahme der Bundesrepublik Deutschland – in eine Rezession; nur in Japan schuf eine Mischung aus Entschlossenheit, Gespür für die wirtschaftlichen Anwendungsmöglichkeiten westlicher Technologie und großem Fleiß die Voraussetzung für industrielles Wachstum.

Mit angehaltenem Atem verfolgte die Welt im April 1970 das Drama von Apollo 13, Hunderttausende von Kilometern draußen im All, das dann doch noch ein glimpfliches Ende fand, als das Raumschiff seinen Heimatplaneten mit Müh und Not erreichte. Im September fand in der jordanischen Wüste ein Drama ganz anderer Art statt: Arabische Terroristen jagten drei Verkehrsflugzeuge in die Luft. Als Bertrand Russell, der Held aus Hawkings Schülertagen, im Alter von 97 Jahren starb, verlor die Welt mit ihm eine charismatische und einflußreiche Leitfigur. Im gleichen Jahr wandte Stephen Hawking seine Aufmerksamkeit den exotischen kosmischen Objekten zu, die man kurz zuvor «Schwarze Löcher» getauft hatte, und wiederum arbeitete er mit dem Mathematiker Roger Penrose zusammen.

Entscheidende Schritte bei wissenschaftlichen Entdeckungen werden häufig durch einen unerwarteten Augenblick der Inspiration ausgelöst. Mit Vergnügen erinnert sich Hawking an den Moment, als ihm der erste entscheidende Geistesblitz zum Problem der Schwarzen Löcher kam. Bald nach der Geburt seines zweiten Kindes Lucy im November 1970 beschäftigte er sich mit der Frage der Schwarzen Löcher, als er eines Abends zu Bett ging. Hören wir, wie Hawking selbst den Vorgang beschreibt:

> Eines Abends im Jahr 1970, kurz nach der Geburt meiner Tochter Lucy, dachte ich beim Zubettgehen über Schwarze Löcher nach. Plötzlich erkannte ich, daß sich viele der Verfahren, die Penrose und ich entwickelt hatten, um Singularitäten nachzuweisen, auf Schwarze Löcher anwenden lassen.[2]

Damals hatte man nur ziemlich verschwommene Vorstellungen von der Beschaffenheit Schwarzer Löcher. Penrose und Hawking hatten beide versucht, Verfahren zu entwickeln, mit denen sich bestimmen ließ, welche Punkte der Raumzeit außer- und innerhalb eines Schwarzen Loches liegen. Während Hawking nun zu Bett ging, stieß er auf eine offenkundige Lösung. Ursprünglich hatte sie, wie er sagt, Penrose vorgeschlagen, aber nicht auf die Situation angewandt, die sie gerade untersuchten. Die wissenschaftlichen Einzelheiten werden wir im nächsten Kapitel schildern. Jedenfalls war die Lösung so bedeutsam, daß Hawking in dieser Nacht wenig Schlaf fand. Früh am nächsten Morgen rief er Penrose an.

Während der nächsten zwei Jahre arbeiteten die beiden an ihren Ideen über die Physik der Schwarzen Löcher (worauf wir ausführlicher in Kapitel neun eingehen werden). Bei der Arbeit merkten sie, daß ihrer ursprünglichen Konzeption die nötige Klarheit fehlte. Um diesen Mangel zu beseitigen, mußten sie auf nur noch schwach erinnerte physikalische Konzepte zurückgreifen, an die sie seit ihren frühen Studientagen keinen Gedanken mehr verschwendet hatten, und sie von den geistigen Spinnweben befreien, die sie inzwischen angesetzt hatten. Besonders Hawking zeigte ein neu erwachtes Interesse an einem Gebiet, das man Thermodynamik nennt und das von Lord Kelvin und anderen Physikern im 19. Jahrhundert entwickelt worden war.

Niemand hätte damals gedacht, daß der Thermodynamik die geringste Bedeutung für Schwarze Löcher zukäme. Wie überraschend diese Entdeckung kam, hat Dennis Overbye sehr anschaulich beschrieben: «Es war, als öffnete er die Motorhaube eines Ferrari und sähe eine tuckernde alte Dampfmaschine vor sich.»[3] Es schien lächerlich zu sein: Mittels der Thermodynamik untersucht man Gase, die unter Druck stehen, die Wärmeübertragung und den Wirkungsgrad von Dampfmaschinen, nicht aber so exotische Objekte wie Schwarze Löcher. Damals ahnte Hawking noch kaum, daß die Thermodynamik von entscheidender Bedeutung für die Theorie der Schwarzen Löcher werden und ihn schon bald zu seiner zweiten wissenschaftlichen Konfrontation mit einem anderen Physiker führen sollte.

Anfang 1973 begannen Hawking und Penrose, die Thermodynamik als Analogie für die Ereignisse in einem Schwarzen Loch zu verwenden. Das ist ein Standardverfahren in der Wissenschaft: Ein alltägliches Modell dient zum Verständnis von Situationen, die so außergewöhnlich sind wie zum Beispiel die Verhältnisse in einer Singularität. Doch über diesen Ansatz ging der junge Physiker Jacob Bekenstein von der Princeton University deutlich hinaus. Er begnügte sich nicht damit, die Thermodynamik als Analogie zu verwenden, sondern nahm sie konkret beim Wort. Dabei gelangte er zu einigen sehr interessanten Ergebnissen.

Als Hawking auf Bekensteins Arbeit stieß, war er äußerst erbost. Er hatte die Thermodynamik lediglich als Modell für die Ereignisse in Schwarzen Löchern benutzt und hielt es für völlig absurd, den Ansatz weiterzuführen und die Thermodynamik real auf Schwarze Löcher *anzuwenden*. Mit Brandon Carter, seinem alten Freund aus Cambridger Tagen, und dem amerikanischen Relativitätstheoretiker James Bardeen veröffentlichte er einen Artikel in der wissenschaftlichen Zeitschrift *Communications in Mathematical Physics*, um Bekensteins Ansatz zu widerlegen. Viele Monate hindurch beschäftigte der Streit die wissenschaftlichen Publikationsorgane diesseits und jenseits des Atlantiks. Je länger Hawking sich mit Bekensteins Thesen beschäftigte, desto absurder erschienen sie ihm und desto stärker verärgerten sie ihn auch. Auf einen Artikel, den Bekenstein veröffentlichte, antworteten Hawking, Carter und Bardeen mit einem Aufsatz, der den Titel «The Four Laws of Black Hole Mechanics» trug. Später stellte sich heraus, daß beide Artikel unvollständig waren.

Die meisten Physiker ergriffen Partei für Hawking und seine Koautoren, doch Bekenstein ließ sich nicht davon beeindrucken, daß er den größten Teil der wissenschaftlichen Gemeinschaft gegen sich hatte. Jahre später erklärte er:

> In jenen Tagen des Jahres 1973, als man mir immer wieder vorhielt, ich sei auf dem falschen Weg, tröstete ich mich damit, daß Wheeler gesagt hatte: «Die Thermodynamik des Schwarzen Loches ist verrückt, vielleicht so verrückt, daß sie funktioniert.»[4]

Doch Hawking war weiterhin der Auffassung, daß Bekensteins These nur verrückt war und nichts weiter – zumindest eine Zeitlang. Das änderte sich erst mit einer Reihe von Ereignissen, die ihn zu einer weit wichtigeren Schlußfolgerung über Schwarze Löcher führen und ihn in die vordersten Reihen der theoretischen Physik befördern sollten. Doch bis dahin war es noch ein halbes Jahr, und in der Zwischenzeit setzte sich der Streit munter fort.

Hawking bekam immer größere Schwierigkeiten, die mathematischen Aspekte seiner Arbeit zu bewältigen. Die Gleichungen, mit denen man die Physik der Schwarzen Löcher beschreibt, sind außerordentlich komplex, und inzwischen war seine Krankheit so weit fortgeschritten, daß er sich weder Papier und Bleistift noch einer Schreibmaschine bedienen konnte. So war er gezwungen, Techniken zu entwickeln, die es ihm erlaubten, sich solche Informationen einzuprägen und Gleichungen in der Vorstellung umzuformen, ohne sie niederzuschreiben. Sehr anschaulich schildert Werner Israel, ein Freund und Mitarbeiter von Hawking, diesen Vorgang:

> Man muß sich das so vorstellen, als habe Mozart eine ganze Sinfonie im Kopf komponiert und behalten – jeder, der unlängst auf

einer Tagung die komplexen mathematischen Formeln und Gleichungen gesehen hat, die die Tafel wie Noten bedeckten, würde den Vergleich wohl billigen.[5]

Hawking hat den großen Vorteil, über ein vorzügliches Gedächtnis zu verfügen. In seinem Buch ‹*Jenseits des Ereignishorizonts: Stephen Hawkings Universum*› schildert John Boslough einen Vorfall, der das eindrucksvoll belegt:

> Einer seiner Studenten berichtete mir, Hawking habe, als er ihn einmal zu einer Physikertagung nach London gefahren habe, genau die Seite eines Buches angeben können, auf der er beim Lesen vor Jahren einen kleinen Fehler entdeckt hatte.[6]

In einer anderen Anekdote wird berichtet, wie er einer Sekretärin aus dem Gedächtnis vierzig Seiten Gleichungen diktierte und sie 24 Stunden später bat, einen winzigen Fehler zu korrigieren, den er dabei gemacht hatte. Hawking ist nicht der einzige, der über diese Fähigkeit verfügt. 1983 verblüffte er die Studenten in einem Seminar des California Institute of Technology, indem er aus dem Gedächtnis eine Gleichung mit vierzig Termen diktierte. Kaum hatte sein Assistent den letzten Term niedergeschrieben, stand der Nobelpreisträger Murray Gell-Mann auf, ein Kollege von Hawking, der an der Veranstaltung teilnahm, und erklärte, Hawking habe einen Term ausgelassen. Gell-Mann verließ sich dabei ebenfalls ganz auf sein Gedächtnis.

Trotz seiner Behinderung begann Hawking Anfang der siebziger Jahre ausgedehnte Reisen zu unternehmen. Durch die Arbeit, die er zusammen mit Penrose geleistet hatte, war sein wissenschaftliches Ansehen erheblich gewachsen, so daß er häufig Einladungen aus aller Welt erhielt, Vorträge zu halten und auf Tagungen zu sprechen. Gleichzeitig mit seinem wissenschaftlichen Ruf verbreitete sich auch weit über die Grenzen Cambridges hinaus die Kunde von

Hawkings eiserner Entschlossenheit, unter allen Umständen ein völlig normales Leben zu führen.

Der Physiker David Schramm, einer seiner ältesten und engsten Freunde, der heute an der University of Chicago lehrt, kennt eine Fülle von Anekdoten aus Hawkings Leben. Besonders gern erinnert er sich an einen Abend Anfang der siebziger Jahre, an dem ihm zum erstenmal klar wurde, welche Lebenslust in Stephen steckt. Nach einer Tagung in New York nahm Schramm die Hawkings mit zu einer Party, die ein Freund von ihm in Greenwich Village gab. Hawking amüsierte sich prächtig, tanzte mit seiner Frau, ließ seinen Rollstuhl in dem Apartment kreisen und sprühte vor guter Laune.

Schramm unterstellt ihm auch eine unverbesserliche Neigung zum Flirt und beschreibt seine Augen als außerordentlich ausdrucksvoll. Die Frauen hätten sich, so Schramm, schon für Hawking interessiert, lange bevor sein internationaler Ruhm ihm allgemeine Aufmerksamkeit eintrug. Hawkings Freude am Tanzen hat nie nachgelassen, und die jährlichen Institutspartys am Caius College waren nicht vorstellbar, ohne daß er mit den anderen Fellows und ihren Partnerinnen auf dem Tanzboden erschien. Noch heute kann man ihn trotz seiner würdigen Stellung als Professor und Leiter des DAMTP bei den Weihnachtsdiscos der Studenten die Nächte durchtanzen sehen. Seine Energie bei der Arbeit wie bei Vergnügungen ist zur Legende geworden.

In der freien Zeit, die ihm zwischen seinen Reisen ins Ausland und der Zusammenarbeit mit Roger Penrose in Sachen Schwarze Löcher blieb, schrieb Hawking gemeinsam mit George Ellis ein Buch, das schließlich den Titel ‹*The Large Scale Structure of Spacetime*› erhielt. Die Idee zu dieser Untersuchung war 1965 entstanden, als Hawking noch immer am Abschluß seiner Dissertation arbeitete. Ellis erinnert sich, daß die beiden eine Reihe von Zukunftsplänen entwickelt hatten, wozu unter anderem «Heirat» und «ein gemeinsames Buch über Kosmologie» gehörten. Da beide jedoch mit anderen Projekten und familiären Veränderungen zu tun hatten, kam die Arbeit an dem Manuskript nur sehr langsam voran. Ellis lebte einige Zeit in Hamburg und dann in Boston, und die beiden sahen sich nur noch selten. Durch Vermittlung von Dennis Sciama gelang es ihnen, einen Vertrag mit der Cambridge University Press zu schließen. Der Verlag begann gerade eine Reihe von anspruchsvollen Forschungsmonographien, Fachliteratur für Physiker, herauszugeben.

Sechs Jahre lang arbeiteten sie an dem Manuskript. Dabei teilten sie die verschiedenen Themen untereinander auf und arbeiteten unabhängig voneinander. Wann immer sich die Möglichkeit bot, trafen sie sich, gingen ihre Beiträge durch und veränderten sie, wo es ihnen notwendig schien. Ellis tippte das gesamte Manuskript. Als Hawking nicht mehr schreiben konnte, diktierte er Ellis seine Beiträge, der sie für ihn niederschrieb. Als einer von Hawkings engsten Mitarbeitern konnte George Ellis ihn zwar verstehen, aber manchmal bereitete dies auch ihm Schwierigkeiten. Er entdeckte bald, daß es ihm viel leichter fiel, Hawking zu folgen, wenn es um wissenschaftliche Themen ging, weil seine Rede dann größtenteils aus vertrauten Fachwörtern bestand. Schwer wurde es bei alltäglichen Gesprächen, in denen es praktisch um jedes Thema gehen konnte.

Da sie so lange brauchten, um das Manuskript abzuschließen, wurde es in einigen Abschnitten von den Ereignissen überholt. Besonders Hawkings eigene Arbeit über Schwarze Löcher (mit der Ellis nicht unmittelbar zu tun hatte) war so rasch vorangeschritten, daß sie mit dem Text einfach nicht auf dem laufenden bleiben konnten. Das Buch beschäftigte sich ausschließlich mit den klassischen Theorien der Kosmologie, doch zum Zeitpunkt seiner Veröffentlichung im Jahre 1973 hatte Hawking bereits große Fortschritte in der quantenmechanischen Interpretation der Schwarzen Löcher gemacht, die erst in der zweiten Auflage des Buches berücksichtigt werden konnten. Die Arbeit rief einiges Aufsehen in der Welt der Physiker hervor und trug wesentlich zum Ansehen der Reihe bei. Heute gilt Hawking bei der Cambridge University Press als wichtigster Autor.

Das Buch ist unglaublich schwierig und nur Fachleuten zugänglich, die auf dem Gebiet der Kosmologie arbeiten. Hawking und Ellis hatten nicht die geringste Absicht, ein populärwissenschaftliches Buch zu schreiben, und davon war ihr Manuskript auch weit entfernt. Eine Anekdote, die aus dem Wissenschaftslektorat der Cambridge University Press stammt, schildert die Reaktion eines Kollegen Hawkings auf diese erste Veröffentlichung.

Hawking und Simon Mitton kamen von einem Treffen der Royal Astronomical Society in London zurück und saßen zufällig mit dem Radioastronomen John Shakeshaft in einem Abteil. Als sie zum Bahnhof hinausfuhren, lehnte sich Shakeshaft, der Hawking gegenübersaß, vor und sagte: «Ich habe übrigens Ihr Buch gekauft, Stephen.»

«Oh, hat es Ihnen gefallen?» fragte Hawking.

«Na ja», erwiderte Shakeshaft, «ich habe gedacht, zehn Seiten würde ich schaffen, aber ich bin nur bis Seite vier gekommen. Dann mußte ich leider aufgeben!»

Trotz der Schwierigkeit des Buches sind seit seiner Erstveröffentlichung 3500 Hardcover- und 13000 Paperback-Exemplare von ihm verkauft worden – weit mehr als von allen anderen Forschungsmonographien der Cambridge University Press.

Simon Mitton, der das Institute of Astronomy 1977 verlassen hat, leitet heute das Wissenschaftslektorat der Cambridge University Press. Er meint, das Buch sei wahrscheinlich von vielen Studenten gekauft worden, weil es sich so gut in ihrem Bücherregal macht. Sie seien aber vermutlich nie über die zweite der dicht mit Gleichungen bedeckten Seiten hinausgekommen. Die Verkaufszahlen von ‹*The Large Scale Structure of Spacetime*› und anderen wissenschaftlichen Arbeiten, die Hawking später schrieb, kletterten natürlich in die Höhe, nachdem viele Jahre später ‹*Eine kurze Geschichte der Zeit*› erschien und der Verlag den ursprünglichen

Namen «S. W. Hawking» auf dem Umschlag eiligst in «Stephen Hawking» abänderte.

In der Forschung, die sich mit Schwarzen Löchern befaßte, kam man rasch voran, und Hawking war einer ihrer Hauptakteure. Immer klarer wurde ihm, daß die rein klassische Interpretation Schwarzer Löcher nicht ausreichte. Im September 1973 reiste er nach Moskau. Der Leiter des Physikinstituts der sowjetischen Akademie der Wissenschaften in Moskau war Jakow Boris Seldowitsch, ein temperamentvoller kleiner Mann mit grenzenloser Energie. Er arbeitete mit seinem Team am Problem der Schwarzen Löcher, insbesondere an ihrer Wechselwirkung mit Licht. Hawking kehrte nach Cambridge mit der Überzeugung zurück, daß die Russen auf ein interessantes Phänomen gestoßen waren, sich ihm aber auf falsche Weise näherten. Jahre später erklärte er: «Mir gefiel nicht, wie sie zu ihren Ergebnissen gekommen waren, deshalb entschloß ich mich, es richtig anzupacken.»[7]

Die beiden großen Säulen der Physik des 20. Jahrhunderts sind, wie in Kapitel zwei skizziert, die Quantenmechanik und die Relativitätstheorie. Sie stehen an entgegengesetzten Enden des physikalischen Spektrums, sprechen verschiedene Sprachen, und niemandem war es bislang gelungen, sie miteinander zu vereinbaren. Genau das hatte Hawking jetzt im Sinn. Es schien der einzige Weg zu sein, das Verhalten Schwarzer Löcher zu erklären, wie es sich in den widersprüchlichen Ideen von Bekenstein auf der einen Seite und von Penrose und ihm auf der anderen darstellte.

Das war natürlich leichter gesagt als getan. Die Gleichungen im Kopf auszuarbeiten war schon schwer genug, doch nach Monaten intensiver Arbeit mußte Hawking überdies feststellen, daß er zu völlig unsinnigen Ergebnissen gelangte. Aus den Gleichungen ging hervor, daß Schwarze Löcher Strahlung emittieren. Wie allen Fachleuten jener Zeit schien ihm dies unmöglich. Er war noch immer davon überzeugt, einer wichtigen Erkenntnis auf der Spur zu sein, beschloß aber, mit niemandem darüber zu sprechen, bevor er das Rätsel nicht auf die eine oder andere Weise gelöst hatte.

Weihnachten 1973 kam, und noch immer schlug er sich mit seinem mathematischen Puzzle herum. So beschloß er, die Gleichungen noch einmal durchzurechnen. Bei einigen Ableitungen hatte er Abkürzungen genommen, und er glaubte, in ihnen könnte der Schlüssel zu seinem Problem verborgen liegen. In den Weihnachtsferien zog er sich zurück und spielte die Gleichungen im Kopf wieder und wieder durch, wobei er sich für immer kompliziertere mathematische Verfahren entschied, um die ärgerlichen Anomalien zu beseitigen. Jedesmal kam er zu dem gleichen Ergebnis. Im Januar 1974 entschloß er sich endlich, Dennis Sciama ins Vertrauen zu ziehen, der damals gerade eine Konferenz vorbereitete. Zu Hawkings Überraschung nahm Sciama seinen Bericht begeistert auf und bat ihn um die Erlaubnis, die Nachricht zu verbreiten.

Ein paar Tage später feierte Hawking seinen zweiunddreißigsten Geburtstag, den seine Familie mit einer Dinnerparty beging. Kurz nachdem das Essen aufgetragen worden war, rief Roger Penrose aus London an – er hatte die Geschichte von Sciama gehört und wollte Genaueres wissen. Die beiden fanden kein Ende, und die Gäste warteten geduldig, bis Hawking an den Tisch zurückkehrte. Fünfundvierzig Minuten später – das Essen war längst kalt – legte er endlich auf. Penrose hatte aufgeregt verkündet, er müsse die Angelegenheit unbedingt genauer mit ihm erörtern.

Aufgrund seiner Berechnungen sah sich Hawking zu dem Schluß gezwungen, daß winzige Schwarze Löcher nicht nur Strahlung emittieren, sondern unter bestimmten Bedingungen auch explodieren – und das widersprach allen herrschenden Vorstellungen über Schwarze Löcher.

Martin Rees, ein Kollege und Freund aus Postgraduierten-Tagen, war davon überzeugt, daß Hawking eine große Entdeckung gemacht hatte. Noch unter dem Eindruck seines letzten Gespräches mit ihm begegnete er Ende Januar Dennis Sciama auf einem Flur des Institute of Astronomy. «Haben Sie gehört?» fragte er aufgeregt. «Stephen hat alles auf den Kopf gestellt.»

Umgehend suchte Sciama Hawking auf. Am Ende des Gesprächs war auch er überzeugt und überredete seinen ehemaligen Studenten, die Ergebnisse auf der Konferenz vorzustellen, die er, Sciama, für den Februar im Rutherford-Appleton Laboratory vor den Toren Oxfords vorbereitete.

Durch die eisige Kälte des winterlichen Oxfordshire wurde Hawking von einem seiner Doktoranden zum Ort der Veranstaltung chauffiert und in das Gebäude geleitet. In seinem Rollstuhl etwas abseits von den Zuhörern sitzend, lauschte er geduldig den anderen Rednern, wie sie ihre neuesten Ergebnisse präsentierten. Wie gewöhnlich stellte er seine gefürchteten Fragen und mühte sich nach Kräften, seine Aufregung zu meistern. Endlich fuhr man ihn in seinem Rollstuhl auf das Podium. Während er seine Gedanken auf jene fast unverständliche Weise vortrug, an die sich seine Kollegen inzwischen gewöhnt hatten, wurden seine Diagramme an die Hinterwand projiziert. Als er den Vortrag beendet hatte, herrschte verblüfftes Schweigen im Saal. Man hätte die berühmte Nadel zu Boden fallen hören können, während die anwesenden Wissenschaftler versuchten, die erstaunlichen Neuigkeiten zu verdauen. Dann setzte der Aufruhr ein.

John Taylor, ein theoretischer Physiker aus England, der die Diskussion geleitet hatte, sprang von seinem Sitz auf und erklärte, Hawking habe baren Unsinn verzapft. Daraufhin stürmte er aus dem Saal, um sofort mit der Arbeit an einem Artikel zu beginnen, in dem er Hawkings Behauptung auf das heftigste angriff. Hawking hatte zwar mit einer lebhaften Reaktion gerechnet, aber doch nicht mit einem solchen Eklat. Betroffen schweigend saß er auf dem Podium.

Hastig beendete John Taylor seinen Artikel und reichte ihn bei der Wissenschaftszeitschrift *Nature* ein. Die Redaktion schickte Hawking eine Kopie des Manuskripts, um erst einmal zu hören, was er dazu sagte. Er sprach sich für die Veröffentlichung aus. Wenn Taylor unbesonnen genug war, seine, Hawkings, Arbeit zu verurteilen, ohne sich eingehend mit dem Problem beschäftigt zu haben, dann wollte er ihn nicht daran hindern.

Einen Monat nach der Oxforder Tagung veröffentlichte Hawking in *Nature* einen eigenen Artikel, in dem er die neuentdeckten Phänomene beschrieb. Innerhalb weniger Wochen hatte sich seine Arbeit bei Physikern in der ganzen Welt herumgesprochen. In jedem Physiklabor zwischen Sidney und South Carolina wurde sie zum Thema Nummer eins. Dennis Sciama bezeichnete Hawkings Artikel als «einen der schönsten in der Geschichte der Physik». Die von ihm entdeckte Strahlung, die von bestimmten Schwarzen Löchern emittiert werden kann, bezeichnet man seither als Hawking-Strahlung.

Allerdings waren längst nicht alle Fachleute von Hawkings These überzeugt. Manche brauchten einige Zeit, um sich mit dieser Revolution in der Physik der Schwarzen Löcher abzufinden. So erklärte Seldowitschs Team in Moskau erst 1976, daß es die neuen Ideen akzeptiere. Seldowitsch führte sein Institut außergewöhnlich autoritär. Was er sagte, hatte Gesetzeskraft. Als er sich schließlich Hawkings Auffassung anschloß, waren seine Mitarbeiter gezwungen, es ihm gleichzutun, genauso wie sie seinem Verdikt gefolgt waren, solange er die Theorie abgelehnt hatte.

Als sich Seldowitsch zu seinem Sinneswandel durchrang, befand sich Roger Penrose gerade in Moskau, um dort einen Vortrag zu halten, den Seldowitsch als Penroses Kollege und Leiter des Instituts natürlich besuchen wollte. Bei der Vorbereitung des Vortrags war Penrose von der Richtigkeit der Hawkingschen Schlußfolgerungen ausgegangen und beabsichtigte, sie zur Grundlage seiner Ausführungen zu machen. Als er in Moskau eintraf – einen Tag bevor er den Vortrag halten sollte –, wurde ihm unverblümt mitgeteilt, Seldowitsch halte nichts von Hawkings Theorien, und das gelte auch für alle seine Studenten. Es sei ihm lieber, Penrose würde Hawkings Resultate überhaupt nicht erwähnen. Penrose war wie vor den Kopf geschlagen. Das bedeutete, daß er seinen Vortrag von Grund auf neu konzipieren mußte. Also machte er sich an die Arbeit und saß bis in die frühen Morgenstunden am Schreibtisch. Ein paar Stunden bevor er aufs Podium treten sollte, erschien ein Assistent des russischen Professors in seinem Hotel, um ihm mitzuteilen, Seldowitsch habe seine Meinung bezüglich Hawkings Theorien geändert – und mit ihm alle seine Studenten.

Nach einer anderen Anekdote hat sich der amerikanische Physiker Kip Thorne gerade in Seldowitschs Wohnung aufgehalten, als dieser seine Meinung änderte. Bei Thornes Eintreffen durchmaß Seldowitsch das Zimmer mit raschen Schritten und warf schließlich die Arme in einer Geste theatralischer Resignation in die Luft, wobei er ausrief: «Ich gebe auf. Ich habe es nicht geglaubt, jetzt glaube ich es.»[8]

Mitte der siebziger Jahre begann sich das Interesse der Öffentlichkeit wieder den Naturwissenschaften zuzuwenden, und die Vorstellung, daß exotische Objekte, Schwarze Löcher genannt, ganze Sonnensysteme zum Frühstück verputzen können, heizte die Phantasie der Menschen kräftig an. Etwa zu dieser Zeit drang der Name Stephen Hawking erstmals ins öffentliche Bewußtsein. Leider wurde damals aber von einigen Autoren, die die physikalischen Konzepte allzusehr popularisierten, viel Unsinn über ernsthafte Theorien verzapft.

Hawking selbst wurde zu einer Art Metapher für seine eigene Arbeit. Man machte ihn zum Kosmonauten der Schwarzen Löcher, gefangen in einem verkrüppelten Körper, zu einem zweiten Einstein, der die Geheimnisse des Universums mit seinem Geist durchdrang und in Regionen vorstieß, die selbst den Engeln nicht geheuer seien. Als Schwarze Löcher allmählich auch in Laienkreisen ein Begriff wurden, begann der Nimbus, der sich in Cambridge seit dem Ende der sechziger Jahre um Hawking gebildet hatte, über die engen Grenzen der Physikergemeinschaft hinauszugreifen. Schwarze Löcher wurden zu einem Thema für die Massenmedien, und Stephen Hawking galt als der Mann, der darüber etwas zu sagen wußte.

Doch nicht nur die Medien nahmen von ihm Notiz, Hawkings Leistungen wurden auch vom wissenschaftlichen Establishment anerkannt. Im März 1974, wenige Wochen nach Bekanntwerden der Hawking-Strahlung, wurde ihm eine der größten Auszeichnungen zuteil, auf die ein britischer Wissenschaftler hoffen kann. Im zarten Alter von 32 Jahren wurde er Mitglied der Royal Society und war damit einer der jüngsten Kandidaten, dem die Society in ihrer langen Geschichte diese Ehre zuerkannt hatte.

Die Aufnahme fand im Hauptgebäude der Royal Society statt, Carlton House Terrace Nr. 6, einem Herrenhaus mit weißen Säulen und Blick auf den St. James Park im Westen Londons. Es ist üblich, daß sich neue Mitglieder in dem großen Festsaal, der den größten Teil des Gebäudes einnimmt, nach vorn auf das Podium begeben, um sich in die Ehrenliste einzutragen und dem Präsidenten die Hand zu schütteln. Doch in Hawkings Fall brachte der damalige Präsident, der Biophysiker und Nobelpreisträger Sir Alan Hodgkin, das Mitgliederbuch in die erste Reihe hinunter. Hawking brauchte eine Ewigkeit, um seine Unterschrift zu leisten. Langsam nahmen die Buchstaben unter den Namenszügen der anderen neuen Mitglieder Gestalt an. Während er schrieb, herrschte im Saal völlige Stille. Doch als er den letzten Buchstaben vollendet hatte und Hodgkin das Buch von seinem Schoß nahm, brachen die versammelten Wissenschaftler in donnernden Applaus aus.

Die Lokalzeitung *Cambridge Evening News* berichtete von dem Ereignis, und im DAMTP fand nach der Londoner Zeremonie ein Fest statt. Freunde, Familienangehörige und Kollegen waren eingeladen, um den Erfolg zu feiern. Als eines der ältesten Mitglieder der Versammlung und als Hawkings ehemaliger Doktorvater wurde Dennis Sciama aufgefordert, einen improvisierten Toast auf seinen erfolgreichsten Studenten auszubringen, eine Verpflichtung, der er gern nachkam: Er würdigte Hawkings Leistungen und hob sein Glas auf die künftigen Erfolge seines einstigen Schützlings.

Während die Gäste mit Sciama ihre Gläser erhoben, blickte Hawking sich im Raum um. Kein Zweifel, er hatte es weit gebracht, aber es war ja erst der Anfang. Obwohl die Aufnahme in die Royal Society für ihn stets der stolzeste Augenblick seiner beruflichen Laufbahn bleiben sollte, gab es noch viele Sprossen zu erklimmen. Und trotz aller Widrigkeiten – oder vielleicht, wie manche meinen, gerade wegen dieser Widrigkeiten – war er fest entschlossen, diesen Weg fortzusetzen. Mochten ihm die Füße auch den Dienst versagen, er konnte getrost auf die Kraft seines Verstandes vertrauen.

9 Wenn Schwarze Löcher explodieren

Wie in Kapitel fünf dargestellt, beschäftigte sich Hawking seit 1970 nicht mehr mit den Ereignissen im Zentrum eines Schwarzen Loches, in der Singularität, sondern mit dem Geschehen am Horizont, der das Schwarze Loch umgibt, dem, was man am ehesten als seine Oberfläche bezeichnen könnte. Ein wichtiger Unterschied zwischen diesen Untersuchungen und der Beschäftigung mit Singularitäten besteht darin, daß man eine Theorie, was auch immer sie über die Geschehnisse in einer Singularität vorhersagt, niemals durch Beobachtung überprüfen kann, weil alle Singularitäten im Innern von Schwarzen Löchern verborgen liegen (ausgenommen natürlich die Urknall-Singularität am Anfang der Zeit, mit der sich Hawking später eingehender beschäftigen sollte). Doch wenn man mit Hilfe der Theorie vorhersagt, was an der Oberfläche eines Schwarzen Loches, am Ereignishorizont, vor sich geht, dann mag das Geschehen noch so merkwürdig sein, es muß sich irgendwie im Universum außerhalb des Schwarzen Loches manifestieren und unter Umständen sogar Effekte hervorrufen, die sich mit Instrumenten auf der Erde oder von Satelliten aus entdecken lassen.

Tatsächlich wurde der erste glaubhafte Kandidat für Schwarze Löcher in unserer Milchstraße durch Meßgeräte eines Satelliten entdeckt. Genauso wie die großen astronomischen Entdeckungen in den sechziger Jahren dadurch möglich wurden, daß man den Radiofrequenzbereich des elektromagnetischen Spektrums untersuchte, also Wellenlängen, die größer sind als die des Lichts, so erzielte man in den siebziger Jahren erhebliche Fortschritte durch die Betrachtung des Röntgenbereichs, bei Wellenlängen, die wesentlich kürzer sind. Im Unterschied zu Radiowellen werden aus dem All eintreffende Röntgenstrahlen durch unsere Atmosphäre ausgefiltert, so daß sie die Erdoberfläche nicht erreichen (was sehr zu begrüßen ist, da wir sonst alle verbrennen müßten). So konnte sich die Röntgenastronomie erst etablieren, als man in der Lage war, geeignete Detektoren in Erdumlaufbahnen zu bringen. Diese unbemannten Satelliten verwandelten das Bild, das sich die Astronomen vom Universum machten, erheblich, denn sie zeigten ihnen, daß das Geschehen im All weit heftiger und energiereicher ist, als sie es sich vorgestellt hatten. Zumindest diese Heftigkeit, davon sind sie heute überzeugt, hat mit Schwarzen Löchern zu tun.

Man kann sich das folgendermaßen vorstellen: Ein isoliertes Schwarzes Loch läßt sich auf herkömmliche Weise nicht entdecken – es ist eben schwarz. Allein durch seine Schwerkraft wirkt es auf seine Umgebung ein – es krümmt den Raum in einer bestimmten Weise. Ein Schwarzes Loch, das um einen gewöhnlichen Stern kreist, könnte also seine Anwesenheit deutlich manifestieren: Materie, die unter dem gravitationellen Einfluß des Schwarzen Loches vom Begleitstern fortgerissen wird, trudelt in einem solchen Doppelsternsystem auf das Loch zu und wird von ihm verschlungen. Dabei bildet es einen scheibenförmigen Wirbel wie Wasser, das im Abfluß einer Badewanne verschwindet. Das akkumulierende Gas erwärmt sich, da die Gravitationsenergie in Bewegungsenergie umgewandelt wird. Wie die Berechnungen zeigen, wäre das Gas warm genug, um Röntgenstrahlen zu emittieren.

Doch wie wahrscheinlich ist es, daß ein Schwarzes Loch um einen Begleitstern kreist? Doppelsternsysteme kommen sehr häufig vor – die meisten Sterne haben zumindest einen nahen Begleiter; insofern ist unsere Sonne eine Ausnahme von der Regel. Überdies sind Doppelsterne leicht zu entdecken, weil die Anziehungskraft, die sie aufeinander ausüben, ihre Bahn beeinträchtigt und regelmäßige Veränderungen hervorruft, die sich mit Hilfe eines Erdteleskops beobachten lassen. Den Bahnschwankungen konnten die Astronomen Hinweise auf die Massen der beiden Sterne entnehmen, was die Bestimmung der Kandidaten für Schwarze Löcher entscheidend beeinflußte.

Der Haken für Schwarze-Löcher-Sucher liegt darin, daß es keineswegs ausreicht, eine Röntgenquelle in einem Doppelsternsystem zu entdecken. Sowohl weiße Zwerge als auch Neutronensterne sind sehr kompakt. Ihre Schwerkraft reicht aus, um Materie einem Begleitstern abspenstig zu machen und an sich zu ziehen, wodurch heiße Flecken entstehen, die Röntgenstrahlen emittieren.

Mehrere der ersten Doppel-Röntgenquellen, die man entdeckte, ließen sich tatsächlich als weiße Zwerge identifizieren, weil ihre Massen, anhand der Bahnschwankungen geschätzt, deutlich unter 1,5 Sonnenmassen liegen mußten. Doch bei den ersten Röntgendurchmusterungen des Himmels, die man Anfang der siebziger Jahre durchführte, stieß man auf vier aussichtsreiche Kandidaten für Schwarze Löcher. Eine rasche Überprüfung ergab, daß alle diese Röntgenquellen Doppelsternsysteme sind – kleine, energiereiche und kompakte Objekte, die gewöhnliche Sterne umkreisen. Eingehende Untersuchungen schlossen allmählich drei der vier Kandidaten aus. Der eine hat 2,5 Sonnenmassen und könnte sehr gut ein Neutronenstern sein. Die Masse eines anderen ist dreimal so groß wie die der Sonne, was zwar etwas zuviel für einen Neutronenstern ist, an seinem Status als Schwarzes Loch dennoch Zweifel aufkommen läßt. Der dritte hat nur die doppelte Masse der Sonne. Der vierte dagegen wird auf acht bis zehn Sonnenmassen geschätzt.

Diese Röntgenquelle heißt Cygnus X-1. Nur mit sehr gewundenen Erklärungen ließ sich die Schlußfolgerung vermeiden, diese Quelle beherberge ein Schwarzes Loch. Beispielsweise schlugen einige Astronomen die Hypothese vor, der unsichtbare Begleiter in dem Doppelsternsystem bestehe in Wirklichkeit aus *zwei* Sternen – einem gewöhnlichen Stern mit sechs Sonnenmassen, der lichtschwach und unsichtbar ist (so dunkel, daß man ihn nicht sieht), und einem Neutronenstern mit zwei Sonnenmassen, der den gewöhnlichen Stern umkreist. Leider vertragen sich diese umständlichen Deutungsversuche nicht mit dem schönen Grundsatz, daß die einfachste Erklärung in der Regel die beste ist. Der eindeutige Beweis dafür, daß sich in Cygnus X-1 ein Schwarzes Loch befindet, ließe sich nur erbringen, wenn wir uns die Röntgenquelle aus größter Nähe ansehen könnten. Doch die Anhaltspunkte, die sich im Laufe von zwei Jahrzehnten angesammelt haben, reichen aus, um die meisten Astronomen zu überzeugen. Die meisten sind heute der Auffassung, daß Cygnus X-1 mit fünfundneunzigprozentiger Wahrscheinlichkeit das erste Schwarze Loch ist, das wir entdeckt haben. Es gibt noch einige andere vielversprechende Kandidaten, wodurch die Hypothese nur untermauert wird: Wir können nämlich kaum davon ausgehen, daß es nur ein beobachtbares Schwarzes Loch in unserer Galaxis gibt.

Die Entdeckung, daß Cygnus X-1 ein Kandidat für ein Schwarzes Loch ist, gab Anlaß zu einer berühmten Wette, die ein interessantes Licht auf Hawkings Charakter wirft. Hawking, dessen wissenschaftliche Laufbahn sich auf die Untersuchung Schwarzer Löcher gründet, wettete mit Kip Thorne vom Caltech (California Institute of Technology), daß Cygnus X-1 *kein* Schwarzes Loch enthält. Wenn jemals bewiesen werden sollte, daß die Quelle ein Schwarzes Loch *ist*, wollte Hawking für Thorne ein Jahresabonnement der Zeitschrift *Penthouse* bezahlen. Sollte sich dagegen herausstellen, daß Cygnus X-1 kein Schwarzes Loch ist, hatte Thorne zugesichert, Hawking ein Vierjahresabonnement der Satirezeitschrift *Private Eye* zu spendieren. Im Juni 1990 gelangte Hawking zu dem Schluß, die Beweise seien nun überzeugend genug, und beglich seine Wettschuld auf eine für ihn charakteristische Weise: Mit Hilfe eines Kollegen brach er in Thornes Büro am Caltech ein. Sie suchten das Schriftstück heraus, auf dem die Wette festgehalten war. Nachdem Hawking seine Niederlage mit einem Daumenabdruck «besiegelt» hatte, hefteten sie das Dokument wieder in Thornes Akten ab, wo dieser es später entdeckte. Im folgenden Jahr erhielt Thorne, wie abgemacht, jeden Monat eine Nummer des *Penthouse*.

Die unterschiedliche Länge der Abonnements erklärt sich ganz einfach aus den stark voneinander abweichenden Preisen der beiden Zeitschriften. Aber warum hat Hawking *gegen* die Schwarzen Löcher gewettet? Er hat diese Wette als Versicherungspolice bezeichnet. Wären keine Schwarzen Löcher nachgewiesen worden, hätte er zwar den größten Teil seiner beruflichen Laufbahn an ein Hirngespinst vergeudet, hätte aber immerhin den Trost gehabt, die Wette gewonnen zu haben. Andererseits konnte er die Wette nur verlieren, wenn er in der Frage der Schwarzen Löcher recht behielt. Unter diesen Umständen war er natürlich gern bereit, Thorne einen kleinen Trost zukommen zu lassen.

Die meisten Astronomen finden, Hawking habe mit der Begleichung seiner Wette ungebührlich lange gewartet. Nach ihrer Auffassung hatte er sie schon einige Jahre früher verloren, weil es keinen vernünftigen Zweifel mehr daran geben konnte, daß Cygnus X-1 tatsächlich ein Schwarzes Loch ist. Mit dem Beweis für die Existenz Schwarzer Löcher bekommen Hawkings Anfang er siebziger Jahre veröffentlichten Forschungsarbeiten über ihre Eigenschaften eine eminente Bedeutung. Einerseits vereinigte er mit diesen Untersuchungen Teile der allgemeinen Relativitätstheorie und der Quantentheorie, zum anderen führte er mit der Thermodynamik eine der großen Errungenschaften der Physik des 19. Jahrhunderts in die Diskussion ein.

Wie Hawking und Penrose gezeigt hatten, daß die Physik des Urknalls nicht komplizierter, sondern einfacher wird, je näher man dem Anfang kommt, so waren Ende der sechziger Jahre andere Forscher zu dem Ergebnis gekommen, daß kollabierende Schwarze Löcher viel einfacher sind als die Objekte, aus denen sie durch Kollaps entstanden sind. Im Prinzip kann man ein Schwarzes Loch aus allem machen: indem man die Erde auf die Größe einer Erbse zusammenpreßt, indem man Eisenschrott anhäuft, bis die Schwerkraft groß genug wird, oder wartet, bis ein Stern, der sehr viel mehr Masse hat als unsere Sonne, seinen Lebenszyklus durchläuft, explodiert und erlischt. Woraus auch immer man das Schwarze Loch macht, zum Schluß hat man stets eine Singularität, umgeben von einem vollkommen kugelförmigen Horizont, dessen Größe (Oberfläche) nur von der Masse des Loches abhängt und nicht von dem, woraus es entstanden ist.

Diese Grundeigenschaften Schwarzer Löcher bewies 1967 der in Kanada geborene Physiker Werner Israel. Als er seine Gleichungen entwickelte, glaubte er zunächst, nur ein vollkommen sphärisches Objekt könnte zu einem Schwarzen Loch zusammenstürzen, da Schwarze Löcher immer kugelförmig sein müssen. Doch Roger Penrose und John Wheeler stellten fest, daß ein Objekt, das zu einem Schwarzen Loch kollabiert, Energie in Form von Gravitationswellen – Falten im Gewebe der Raumzeit selbst – abstrahlt. Je unregelmäßiger das Objekt geformt ist, desto rascher gibt es Energie ab. Dabei glättet die Strahlung die Unregelmäßigkeiten. Penrose und Wheeler wiesen nach, daß jedes kollabierende Objekt zu dem Zeitpunkt, da es sich zu einem Schwarzen Loch umformt, eine vollkommene Kugelgestalt aufweist. Das Erscheinungsbild des Horizonts, der das Loch umgibt, hängt, läßt man die Materiemenge in seinem Innern außer acht, nur von der Rotation ab. Ein nichtrotierendes Loch ist vollkommen sphärisch, während ein rotierendes Loch sich am Äquator ausstülpt.

So war Anfang der siebziger Jahre bewiesen, daß ein Schwarzes Loch rotieren, aber nicht pulsieren kann. (Auch Hawking war in bescheidenem Maße an dieser Entwicklung beteiligt.) Die Größe und Form eines Schwarzen Loches hängt allein von seiner Masse und seiner Rotationsgeschwindigkeit ab; der Horizont, der alles ist, was wir von außen sehen können, besitzt keine besonderen Merkmale, denen zu entnehmen wäre, woraus das Loch besteht. Diesen Mangel an charakteristischen Eigenschaften nennen die Physiker das «Keine-Haare-Theorem». Die fehlenden «Haare» des Schwarzen Loches bedeuten also, daß es keine charakteristischen Merkmale besitzt, und da wir von ihm nur seine Masse und seine Rotationsgeschwindigkeit in Erfahrung bringen können, ist die mathematische Untersuchung Schwarzer Löcher weit einfacher, als man vorher geglaubt hatte.

Da nichts aus einem Schwarzen Loch entkommt, kann seine Masse auch nicht abnehmen. Deshalb mag die Entdeckung, daß sich die Oberfläche des Horizonts nicht verringern kann, nicht sehr dramatisch erscheinen. Doch Stephen Hawking berichtet, der Augenblick, als ihm diese Erkenntnis gekommen sei, werde ihm immer im Gedächtnis bleiben. Es geschah, wie wir im letzten Kapitel erwähnt haben, an einem Novemberabend des Jahres 1970, nicht lange nach der Geburt seiner Tochter Lucy, als er ins Bett ging. Die Idee war so faszinierend, daß er den größten Teil der Nacht damit zubrachte, über ihre Konsequenzen nachzudenken.

Seine Aufregung rührte vor allem daher, daß Penrose und er damals gerade eine praktische mathematische Definition für den Horizont eines Schwarzen Loches entwickelt hatten, wobei sie die Bahnen von Lichtstrahlen in der Raumzeit zugrunde legten. Bei dieser Definition, so wurde ihnen klar, mußte sich die Oberfläche des Schwarzen Loches stets vergrößern, wenn Materie oder Strahlung in das Loch gelangte, und selbst wenn zwei Schwarze Löcher zusammenstießen und verschmolzen, mußte die Fläche des neu gebildeten Schwarzen Loches stets größer als (zumindest aber ebenso groß wie) die addierten Flächen der beiden ursprünglichen Schwarzen Löcher sein.

Zwar hat diese Entdeckung Hawking in solche Aufregung versetzt, daß er nicht schlafen konnte, und sie hat auch Roger Penrose sehr beeindruckt, als Hawking sie ihm am nächsten Tag am Telefon mitteilte, aber andere Astronomen und Physiker ließ sie zunächst völlig kalt, denn sie hielten solche Konzepte für reichlich verstiegen. Die Röntgen-Beobachtungen, die dazu führten, daß Cygnus X-1 als sichtbarer Stern identifiziert wurde, gingen erst im folgenden Jahr, 1971, durch die Fachpresse, und es dauerte noch bis zum Ende des Jahres 1972, bis sich allgemein die Auffassung durchgesetzt hatte, daß die Röntgenstrahlen von einem Schwarzen Loch kommen, das diesen Stern umkreist. Das wirklich Interessante an Hawkings Idee von der Flächenzunahme eines Schwarzen Loches, der Grund, der die anderen Physiker aufhorchen ließ, war die scheinbar so kühne Behauptung, daß dieses Phänomen mit der Thermodynamik zu tun habe.

Wie aus dem Namen hervorgeht, untersucht man in der Thermodynamik nichts anderes als Wärme und Bewegung. Diese Lehre entwickelte sich im 19. Jahrhundert als eigene physikalische Disziplin und war im Zeitalter der Dampfmaschinen von großem praktischem Wert. Ihre Grundlage bilden einige einfache Regeln, so die Tatsache, daß Wärme nicht von einem kälteren Objekt zu einem wärmeren fließen kann. Nun erschöpft sich die Thermodynamik aber beileibe nicht in der praktischen Aufgabenstellung, den Wirkungsgrad von Dampfmaschinen zu erhöhen, sondern führt uns zu einigen grundlegenden Erkenntnissen über das Wesen der Zeit und das Schicksal des Universums. Ein besonders wichtiges Konzept, das eng mit dem Umstand verbunden ist, daß Wärme nicht vom Kälteren zum Wärmeren fließen kann, bezeichnen wir als Entropie.

Einfach ausgedrückt, sagt uns der Entropiesatz, daß alle Dinge dem Verfall preisgegeben sind. Warme Gegenstände kühlen im Laufe der Zeit ab, das heißt, die Wärme verläßt sie. Gebäude stürzen zusammen und zerfallen zu Staub. Lebewesen werden alt und sterben. Diese Veränderungen hängen mit dem Verstreichen der Zeit zusammen und markieren einen Unterschied zwischen Vergangenheit und Zukunft. Dabei entsprechen sie einer Zunahme der *Unordnung* im Universum. Diese Unordnung messen wir als Entropie. Der Zeitfluß von der Vergangenheit zur Zukunft bedeutet, daß die Entropie des Universums stets zunehmen muß. Das gleiche gilt für jedes geschlossene System – der Entropiebetrag kann nur anwachsen (oder allenfalls gleichbleiben); niemals aber kann er abnehmen. Nun läuft aber die Existenz von Lebewesen auf der Erde dieser Regel ganz offensichtlich zuwider. Wir erschaffen Ordnung aus Unordnung, indem wir zum Beispiel Häuser bauen. Hier ist jedoch der entscheidende Gesichtspunkt, daß die Erde kein geschlossenes System ist. Sie bezieht Energie von der Sonne und kann so die Entropie mindern. Nimmt man hingegen das gesamte Sonnensystem und behandelt es als geschlossenes System, so wächst die Entropie in ihm sehr wohl an, genau wie die Gesetze der Thermodynamik es verlangen.

So führte Hawkings Erkenntnis, die ihn an diesem Novemberabend des Jahres 1970 mit solcher Macht überfiel, am Ende zu der Einsicht, daß das Gesetz, dem zufolge die Fläche eines Schwarzen Loches nur gleichbleiben oder anwachsen kann, dem Gesetz äquivalent ist, nach dem die Entropie eines geschlossenen Systems nur gleichbleiben oder anwachsen kann. Doch Hawking erkannte diesen Zusammenhang zunächst nicht.

Solche Schritte werden in der Wissenschaft oft von jüngeren Forschern getan, denen die Tradition noch nicht den Blick verstellt hat. Der Gedanke, eine Verbindung zwischen der Gravitation Schwarzer Löcher und der Thermodynamik der viktorianischen Dampfmaschinen herzustellen, mußte selbst einem kühnen Denker wie Hawking absurd erscheinen. Doch ein junger Doktorand, der noch ganz am Anfang seiner wissenschaftlichen Laufbahn stand und sich zwei Informationen gegenübersah, die das gleiche auf verschiedene Weise zu sagen schienen, fand die Ähnlichkeit augenfällig genug, um auf sie hinzuweisen.

Natürlich entdecken junge Wissenschaftler fortwährend solche merkwürdigen Ähnlichkeiten und Übereinstimmungen auf ihrem Gebiet, und meistens stellt sich heraus, daß es mit der «Entdekkung» nichts auf sich hat. Doch als der Doktorand Jacob Bekenstein von der Princeton University die Hypothese äußerte, die Größe des Horizonts, der die Singularität umgibt, könnte ganz konkret ein Maß für die Entropie eines Schwarzen Loches sein, gab er damit Anstoß zu einer Lawine von Forschungsarbeiten, die Hawking schließlich zu der Entdeckung führten, daß Schwarze Löcher nicht unbedingt schwarz sind – sondern daß sie explodieren.

Wie man erwarten darf, daß Doktoranden mit abenteuerlichen Ideen aufwarten (von denen die meisten sich als unsinnig herausstellen), so weiß man, daß einige der wichtigsten naturwissenschaftlichen Erkenntnisse gewonnen wurden, weil jemand zu beweisen suchte, daß jemand anders eine falsche Theorie vertrat. Dies geschah mit großem Nutzen für die Wissenschaft in den fünfziger und Anfang der sechziger Jahre, als Fred Hoyle für ein Konkurrenzmodell zur Urknalltheorie eintrat – die Steady-state-Hypothese – und zu ihrem eloquentesten Vertreter wurde. Astronomen, die entschlossen waren, Hoyle des Irrtums zu überführen, gaben sich weit größere Mühe mit dem Nachweis, daß das Urknallmodell richtig war, als sie es getan hätten, wenn kein Konkurrent aus dem Felde zu schlagen gewesen wäre. Doch manchmal können solche Anstrengungen auch den gegenteiligen Effekt hervorrufen.

Hawking war über Bekensteins Hypothese verärgert. Auch ein Student mußte doch wissen, daß es einen direkten Zusammenhang zwischen Entropie und Temperatur gibt. Wäre also die Fläche eines Schwarzen Loches tatsächlich ein Maß für die Entropie, dann wäre sie auch ein Maß für die Temperatur. Und wenn ein Schwarzes Loch eine Temperatur besäße, entwiche ihm Wärme in die Kälte (−273 °C) des Universums. Es würde Energie abstrahlen und damit allen Grundtatsachen widersprechen, die über Schwarze Löcher bekannt waren und deren wichtigste lautete, daß absolut nichts – noch nicht einmal elektromagnetische Strahlung – aus ihnen entweichen kann. Zusammen mit Brandon Carter und Jim Bardeen schrieb Hawking einen Artikel, der in der Zeitschrift *Communications in Mathematical Physics* erschien und auf diesen scheinbar fatalen Fehlschluß in Bekensteins Hypothese aufmerksam machte. Dort entwickelten die Autoren auch die Formel zur Berechnung für die Temperatur eines Schwarzen Loches, die aber natürlich nur galt, wenn man diese lächerlich erscheinende These zugrunde legte. Das

Ganze wurde 1973 veröffentlicht. Die Autoren vermochten Bekenstein beim besten Willen nicht beizupflichten, sondern erklärten: «Tatsächlich entspricht die effektive Temperatur eines Schwarzen Loches dem absoluten Nullpunkt... Keinerlei Strahlung kann vom Loch emittiert werden.»[1]

Innerhalb eines Jahres änderte Hawking jedoch seine Meinung. Der Grund für diesen Sinneswandel lag in einer anderen Forschungslinie, die er verfolgte und die ebenfalls mit Schwarzen Löchern zu tun hatte: der erstmals 1971 erwogenen Möglichkeit, daß sehr kleine «Minilöcher», kleiner noch als ein Atomkern, im Urknall entstanden sein und noch heute im Universum vorkommen könnten.

Die kritische Masse, die erforderlich ist, um ein Schwarzes Loch einfach dadurch zu erzeugen, daß ein Objekt unter seinem eigenen Gewicht kollabiert, liegt, wie erwähnt, bei ungefähr drei Sonnenmassen; die Erde selbst würde ein Schwarzes Loch werden, wenn man sie auf ein Volumen von ungefähr einem Zentimeter Durchmesser zusammenpressen könnte. Jedes Objekt ließe sich auf diese Weise zu einem Schwarzen Loch machen, man müßte es nur entsprechend quetschen – eine Tüte Zucker, ein Geldstück, das Buch, das Sie gerade lesen, einfach *alles*. Die Schwierigkeit besteht darin, daß man das Objekt, das man in ein Schwarzes Loch verwandeln möchte, um so stärker pressen muß, je leichter es ist.

Wenn wir in der Zeit rückwärts, in Richtung des Anfangs blikken, überlegte Hawking, bekommen wir es mit immer höheren Dichten und Drücken zu tun. Gehen wir also weit genug zurück, gelangen wir in eine Zeit, in der der Druck groß genug war, um jede vorstellbare Materiemenge, selbst ein paar Gramm, zu einem Schwarzen Loch zusammenzupressen.

Der einzige Haken an diesem Gedankengang liegt darin, daß sich keine Minilöcher hätten bilden können, wenn das Universum damals völlig glatt und gleichförmig gewesen wäre. Das einzige Schwarze Loch wäre das gesamte Weltall selbst gewesen. Doch vorausgesetzt, es hat im frühen Universum einige Unregelmäßigkeiten, einige Dichteschwankungen von einem Ort zum anderen gegeben, dann hätten im entsprechenden Stadium des Urknalls in der Tat ein paar Gramm Materie, jede Region, die zufällig etwas dichter als der Rest gewesen wäre, von der übrigen Raumzeit abgetrennt werden und ein winziges Loch bilden können, dem ewige Dauer beschieden gewesen wäre (wie Hawking 1971 noch dachte), so daß es noch heute existieren würde.

Wir wissen, das Universum kann beim Urknall nicht völlig glatt und gleichförmig gewesen sein, denn wäre dies der Fall gewesen, hätten sich bei der Expansion des Universums keine Unregelmäßigkeiten wie zum Beispiel Galaxien bilden können. Es muß «Keime» in Form winziger Dichtefluktuationen gegeben haben, aus denen sich mittels der Schwerkraft Galaxien entwickeln konnten. Deshalb erschien Hawkings Konzept der urzeitlichen Schwarzen Löcher plausibel, obwohl sich diese Vorstellung nicht unmittelbar überprüfen ließ.

Zwar ist ein Miniloch, gemessen an der Größe herkömmlicher Schwarzer Löcher, ziemlich leichtgewichtig, aber seine Masse ist nach alltäglichen Maßstäben immer noch ziemlich groß. Zum Beispiel hätte ein Schwarzes Loch, das ungefähr eine Milliarde Tonnen wöge (die Masse eines Berges hier auf der Erde), etwa den gleichen Radius wie ein Proton. Minilöcher mit weniger Masse wären entsprechend kleiner. Wenn man es mit so winzigen Objekten zu tun hat, muß man, wie jeder Physiker weiß, die Wirklichkeit mit Hilfe der Quantentheorie beschreiben, um zu verstehen, was vor sich geht.

Nun begannen sich neue Konturen abzuzeichnen. 1969 hatte Roger Penrose gezeigt, daß ein *rotierendes* Schwarzes Loch Energie verlieren und dabei seine Rotation verlangsamen kann. Das geschieht auf ganz ähnliche Weise, wie Wissenschaftler mit Hilfe der Planetenschwerkraft die Geschwindigkeit einer sich um das Sonnensystem bewegenden Raumsonde beschleunigen. Während wir dieses Buch schreiben, hat beispielsweise die Raumsonde Galileo gerade ein «Slingshot-Manöver» um die Erde durchlaufen und wird schließlich, wenn alles nach Plan verläuft, in einer Umlaufbahn um den Jupiter enden. Doch dorthin wird sie auf Umwegen gelangen.

Nach ihrem Start wurde die Galileo nicht durch das Sonnensystem nach außen in Richtung Jupiter gelenkt, sondern nach innen, vorbei an der Venus. Als sie die Venus auf einer sorgfältig errechneten Bahn umkreiste, gewann die Sonde an Energie und Geschwindigkeit und wurde zur Erde zurückgelenkt. Die Venus hatte einen entsprechenden Energiebetrag verloren, doch da sie eine sehr viel größere Masse als die Raumsonde hat, verlangsamte sie ihre Umlaufbahn nur um einen winzigen Betrag. Ende 1990 führte die Sonde Galileo ein weiteres Slingshot-Manöver aus, an dem diesmal die Erde beteiligt war, und gelangte dadurch in eine Umlaufbahn, die sie in etwa zwei Jahren zu einem weiteren Slingshot-Manöver wieder zur Erde zurückführen wird. Erst dann wird sie sich schnell genug bewegen, um den Jupiter in einer überschaubaren Zeitspanne zu erreichen. Daß die Sonde nach Jahren komplizierter Manöver, in deren Verlauf sie sich dreimal den Slingshot-Effekt zunutze machte, den Jupiter immer noch rascher erreicht, als wenn sie bei ihrem Start den direkten Weg durch das Sonnensystem genommen hätte, zeigt, wie wesentlich sich die Geschwindigkeit der Sonde erhöht hat.

Penrose wies nach, daß ähnliche Gravitationseffekte die Energie elektromagnetischer Strahlung in der Nähe eines rotierenden Schwarzen Loches erhöhen können. Die Strahlung gewinnt an Energie; die Rotation des Loches verlangsamt sich. 1973 griffen die beiden sowjetischen Forscher Jakow Seldowitsch und Alexander Starobinski diesen Gedanken auf und zeigten, daß ein rotierendes Schwarzes Loch auch Teilchen abgeben muß. Ihre Beweisführung griff auf die Unschärferelation zurück, die wir im folgenden noch kurz erläutern werden. Sie überzeugten Hawking davon, daß es sich um einen realen Effekt handelt, und er begann, nach einer genauen mathematischen Beschreibung des Phänomens zu suchen. Zu seiner

Überraschung – und zunächst auch zu seinem Verdruß – entdeckte er, daß die Gleichungen den gleichen Prozeß auch für ein nichtrotierendes Schwarzes Loch vorhersagten.

In dem Buch ‹*Eine kurze Geschichte der Zeit*› schrieb Hawking: «Ich befürchtete, wenn Bekenstein dieses Resultat zu Ohren käme, würde er es als weiteres Argument zur Untermauerung seiner Hypothese über die Entropie Schwarzer Löcher verwenden, die mir noch immer nicht zusagte.»[2] 1977 berichtete er in der Januarausgabe der Zeitschrift *Scientific American*, er habe «große Anstrengungen» unternommen, «den verwirrenden Effekt ... in den Griff zu bekommen»[3] – ohne Erfolg. Schließlich mußte Hawking alle Vorurteile über Bord werfen und sich mit der mathematischen Evidenz abfinden, die zeigte, daß alle Schwarzen Löcher energiereiche Teilchen emittieren und daß damit jedes Schwarze Loch eine Temperatur besitzt. Diese Temperatur deckt sich exakt mit den aus der Thermodynamik abgeleiteten Vorhersagen zur Oberfläche des Schwarzen Loches. Wir wollen jetzt, allerdings unter Verzicht auf die mathematischen Details, genauer beschreiben, wie es dazu kommt.

Die Unschärferelation – das Unbestimmtheitsprinzip – bedeutet nicht, daß unsere Instrumente nicht in der Lage wären, irgendeine Größe präzise zu messen. Sie bedeutet vielmehr, daß das Universum selbst keine Größe mit absoluter Genauigkeit «kennt». Das gilt für die Energie ebenso wie für jede andere Größe. Während wir uns gewöhnlich vorstellen, der leere Raum enthalte überhaupt nichts und verfüge deshalb auch über keinerlei Energie, ist dies den Quantengesetzen zufolge keineswegs gewiß. *Vielleicht*, so verkünden sie, enthält jeder winzige Abschnitt des Vakuums in Wirklichkeit doch ein erhebliches Maß an Energie.

Wäre genügend Energie im Vakuum vorhanden, könnte es diese gemäß der Formel $E = mc^2$ in Teilchen verwandeln. Allerdings liegen die Dinge nicht ganz so einfach, wie sie sich anhören. Würde die hypothetische «Unbestimmtheitsenergie» des Vakuums in Teilchen umgewandelt und würden die Teilchen zu dauerhaften Phänomenen des Universums werden, dann wären die Regeln der Unbestimmtheit verletzt. Für menschliche Beobachter wie für das Universum wäre somit sicher, daß an einem Ort, wo vorher nichts war, jetzt etwas ist – und zwar in Gestalt von einem oder zwei Teilchen. Die Unbestimmtheit gilt in zwei Richtungen: es ist, in diesem Zusammenhang, ebenso verboten, daß die Energie mit Bestimmtheit ungleich Null wie daß sie gleich Null ist.

Genaugenommen besagt die Unbestimmtheitsregel, daß sich Energie nur für eine sehr kurze Zeit – eine Zeit, die durch die Plancksche Konstante bestimmt wird – vom Vakuum «ausleihen» läßt. Das hängt mit der Unbestimmtheit zusammen, die der Zeitmessung innewohnt. Diese Energie läßt sich nur in Teilchen umwandeln, wenn diese jeweils paarweise erzeugt werden. Anschließend wechselwirken die Paare miteinander und vernichten sich gegenseitig, bevor das Universum Zeit hat zu «bemerken», daß die Energie ausgeliehen wurde. Das heißt, die Teilchen, die aus dem Vakuum erzeugt werden, müssen sich in bestimmter Weise entsprechen.

Jede Teilchenart (etwa das Elektron) hat ein Pendant, sein sogenanntes Antiteilchen (beim Elektron ist es das Positron). Diese von der Quantentheorie vorhergesagten Antiteilchen hat man inzwischen in Experimenten mit Teilchenbeschleunigern erzeugt und auch in kosmischer Strahlung (Energieteilchen, die die Erde aus dem Weltraum erreichen) nachgewiesen. In vielerlei Hinsicht ist ein Antiteilchen ein Spiegelbild seines Teilchen-Äquivalents: Das Positron ist beispielsweise Träger einer positiven Ladung, während das Elektron negativ geladen ist. Wann immer ein Teilchen auf sein Antiteilchen-Pendant trifft, vernichten sich die beiden gegenseitig.

Nach der Quantentheorie ist das Vakuum also ein brodelndes Meer aus «virtuellen» Teilchen. Ständig entstehen solche Paare, etwa Elektronen und Positronen, wechselwirken miteinander und zerstrahlen, wie es die Quantenregeln verlangen. Insgesamt wird keine Energie freigesetzt, doch die virtuellen Paare flackern auf und verlöschen, ohne jemals die Schwelle zur Wirklichkeit zu übertreten.

Hawking zeigte nun, daß dieser Prozeß auch einem nichtrotierenden Schwarzen Loch Energie entziehen und sie ins Universum freisetzen kann. In solchen Fällen entsteht ein Paar virtueller Teilchen außerhalb des Ereignishorizonts, aber ganz in seiner Nähe. In dem winzigen Sekundenbruchteil, den die Quantenunbestimmtheit zuläßt, wird eines der Teilchen von dem Loch eingefangen. Nun fehlt dem anderen Teilchen der Partner zur gemeinsamen Vernichtung, und es entkommt, wobei es Energie mit sich führt.

Woher stammt diese Energie? Praktisch handelt es sich dabei um die Gravitationsenergie des Loches. Das Loch erzeugt mit seiner Energie zwei Teilchen, fängt aber nur eines von ihnen ein, so daß nur die halbe Energieschuld zurückerstattet wird, wodurch das Loch an Masse verliert. Wenn alle anderen Bedingungen gleichbleiben – wenn das Loch sich nicht von anderswoher Masse dazuholt –, wird es also ständig schrumpfen und wie eine Pfütze im Sonnenschein verdunsten. Dieser Prozeß vollzieht sich langsam, aber unaufhaltsam – so langsam, daß es Jahrmilliarden dauert, um ein Miniloch von Protonengröße so klein werden zu lassen, daß es explodiert. Hawking hatte damit seiner eigenen früher geäußerten Hypothese, die Oberfläche eines Schwarzen Loches könne nicht abnehmen, widersprochen. Nachdem er eine Verbindung zwischen Schwarzen Löchern und den Gesetzen der Thermodynamik hergestellt hatte, indem er zeigte, daß der allgemeinen Relativitätstheorie allein zufolge Schwarze Löcher nicht schrumpfen können, hatte er jetzt entdeckt, daß unter Hinzunahme der Quantentheorie die Beziehung zur Thermodynamik deutlicher zutage tritt, war dabei allerdings zu dem Ergebnis gelangt, daß Schwarze Löcher schrumpfen *müssen*.

Bei gewöhnlichen Schwarzen Löchern, die aus toten Sternen entstanden sind, ist dieser Effekt ohne wirkliche Bedeutung. Ein Schwarzes Loch mit drei- oder vierfacher Sonnenmasse und einem

Horizont, der etwa der Oberfläche eines Neutronensterns entspricht, wird, auch wenn es sich in entlegenen Tiefen des Alls befindet, ständig Spuren von Gas und Staub aus seiner Umgebung verschlingen. Leicht läßt sich nachweisen, daß die Masse, die durch Hawking-Strahlung verlorengeht, weit geringer ist als die Masse, die das Loch auf diese Weise hinzugewinnt. Wäre niemand auf den Gedanken gekommen, daß es Minilöcher geben könnte, hätte sich auch niemand für die Hawking-Strahlung interessiert. Doch da Hawking bereits das Konzept der Minilöcher entwickelt hatte, lag unmittelbar auf der Hand, welche Bedeutung die Idee der Verdunstung Schwarzer Löcher hatte.

Ein Loch, das kleiner als ein Proton ist, wird nicht viel Materie aus seiner Umgebung verschlingen, selbst wenn es sich zufällig im Innern eines Planeten befindet. Für ein so kleines Loch ist selbst massivste Materie vor allem leerer Raum! Deshalb wird das Verhalten eines Miniloches in erster Linie durch die Hawking-Strahlung an seiner Oberfläche bestimmt. Hawking hat nachgewiesen, daß die dergestalt erzeugte Strahlung dem Loch eine Temperatur verleiht, und zwar genau die Temperatur, die sich aus Bekensteins Arbeit ergibt. Ein Schwarzes Loch mit der Masse unserer Sonne hat danach eine Temperatur von ungefähr einem Zehnmillionstel Kelvin (so daß die resultierende extrem schwache Hawking-Strahlung leicht von der aufgenommenen Materie aufgewogen werden kann); doch bei einem Miniloch mit einer Masse von einer Milliarde Tonnen und der Größe eines Protons liegt die Temperatur bei ungefähr 120 Milliarden Kelvin. Wie diese Beispiele zeigen, verhält sich die Temperatur umgekehrt proportional zur Masse des Loches – wenn es also Masse verliert, wird es heißer und strahlt seine Energie rascher ab, bis es schließlich in einem Ausbruch von Röntgen- und Gammastrahlen explodiert.

Science-fiction-Liebhaber werden den Gedanken vielleicht faszinierend finden, daß man heute ein solches protonengroßes Miniloch finden könnte, denn damit stünde uns eine außerordentlich ergiebige Energiequelle zur Verfügung. Die Leistungsabgabe eines solchen Loches läge bei ungefähr 6000 Megawatt und könnte einen beträchtlichen Beitrag zum Energiebedarf selbst eines großen Landes leisten. Leider würde es erhebliche Schwierigkeiten machen, eines solchen Loches habhaft zu werden – erinnern wir uns daran, daß es eine Milliarde Tonnen wiegen würde und daß die Schwerkraft bestrebt wäre, es zum Mittelpunkt der Erde zu ziehen.

Die Lebenszeit eines solchen Miniloches hängt von der Masse ab, die es am Anfang besessen hat. Doch wenn es Schwarze Löcher von Protonengröße gäbe, so müßten sie heute hier und da im Universum explodieren. Interessanterweise haben Satellitendetektoren gelegentlich Gammastrahlenausbrüche in den Tiefen des Alls registriert, für die es heute noch keine allgemein anerkannte Erklärung gibt. Es ist durchaus möglich, daß damit die Hawking-Strahlung explodierender Schwarzer Löcher entdeckt worden ist, doch dürfte es fast unmöglich sein, das jemals zu beweisen.

Hawking hatte etwas erreicht, was selbst ihm fast unmöglich erschienen war, nämlich mit Hilfe einer Kombination aus allgemeiner Relativitätstheorie und Quantenphysik (nebst einer Prise Thermodynamik) ein physikalisches Phänomen in einem einzigen System zu beschreiben. Mit dieser Arbeit wurde sein Name auch außerhalb des engen Kreises von Mathematikern und Astronomen bekannt. Heute kann Ihnen jeder Physiker sagen, was es mit der Hawking-Strahlung auf sich hat und warum sie so wichtig ist. Doch aus einer merkwürdigen Laune heraus, die nicht untypisch für Hawkings Einstellung zu herrschenden Konventionen ist, wurde die erstaunliche Entdeckung «Schwarze Löcher sind nicht schwarz» nicht auf den Seiten einer angesehenen wissenschaftlichen Zeitschrift bekanntgegeben, sondern in einem Aufsatz, mit dem Hawking sich an einem weitgehend unbekannten Wettbewerb beteiligte, der Ausschreibung der Gravity Research Foundation in den USA.

Die Gravity Research Foundation führt einen jährlichen Wettbewerb durch, bei dem Artikel über Fortschritte in der Erforschung der Gravitation prämiert werden. Bis zu den siebziger Jahren war dieser Wettbewerb fast ausschließlich eine inneramerikanische Angelegenheit – es gab nur sehr wenige Beiträge aus dem Ausland. Damals, im Jahre 1970, gewann einer der Autoren dieses Buches (J. G.) die Auszeichnung. Als Stephen Hawking der gleiche Preis für einen Aufsatz zuerkannt wurde, in dem er die Explosion Schwarzer Löcher beschrieb, beglückwünschte J. G. ihn deshalb in einem kurzen Brief. Es sei schön, so schrieb er, Hawkings Namen auf der Liste der Preisträger zu lesen, da dies zum Prestige des Preises beitrage. «Wie es mit dem Prestige steht, weiß ich nicht», schrieb Hawking in seiner Antwort, «aber das Geld ist mir sehr willkommen.»

Die «offizielle» Version der Arbeit über explodierende Schwarze Löcher erschien am 1. März 1974 in der Zeitschrift *Nature*.[4] Während der Aufsatz für die Gravity Research Foundation noch den dogmatischen Titel «Black Holes Aren't Black» (Schwarze Löcher sind nicht schwarz) getragen hatte, ließ die Überschrift des *Nature*-Artikels die Antwort in einer für Hawking ganz untypischen Weise offen: «Black Hole Explosions?» (Explosionen Schwarzer Löcher?) Er löste, wie in Kapitel acht gezeigt, eine heftige Debatte aus, da einige Gegner die Ansicht vertraten, diesmal verzapfe Hawking wirklich Unsinn. John Taylor und Paul Davies vom King's College in London veröffentlichten gemeinsam eine Erwiderung in der *Nature*-Ausgabe vom 5. Juli 1974 unter der Überschrift «Do Black Holes Really Explode?» (Explodieren Schwarze Löcher wirklich?)[5] und beantworteten ihre eigene Frage mit einem klaren Nein.

Wichtiger noch als die eigentliche These, daß Schwarze Löcher explodieren, war die Voraussetzung für diese Entdeckung – daß Quantenphysik und Relativitätstheorie sich erfolgreich vereinigen lassen und zu neuen Einsichten über die Abläufe des Universums führen. Schon bald sollte Hawking diese Methode dazu benutzen, sich einmal mehr dem Rätsel der Singularität am Anfang der Zeit zuzuwenden. Aus der Rückschau erscheint es sehr angemessen, daß ihm die Wahl zum Mitglied der Royal Society, die höchste akademische Ehre, die Großbritannien zu vergeben hat, im Frühjahr 1974 zuteil wurde, wenige Wochen nach der Veröffentlichung seiner Erkenntnisse über die Explosion Schwarzer Löcher in *Nature*. Zehn Jahre nachdem ihm mitgeteilt worden war, er habe nur noch zwei Jahre zu leben (und knapp fünf Jahre nach einer Verschlechterung seines Gesundheitszustandes, die seine hoffnungsvolle wissenschaftliche Laufbahn zu beenden drohte), entfaltete sich Hawkings kosmologische Forschung zur Blüte. In der zweiten Hälfte der siebziger Jahre setzte er sich mit dem Ursprung des Universums selbst auseinander, mit dem Beginn der Zeit.

10 Aufstieg zum Ruhm

Mit einer gehörigen Portion Stolz dürfte Stephen Hawking auf die ersten 32 Jahre seines Lebens zurückgeblickt haben. In den siebziger Jahren profilierte er sich als Physiker von Weltrang. Und das war erst der Anfang; es folgten zwei Jahrzehnte schwindelerregender Erfolge in den höchst verschiedenen Welten der reinen Forschung und der populärwissenschaftlichen Literatur.

Bald nachdem Hawking Mitglied der Royal Society geworden war, erhielt er eine Einladung vom California Institute of Technology (Caltech) in Pasadena. Ein Sherman Fairchild Distinguished Scholarship finanzierte ihm ein Forschungsjahr für gemeinsame kosmologische Studien mit dem Amerikaner Kip Thorne, einem namhaften theoretischen Physiker.

Pasadena ist ein waldumsäumter Vorort von Los Angeles, eingebettet in die Hänge der San Gabriel Mountains im Nordosten Hollywoods. An den breiten Boulevards, die das Viertel durchschneiden, stehen große alte Häuser. In der Blütezeit Hollywoods war es eine beliebte Wohngegend für Filmstars. Doch im Sommer ist Pasadena eines der am stärksten vom Smog betroffenen Gebiete von Los Angeles, weil die Berge das Ozon am Entweichen hindern. Bei einem Smogalarm der Stufe zwei werden die Bürger angewiesen, sich nicht im Freien aufzuhalten, wenn sie nicht dringenden Geschäften nachzugehen haben, und die Behörden sind ermächtigt, Industrie- und Handelsbetriebe vorübergehend stillzulegen. Smogalarm wird über den Rundfunk bekanntgegeben, während über den Autostraßen Lichtsignale aufleuchten.

Für ein Institut von Weltrang ist das Caltech erstaunlich klein. Mitte der siebziger Jahre beherbergte es nicht mehr als fünfzehnhundert Studenten. Colleges von vergleichbarem Ruf, etwa Harvard oder Yale, sind zehnmal so groß. Trotzdem ist das Caltech das wissenschaftliche und technische Mekka der Westküste. Solange es existiert, hat es aus der ganzen Welt hervorragende Wissenschaftler der verschiedensten Fachgebiete angezogen. So lehrte dort Mitte der zwanziger Jahre der Physiker und Nobelpreisträger Robert Millikan, der häufig von Albert Einstein besucht wurde. Finanzielle Zuwendungen erhält das Caltech von Multis wie IBM und Wang, aber auch von Privatleuten, die damit ihre Hochachtung vor den wissenschaftlichen Leistungen des Instituts zum Ausdruck bringen. Mit einigen der besten Teleskope der Welt, die nur wenige Kilometer entfernt auf dem Mount Wilson stehen, und dem riesigen Jet Propulsion Laboratory hat das Caltech alles zu bieten, was das Herz eines Naturwissenschaftlers begehrt.

In den siebziger Jahren arbeiteten einige der besten Physiker der Welt am Caltech. Kip Thorne leitete die «Relativity Group», und der charismatische Nobelpreisträger Richard Feynman lehrte dort Physik und bediente abends in Collegebands die Bongotrommeln. Von der wissenschaftlichen Qualität abgesehen, hätte der Gegensatz zwischen Caltech und Caius College nicht größer sein können. Die Gebäude sind zwar geschmackvoll entworfen und aus sandfarbenem Stein erbaut, aber sie sind alle in spanischem Stil gehalten, hell und luftig, mit der neunstöckigen Millikan-Bücherei als Mittelpunkt. Wer am Caltech zugelassen wird, darf sich zu den besten Studenten der USA zählen und muß sich auf harte Arbeit einrichten. Soziales Leben kann sich auf dem Campus kaum entfalten. Die Suizidrate unter Studenten ist erschreckend. Dennoch – zumindest in dem Jahr, das Hawking am Caltech verbrachte, herrschte dort kein Mangel an farbigen Charakteren.

So hatte sich der Physikprofessor Richard Feynman einen erstaunlichen Ruf als liebenswürdiger Exzentriker erworben: Einmal legte er sich mit den örtlichen Behörden an, als sie versuchten, eine Oben-ohne-Bar in Pasadena zu schließen. Vor Gericht behauptete er, er suche das Lokal häufig auf, um dort seinen physikalischen Studien nachzugehen. Feynman und Hawking teilten einen ausgefallenen Sinn für Humor, und obgleich sich ihre Arbeit kaum überschnitt, verbrachten sie viel Zeit miteinander. Beide Männer waren weltberühmt für ihre wissenschaftliche Leistung und die Energie, die sie in Leben und Arbeit entfalteten, und beide waren sie auch jenseits des kleinen Kreises von Studenten und interessierten Laien zu Kultfiguren geworden. Als Feynman 1988 an Krebs starb, trauerte das ganze Caltech und mit ihm die Gemeinschaft der Wissenschaftler in aller Welt.

Kip Thorne, der heute als der Relativitätsguru der Westküste gilt, liebt Holzperlen und knallbunte Hemden mit Blumenmuster. Er machte Hawking mit einem anderen Physiker bekannt, mit dem dieser später viel zusammenarbeiten und der ein lebenslanger Freund werden sollte – Don Page. Als Hawking das Caltech besuchte, arbeitete Page, der aus Alaska stammt und ein kleines College in Missouri besucht hatte, gerade an seiner Dissertation. Die beiden verstanden sich auf Anhieb, und noch bevor Hawkings Jahr am Caltech vorüber war, hatten sie gemeinsam einen Artikel über Schwarze Löcher verfaßt.

Die Familie nahm den Umzug begeistert auf. Jane mußte sich um die Organisation kümmern. Sie buchte die Flugtickets, packte die Koffer und legte den Zeitplan fest. Dann verfrachtete sie einen schwerbehinderten Ehemann und zwei Kleinkinder fast ohne fremde Hilfe auf die andere Seite der Erde. Am Caltech wurde Hawking mit dem Respekt und der Rücksichtnahme aufgenommen, die ihm eigentlich auch am eigenen College in Cambridge zugestanden hätten. In der Nähe seines Büros wurden die Bordsteine mit Holzrampen versehen, so daß er sich ungehindert in seinem Rollstuhl bewegen konnte, und er erhielt nicht nur ein modernes Büro, sondern auch jede Hilfe und Unterstützung, die er für seine Arbeit brauchte. Die Aufgabe war interessant, und er fand die Zusammenarbeit mit Thornes Team anregend und wissenschaftlich ergiebig.

Seine Frau und die Kinder genossen das Klima Südkaliforniens. Trotz Luftverschmutzung, Lärm und chronischem Verkehrsstau in der Region von Los Angeles bedeuteten die Strände und der blaue Pazifik eine willkommene Abwechslung gegenüber dem häufig eintönigen Leben und dem unberechenbaren Wetter daheim in Cambridgeshire.

Zwar mußte Robert zur Schule gehen, doch blieb der Familie genügend Zeit zu gemeinsamen Unternehmungen. So konnte sie zumindest einen Teil der Gewohnheiten beibehalten, die sie von zu Hause her kannte. In der behüteten Umwelt des Caltech blieben den Hawkings die Extreme erspart, mit denen Los Angeles aufzuwarten hat. Das Leben in den privilegierten Akademikerkreisen von Pasadena erinnerte sie an die Behaglichkeit und Abgeschiedenheit von Cambridge – nur hatte man hier obendrein den Sonnenschein. Jane fuhr mit den Kindern ins Disneyland, und Stephen schloß sich ihren Fahrten durch das südliche Kalifornien an, wann immer ihm seine Arbeit dazu Zeit ließ. Häufig kamen Freunde und Kollegen zu Besuch. In Mietwagen machten sie Ausflüge nach Palm Springs und anderen Badeorten an der Küste und versuchten, soweit die Pflichten in Pasadena es erlaubten, etwas mehr von Amerika zu sehen.

Als die Familie 1975 nach England zurückkehrte, war sie entschlossen, in ihrem Leben Veränderungen und Verbesserungen vorzunehmen.

In mancherlei Hinsicht waren sie froh, wieder zu Hause zu sein, aber das änderte nichts daran, daß sie, nachdem sie die Annehmlichkeiten Kaliforniens genossen hatten, nicht mehr bereit waren, verschiedene Unbilden ihres Cambridger Lebens hinzunehmen.

Als erstes wurde ihnen klar, daß das Haus in der Little St. Mary's Lane, so hübsch und behaglich es auch sein mochte, viel zu klein für sie war. Auch war es Hawking inzwischen unmöglich, allein die Treppe zu erklimmen, und so bat er das College, ihnen bei der Suche nach einer geeigneteren Unterkunft zu helfen. Bei dieser Gelegenheit zeigte sich die Verwaltung sehr viel entgegenkommender. Dazu Hawking: «Inzwischen wußte mich das College besser zu schätzen, und der Quästor hatte gewechselt.»[1]

Man bot ihnen eine Erdgeschoßwohnung in einem weitläufigen viktorianischen Gebäude in der West Road an, das dem College gehörte. Es lag nahe dem Eingangstor des King's College und war zehn Minuten mit dem Rollstuhl vom DAMTP entfernt. Zu dem Haus gehört ein großer Garten, der regelmäßig von College-Gärtnern gepflegt wird. Die Kinder liebten ihn und bekamen auch keinen Ärger, wenn sie auf den Rasenflächen spielten, nachdem ein informeller Waffenstillstand mit den Gärtnern hergestellt war. Dank breiter Türen konnte sich Hawking in der ganzen Wohnung frei bewegen, und da sie auf einer Ebene lag, mußte er sich keine Treppe mehr emporquälen, um in sein Schlafzimmer zu gelangen.

1974 wurde es für Hawking schwierig, allein ins Bett zu kommen, aufzustehen und ohne fremde Hilfe zu essen. Bis zur Rückkehr aus den Vereinigten Staaten war Jane nicht nur Stephens Frau gewesen, sondern auch seine unbezahlte Pflegerin, die ihn rund um die Uhr versorgte. Sie war sich natürlich klar darüber gewesen, welche Verpflichtung sie einging, als sie sich 1965 entschloß, Hawking zu heiraten, aber die Belastungen, die es bedeutete, zwei Kleinkinder aufzuziehen, sich um den Haushalt zu kümmern und ihren Ehemann zu pflegen, begannen sie nun zu überfordern. So beschlossen sie, einem Forschungsstudenten Hawkings anzubieten, zu ihnen in die West Road zu ziehen. Die Wohnung war so groß, daß sie noch einem weiteren Erwachsenen Platz bot, und als Gegenleistung für die freie Unterkunft sollte er Jane Hawking bei der Pflege ihres Mannes zur Hand gehen.

Die Regelung bewährte sich. Je bekannter Hawking wurde, desto mehr galt es als Ehre und als wichtige Karrieresprosse, Hawkings «Logierstudent» zu werden. Zwangsläufig kam es zu engen Bindungen zwischen dem jungen Forschungsassistenten und seinem Mentor. Während Jane die so dringend erforderliche Hilfe bekam, gewann der Student tiefere Einsichten in Hawkings Denken und hatte somit zumindest die Chance, mehr von ihm zu lernen als andere. Das Arrangement hatte natürlich eine Kehrseite, auf die Hawking selbst des öfteren hinwies: ein Student bewahre nur schwer den Respekt vor seinem Professor, wenn er ihm aufs Klo geholfen habe.[2] Bernard Carr, der einer der ersten Studenten war, die bei den Hawkings in der West Road lebten, und heute an der University of London arbeitet, erklärt, er habe diese Zeit in dem Gefühl gelebt, «Anteil an der Geschichte»[3] zu haben. Die Logiergäste hatten vielfältige Pflichten. Als Gegenleistung für die kostenlose Unterkunft erwartete man von ihnen, daß sie als Pfleger, Sekretär und Faktotum fungierten, bei Reisevorbereitungen halfen, die Kinder beaufsichtigten, Vorlesungspläne entwarfen und Reparaturen im Haushalt vornahmen.

Zu den ersten Logiergästen gehörte auch der amerikanische Physiker Don Page. Nach seiner Promotion am Caltech hatte Page Hawking brieflich um eine Empfehlung gebeten. In den folgenden Monaten ersuchten verschiedene Forschungsgruppen Hawking um eine solche Beurteilung, und jedesmal erteilte er sehr günstige Auskunft. Einige Zeit später schrieb er dem jungen Physiker: «Ich habe die gewünschten Empfehlungsbriefe für Sie verfaßt, aber vielleicht kann ich Ihnen selbst eine Stellung anbieten.»[4] Es gelang Hawking, Page ein Stipendium zunächst für ein Jahr und dann für zwei weitere Forschungsjahre zu verschaffen. Page kam 1976 in den Hawkingschen Haushalt, wo er die Freundschaft mit Hawking erneuerte, die sie in Kalifornien geschlossen hatten – eine Freundschaft, die bis auf den heutigen Tag Bestand hat.

Zu Pages Pflichten gehörte es, jeden Tag mit Hawking den Weg zwischen West Road und DAMTP zurückzulegen. Sie nutzten diese Zeit, um sich zu unterhalten, die Ergebnisse des Vortages zusammenzufassen und die Aufgaben des vor ihnen liegenden Tages durchzugehen. Es war eine sehr produktive Zeit, obwohl Page sich nur schwer daran gewöhnen konnte, daß Hawking komplizierte mathematische Berechnungen im Kopf abwickelte. In einem Gespräch erzählte er:

> Ich habe es als ausgezeichnetes Training empfunden. In den drei Jahren nach meiner Promotion lebte ich bei den Hawkings, und sehr häufig habe ich ihn auf dem Weg zum DAMTP und zurück begleitet. Natürlich konnte ich beim Gehen nicht schreiben, und manchmal fragte er mich etwas, und ich versuchte das Problem im Kopf durchzuspielen. Wenn man etwas nur im Kopf macht, muß man wirklich auf den Kern der Sache kommen und die unwesentlichen Einzelheiten ausklammern.[5]

Etwa zu der Zeit, als sie in die West Road zogen, stellte Hawking fest, daß er das dreirädrige Invalidenauto, das er seit 1969 vom National Health Service gemietet hatte und mit dem er dreimal die Woche ins Institute of Astronomy gefahren war, nicht mehr benutzen konnte. Zunächst schien das ein weiterer Schicksalsschlag zu sein, aber wie so häufig vermochten die Hawkings die Veränderung zu ihren Gunsten umzumünzen. Jane berichtet:

> Im nachhinein war es ein Segen, die Straßen zum Institut sind ziemlich gefährlich. Es machte nichts, weil wir uns den elektrischen Rollstuhl leisten konnten... mit dem er nun umherfährt und der wirklich viel bequemer für ihn ist, weil er niemanden mehr braucht, der ihm hinein- und heraushelfen muß wie beim Auto. In dem elektrischen Rollstuhl ist er völlig unabhängig. Irgendeinen Ausgleich, der die Verschlechterung seines Gesundheitszustandes erträglicher macht, gibt es immer.[6]

Hawking hat geradezu artistische Fähigkeiten im Umgang mit seinem Rollstuhl entwickelt. Ein Journalist beschreibt seinen Fahrstil folgendermaßen:

> Unbedenklich jagt er auf die Straße hinaus. Bei Höchstgeschwindigkeit kann der Rollstuhl es mit einem Traber aufnehmen, und Hawking hat ein Faible für die Höchstgeschwindigkeit. Furcht kennt er nicht. In der Annahme, daß die Autos schon anhalten werden, fährt er einfach auf die Fahrbahn, während seine Assistenten nervös vorauseilen, bestrebt, die Gefahren so weit wie möglich einzuschränken.[7]

Janes Erleichterung darüber, daß er nicht mehr mit dem dreirädrigen Auto auf Cambridges Straßen unterwegs war, hätte sich also leicht als unbegründet erweisen können. Tatsächlich war Hawking Anfang 1991 mit seinem Rollstuhl in einen Unfall verwickelt. Er ist eine sehr bekannte Erscheinung auf den Straßen der Stadt; häufig bleiben Passanten stehen, um ihn anzusprechen. Doch diesmal übersah ein Autofahrer den Rollstuhl mit der zusammengesunkenen Gestalt. Das Auto erfaßte den Rollstuhl, und Hawking wurde auf die Fahrbahn geschleudert. Die Folgen hätten katastrophal sein können, doch glücklicherweise erlitt er nur leichte Verletzungen, eine Schnittwunde im Gesicht und eine Schulterprellung. Es war typisch für Hawking, daß er gegen den ärztlichen Rat schon 48 Stunden später wieder in seinem Büro saß.

Auch bei anderen Anlässen brachte ihn seine jugendlich-forsche Fahrweise in arge Bedrängnis. Im Juni 1989 sollte Hawking die angesehene Halley-Vorlesung an der Oxford University halten. George Efstathiou, ein junger Physikprofessor, hatte die wenig beneidenswerte Aufgabe übertragen bekommen, sich vor, während und nach der Rede um den berühmten Gast zu kümmern. Hawking traf im Zoologischen Institut ein, das über den größten Hörsaal der Universität verfügt, und wurde zum Empfang begleitet. Efstathiou mußte seinen berühmten Schützling nun in den Hörsaal bringen, wo der Vizepräsident der Universität, sechshundert Studenten, Würdenträger der Stadt und interessierte Laien dem Vortrag erwartungsvoll entgegensahen.

Mit einem Zweipersonenlift am Ende der Eingangshalle mußten sie einen Stock tiefer fahren, von wo aus man über einen kurzen Flur in den Hörsaal gelangte. Die Fahrstuhltür stand offen. Bevor Efstathiou die Möglichkeit hatte, Hawking in den Lift zu helfen, hatte dieser seinen Rollstuhl schon auf Höchstgeschwindigkeit gebracht und raste auf die zehn Meter entfernte offene Tür zu.

Wie Efstathiou sich noch deutlich erinnert, war er selbst auf diese Entfernung sicher, daß Hawking bei dem Tempo niemals durch die schmale Lifttür gelangen konnte. Schreckensstarr mußte er mit ansehen, wie das Gefährt des Gastredners auf die enge Öffnung zuschoß. Als sich Efstathiou schließlich aus seiner Erstarrung löste und in Bewegung setzte, war es zu spät: Er konnte Hawking nicht mehr einholen. Aber es war auch nicht nötig – der Rollstuhl flitzte millimetergenau durch die Türöffnung hindurch.

Doch damit begannen Efstathious Schwierigkeiten erst. Denn als Hawking in den Lift hineinfuhr, verkantete sich der Rollstuhl in dem engen Raum und saß fest. Die Lifttür schloß sich automatisch und klemmte die Räder ein. Efstathiou geriet in Panik. Unten warteten die vielen Zuhörer auf Hawking, der sich bereits verspätet hatte. Dieser konnte keinen der Bedienungsknöpfe erreichen, aber die Tür hatte sich hinter ihm geschlossen. Was also tun?

Währenddessen gab Hawking, scheinbar ungerührt, seinem Computer pausenlos Anweisungen ein, um den Rollstuhl rückwärts zu bewegen. Schließlich gelang es Efstathiou, seinen Arm durch den Türspalt zu zwängen und den Knopf zu erreichen, der die Tür öffnete. Befreit, schaltete Hawking auf volle Kraft zurück und tauchte grinsend aus dem Fahrstuhl auf. Efstathiou meint dazu: «Diese Erfahrung war eine gute Vorbereitung für die Aufgaben in der Collegeverwaltung!»

Hawking verwendet den Rollstuhl als eine Art Körperteil, als Mittel, seiner Persönlichkeit physischen Ausdruck zu verleihen. Eine andere Möglichkeit, seinen Gefühlen Luft zu machen, hat er nicht. Seine computergenerierte Stimme ist völlig ausdruckslos, aber in seinem Rollstuhl kann er sich umherbewegen, wie er will. Hawking hat, wie ein Journalist schrieb, «eine gewisse Heftigkeit in [seinem] Wesen, die sich in Anflügen von Ungeduld und Ärger äußert».[8] Wenn er das Gefühl hat, jemand stehle ihm die Zeit, vollführt er mit seinem Rollstuhl eine Kehrtwendung und fährt abrupt aus dem Zimmer.

John Boslough erinnert sich, daß er einmal Hawkings Unwillen erregt und diese Zurechtweisung erfahren hat. Im Gespräch mit dem Physiker vergaß er dessen Behinderung und ließ sich über eine Verletzung am Ellenbogen aus, die er sich am Tag zuvor bei einem Squashspiel in London zugezogen hatte. «Hawking enthielt sich jeden Kommentars. Er verließ einfach mit seinem Rollstuhl das Zimmer und wartete auf dem Flur auf mich, um weiter über unser Thema zu sprechen: die theoretische Physik.»[9] Vielleicht ist es nicht gerade feinfühlig, sich mit einem gelähmten Mann über Squash zu unterhalten, aber der Vorfall zeigt auch, was allgemein bekannt ist – daß Hawking sich sehr gut durchzusetzen weiß.

Zu seinen Lieblingsreaktionen gehört es, seinem Gesprächspartner über die Zehen zu fahren, wenn dieser etwas sagt, was ihn ärgert. Offenbar haben viele seiner Studenten und Kollegen aus diesem Grund sehr gute Reflexe entwickelt. Nick Warner, ein ehemaliger Student Hawkings, behauptet: «Er bedauert sehr, daß er Margaret Thatcher noch nicht über den Fuß gefahren ist!»[10] Vielleicht bekommt er ja noch die Gelegenheit dazu.

Natürlich gibt es auch eine ganz andere Seite seines Charakters: Hawking, der Familienvater. Im Spiel mit den Kindern nutzt er begeistert seine Rollstuhl-Fahrkünste: Halsbrecherisch jagt er im Garten der West Road umher, wenn er mit ihnen Fangen spielt. Leider ist das für ihn die einzige Möglichkeit, mit ihnen herumzutollen. Kricket mußte Jane ihnen beibringen, und an warmen Sommerabenden war es an ihr, Stephens alte Ausrüstung hervorzukramen, um mit Robert, Lucy und später auch Timothy Krocket zu spielen. Dazu heißt es in dem Porträt einer Journalistin:

In vieler Hinsicht mußte sie ihren Kindern zugleich Mutter und Vater sein. Sogar die Zeit, die sie als junges Mädchen auf dem Kricketfeld verbracht hat, abwechselnd zu Tode gelangweilt und vom Ball zu Tode erschreckt, hat sich auf diese Weise noch bezahlt gemacht. «Ich habe meinen beiden Jungs das Kricketspielen beigebracht – und gar nicht so schlecht!» sagt sie.[11]

Während die ersten beiden Kinder heranwuchsen, kam für Hawking der wissenschaftliche Ruhm. Allein in den Jahren 1975 und 1976 wurden ihm sechs bedeutende Preise zuerkannt. In dem Jahr, als er aus Kalifornien zurückkehrte, bekam er die Eddington Medal der Royal Astronomical Society. Dann wurde ihm im Vatikan die Pius-XI.-Medaille der Päpstlichen Akademie der Wissenschaft verliehen. 1976 erhielt er aus den Vereinigten Staaten den Hopkins Prize und den Dannie Heinemann Prize; es folgten der Maxwell Prize und die Royal Society Hughes Medal – letztere für die «bemerkenswerten Ergebnisse seiner Arbeit über Schwarze Löcher», wie es in der Begründung hieß. Als die internationale Wissenschaftlergemeinschaft seine Leistungen zu würdigen begann, wurde sich endlich auch Cambridge seines Wertes bewußt. Kurz nach seinem Umzug aus der Little St. Mary's Lane in die West Road wurde er «Reader» für Gravitationsphysik am DAMTP, eine akademische Stellung, die zwischen Fellow und Professor angesiedelt ist.

Doch die Karriere hatte eine Schattenseite. Während sich die Preise und Auszeichnungen für Hawking häuften, wuchs die Enttäuschung seiner Frau über ihr gemeinsames Leben und die Rolle, die sie darin spielte. Sie war Krankenschwester, unterstützte ihren Mann bei seiner glänzenden Karriere und erzog die Kinder fast allein – das alles tat sie gern, hatte aber doch immer stärker das Empfinden, als Mensch, als intelligente Frau, die ihre eigenen akademischen Erfolge vorzuweisen hatte, nicht genügend Anerkennung zu finden. Mehr und mehr fühlte sie sich nur noch als Anhängsel des großen Stephen Hawking. Dazu sagt sie selbst in einem Interview:

> Wenn man nichts weiter als die Mutter kleiner Kinder ist, hat man es in Cambridge reichlich schwer. Man spürt den Zwang, eine eigene akademische Laufbahn vorweisen zu müssen.[12]

Auf den ersten Blick scheint Cambridge eine friedfertige Kleinstadt zu sein, doch auch in der akademischen Oberschicht lauern unter dem Firnis der Respektabilität Konkurrenzdenken und Böswilligkeit. Obwohl man einerseits in Universitätskreisen gern hervorhob, wie aufopfernd und rührend Jane Hawking für Mann und Kinder sorgte, waren andererseits beruflicher Neid und Mißgunst im Spiel. Während ihr Mann einen Preis nach dem anderen einheimste, hatte Jane Mühe, ihre Selbstachtung zu wahren:

> Ich war verletzt. Da war ich praktisch auf mich allein gestellt, ebnete Stephen den Weg auf jede erdenkliche Weise und zog gleichzeitig zwei Kinder groß, aber den Ruhm erntete Stephen ganz allein.[13]

Sie beschloß, etwas dagegen zu unternehmen, belegte einen Promotionskurs in mittelalterlichen Sprachen und spezialisierte sich auf spanische und portugiesische Dichtung. Nachdenklich sagt sie:

> Es war nicht sehr angenehm. Wenn ich studierte, dachte ich, ich sollte lieber mit den Kindern spielen, und wenn ich mit den Kindern spielte, dachte ich, ich sollte lieber studieren.[14]

Jane Hawking promovierte und wurde Lehrerin in Cambridge. Aber das Gefühl, «ein Anhängsel» zu sein, wie sie es ausdrückt, konnte sie nie ganz abschütteln:

> Ich bin kein Anhängsel, obwohl Stephen weiß, daß ich mich wie eines fühle, wenn wir zu offiziellen Empfängen gehen. Manchmal werde ich den Leuten noch nicht einmal vorgestellt. Ich laufe hinter ihm her und weiß nicht, mit wem ich mich unterhalte.[15]

Um Stephen Hawking Gerechtigkeit widerfahren zu lassen, sei darauf hingewiesen, daß er nach Aussagen aller Freunde und Kollegen niemals müde wird, Janes Anteil an seinem Erfolg und Wohlergehen hervorzuheben. Bei jeder Gelegenheit weist er auf die Mühen und Opfer hin, die sie in Kauf nimmt, um der Familie ein einigermaßen normales Leben zu ermöglichen. Sein größter Kummer ist es, daß er nicht mehr zur Erziehung der Kinder hat beitragen können, als hin und wieder mit ihnen Fangen und Schach zu spielen.

Natürlich sind Hawking durch seine Krankheit nicht nur Haushaltspflichten erspart geblieben. Seine verschiedenen Universitätsstellungen waren alle mit verminderten Lehr- und Verwaltungsaufgaben verbunden. So konnte er sich seinen wissenschaftlichen Aufgaben intensiver widmen als die meisten seiner Kollegen. Manche Leute schreiben seine Erfolge in der Kosmologie seinem intellektuellen Vermögen und seiner Phantasie zu, während andere behaupten, seine Fähigkeiten habe er erst seit dem Beginn seiner Krankheit nutzen können, vorher sei er nur ein durchschnittlich begabter Student gewesen. Was auch immer der Grund für seine erstaunlichen Leistungen sein mag, fest steht jedenfalls, daß er niemals so rasch so schwindelnde Höhen erklommen hätte, wenn er seine Zeit in Ausschüssen, Konferenzen oder mit der Durchsicht von Bewerbungsunterlagen hätte verbringen müssen.

Nicht nur die wachsende Unzufriedenheit mit der Rollenverteilung in ihrer Ehe machte ihnen zu schaffen. Zu den Schwierigkeiten, die sich während der siebziger Jahre zu ernsthaften Problemen auswuchsen, gehörte auch die Religion. Jane Hawking wurde christlich erzogen und ist sehr gläubig. In einem Interview hat sie einmal bekannt:

> Ohne meinen Glauben an Gott hätte ich mich nie mit einer Situation wie dieser abfinden können. Ich hätte Stephen gar nicht erst geheiratet, weil es mir an der nötigen Zuversicht gefehlt hätte, und ich hätte nie die Kraft gehabt, es durchzuhalten.[16]

Hawking ist kein ausgesprochener Atheist, nur vermag er den Gottesbegriff nicht in seiner Vorstellung vom Universum unterzubringen. Er denkt in dieser Hinsicht ähnlich wie Einstein, der gesagt haben soll:

> Wir sind völlig unbedeutende Wesen auf einem kleinen Planeten eines durchschnittlichen Sterns in den Randbezirken einer Galaxie, wie es hunderttausend Millionen andere gibt. Da kann man kaum glauben, daß es einen Gott gibt, der sich um uns kümmert oder unsere Existenz überhaupt zur Kenntnis nimmt.[17]

Schon diese beiden Aussagen machen deutlich, wie unterschiedlich die Ansichten des Ehepaars von Anfang an waren. Jane führt Hawkings religiöse Auffassungen zum Teil auf sein Leiden zurück:

> Wenn man älter wird, ist es einfacher, einen vollständigeren Überblick zu bekommen. Aber ich glaube, durch die Krankheit und seine besondere Situation – er ist ein fast völlig gelähmtes Genie – bietet sich ihm ein ganz anderes Gesamtbild, so daß niemand seine Gottesvorstellung oder seine Beziehung zu Gott verstehen kann.[18]

Stimmt das wirklich? Viele Philosophen und Wissenschaftler von der Antike bis zur Gegenwart hätten sich ähnlich wie Hawking geäußert, ohne daß sie an ALS erkrankt waren. Andererseits gibt es natürlich viele Wissenschaftler, die gläubige Christen sind, und einige haben gemeint, Hawking solle sich besser nicht zu religiösen Fragen äußern, da er von ihnen keine Ahnung habe. Welche Voraussetzungen braucht man dafür? Hawking arbeitet auf einem Gebiet, das die

Religion durchaus berührt. Er befaßt sich mit den Ursprüngen und Frühstadien des Universums. Was liegt der religiösen Weltbetrachtung näher? Hören wir Hawking selbst:

> Man kann schlecht über den Anfang des Universums sprechen, ohne den Gottesbegriff ins Spiel zu bringen. Meine Arbeit über den Beginn des Universums bewegt sich im Grenzbereich zwischen Wissenschaft und Religion, aber ich versuche, auf der wissenschaftlichen Seite zu bleiben. Möglicherweise verhält Gott sich so, daß er sich nicht durch wissenschaftliche Gesetze beschreiben läßt. Doch in diesem Fall wäre jeder auf seinen persönlichen Glauben angewiesen.[19]

Und der war nie Hawkings Stärke.

Auf den Gegensatz zwischen Religion und Wissenschaft angesprochen, kommt Hawking immer wieder auf das Argument des persönlichen Glaubens zurück und vermag keinen echten Konflikt zu erkennen. Auf die Frage, ob er glaube, daß Wissenschaft und Religion zwei konkurrierende Weltanschauungen seien, antwortete er: «Wenn sich Newton diese Einstellung zu eigen gemacht hätte, wäre er nie auf das Gravitationsgesetz gestoßen.»[20] Und wie sollen wir, bezogen auf das Dilemma der Hawkings, den berühmten letzten Absatz aus dem Buch ‹*Eine kurze Geschichte der Zeit*› verstehen?

> Wenn wir jedoch eine vollständige Theorie entdecken, dürfte sie nach einer gewisssen Zeit in ihren Grundzügen für jedermann verständlich sein, nicht nur für eine Handvoll Spezialisten. Dann werden wir uns alle – Philosophen, Naturwissenschaftler und Laien – mit der Frage auseinandersetzen können, warum es uns und das Universum gibt. Wenn wir die Antwort auf diese Frage fänden, wäre das der endgültige Triumph der menschlichen Vernunft – denn dann würden wir Gottes Plan kennen.[21]

Die Wissenschaft, so scheint es, wird eines Tages die Frage nach dem Wie, nicht aber nach dem Warum beantworten können.

Dennoch hatte Jane Hawking mit solchen Äußerungen weniger Probleme als mit dem immer stärker werdenden Eindruck, ihr Mann versuche, jeden Grund für die Existenz Gottes in seiner Auffassung vom Universum zu beseitigen. Je berühmter und einflußreicher er wurde, desto schwerer trug sie daran. Sie unterstellte ihm nicht, er führe mit seiner Arbeit einen Kreuzzug gegen Gott und Christentum und versuche mit seinen Argumenten die Gläubigen in Zweifel zu stürzen. Sie hatte nur den Eindruck, daß in seinem Universum die reine mathematische Logik Gott überflüssig erscheinen lasse:

> In seinem Denken gibt es einen Aspekt, den ich als immer störender empfinde und mit dem ich immer weniger leben kann. Ich meine seine Überzeugung, im Besitz der Wahrheit zu sein, weil er alles auf eine rationale, mathematische Formel bringen kann. Er dringt in Gebiete vor, die für denkende Menschen von großer Bedeutung sind, und er tut es auf eine Weise, die diese Menschen sehr verstören kann. Dafür ist er nicht zuständig.[22]

Aber wer ist das schon? Wie man die Religion auch immer verstehen mag, in jedem Fall ist sie doch wohl eine sehr persönliche Angelegenheit. Sind hochrangige Kirchenrepräsentanten besser über den Ursprung und die Bedeutung des Lebens informiert als Wissenschaftler? Warum sollte Stephen Hawking weniger befugt sein, sich über Gott zu äußern, als irgendein anderer Mensch – mag er auch Bischof oder Kardinal sein. War der Klerus berechtigt, Galilei bis ans Ende seines Lebens zu Einsamkeit und Abgeschiedenheit zu verurteilen? Hatte er das Recht, Giordano Bruno auf dem Scheiterhaufen zu verbrennen, nur weil dieser es gewagt hatte, eine unbotmäßige Auffassung vom Universum zu äußern? Sind die vielen Religionskriege in der Menschheitsgeschichte mit ihren Grausamkeiten und der Not, die sie über die Menschen gebracht haben, zu rechtfertigen? Haben die offiziellen Kirchen in diesen Fällen ihre Kompetenz unter Beweis gestellt?

Jane Hawking fehlt die naturwissenschaftliche Vorbildung, um zu beurteilen, welche Erkenntnisse ihr Mann auf seinem Gebiet gewonnen hat. Das sind Dinge, die er nur mit seinen Kollegen erörtern kann. Sie meint dazu:

> Mein größter Kummer ist, daß ich keine Mathematikerin bin und Stephens Arbeit nur in einzelnen Bildern begreifen kann. Er muß alles sehr einfach darstellen, um es mir verständlich zu machen. Aber das ist eine gute Übung für ihn.[23]

Das war so lange kein Problem, bis Jane Hawking erkannte, daß ihr Mann sich Fragen näherte, deren philosophische Fundamente ihren persönlichen Glauben berührten. Das beunruhigte sie sehr.

Vor allem Hawkings «Keine-Grenzen-Modell», das ein in sich abgeschlossenes Universum postuliert, läuft ihren Überzeugungen zuwider. Doch gerade diesem Modell neigt Hawking sehr zu, da es «wirklich die Wissenschaft unterstützt, denn es besagt nichts anderes, als daß ihre Gesetze überall gültig sind».[24] Die Frage, ob man denn nicht erklären müsse, wie ein solches in sich abgeschlossenes Universum entstanden sei, verneint er. «Es würde einfach SEIN.»[25]

Hawking hat mindestens einen sehr gläubigen Kollegen, seinen Freund und Mitarbeiter Don Page. Page gehört den Wiedergeborenen Christen an und nimmt das Christentum ebenso ernst wie die Kosmologie. Er scheint keine Schwierigkeit damit zu haben, die beiden extremen Pole seiner Arbeit und seines Lebens in Einklang zu bringen. Zum «Keine-Grenzen-Modell» erklärt er:

> Aus der Sicht der jüdisch-christlichen Religion erschafft und erhält Gott das gesamte Universum und nicht nur seinen Anfang.

> Ob es tatsächlich einen Anfang hat oder nicht, spielt keine Rolle für die Frage der Schöpfung, ebenso wie der Umstand, ob der Pinselstrich eines Malers einen Anfang und ein Ende hat oder statt dessen einen Kreis bildet, nichts daran ändert, daß er gezogen werden muß.[26]

Wie Jane einmal einem Reporter berichtete, hat es sie sehr traurig gestimmt, daß Page seine Versuche, mit Hawking religiöse Fragen zu diskutieren, schon bald aufgeben mußte. Trotz ihrer sehr unterschiedlichen Ansichten sind die beiden Männer Freunde geblieben. Sie haben sich einfach darauf geeinigt, die Frage eines persönlichen Gottes in ihren Unterhaltungen auszuklammern.

Bei Kritikern wie Anhängern schafft Hawking Verwirrung, wenn er mißverständliche Äußerungen wie die folgende verlauten läßt:

> Auch wenn nur eine einheitliche Theorie möglich ist, so wäre sie doch nur ein System aus Regeln und Gleichungen. Wer bläst den Gleichungen den Odem ein und erschafft ihnen ein Universum, das sie beschreiben können?[27]

Sicherlich meint Hawking damit nicht, ein Schöpfer habe irgendwo doch noch eine Funktion. In diesem Punkt scheint es ihm einfach Vergnügen zu bereiten, die Dinge offenzulassen. Zwar grenzt er die Notwendigkeit göttlichen Wirkens ein, doch hat er die Existenz Gottes nie ganz und gar geleugnet:

> Einstein hat einmal gefragt: «Wieviel Entscheidungsfreiheit hatte Gott bei der Erschaffung des Universums?» Wenn die Keine-Grenzen-These zutrifft, so blieb ihm bei der Wahl der Anfangsbedingungen überhaupt keine Freiheit. Natürlich hätte es immer noch in seinem Ermessen gestanden, die Gesetze zu wählen, die das Universum bestimmen. Doch eine echte Entscheidungsfrei-

heit könnte er bei dieser Wahl auch nicht gehabt haben, denn es ist durchaus möglich, daß es nur sehr wenige vollständige einheitliche Theorien gibt – vielleicht sogar nur eine –, die in sich widerspruchsfrei sind und die Existenz von so komplizierten Gebilden wie den Menschen zulassen, die die Gesetze des Universums erforschen und nach dem Wesen Gottes fragen können.[28]

Anhänger beider Lager – Gläubige und Kirchenvertreter wie Zyniker und Atheisten – haben Hawking so oft zitiert, auch falsch zitiert, daß seine Zitierbarkeit kürzlich mit der Shakespeares oder der Bibel verglichen wurde. Hawking amüsiert sich über solche Behauptungen und meint, die Zitierbarkeit erkläre sich aus der Knappheit seiner Formulierungen, einer Eigenschaft, die auf seine eingeschränkten Kommunikationsfähigkeiten zurückgehe.

Hawking scheint nicht viel getan zu haben, um Jane über diese Krise hinwegzuhelfen. Seine Frau war und ist verbittert über die Unzugänglichkeit, die er bei diesem Thema zeigt: «Ich erkläre ihm, daß es verschiedene Arten gibt, sich mit dieser Frage [der Religion] zu beschäftigen, und daß die Mathematik nur eine davon ist, aber er lächelt nur.»[29]

Nicht nur der herkömmlichen Religion steht Hawking sehr skeptisch gegenüber. Die ASW-Experimente, mit denen er sich in den fünfziger Jahren beschäftigt hat, haben ihn gelehrt, seine Zeit nicht mit Mystizismus oder Metaphysik irgendeiner Art zu vergeuden. Zahlreiche Autoren haben versucht, den Graben zwischen dem Mystizismus und der Physik des ausgehenden 20. Jahrhunderts zu überbrücken. Viele sehen Parallelen in den östlichen Religionen und der Quantenphysik, zwischen den alten Weisheitslehren und der Chaostheorie, aber Hawking begegnet der ganzen Szene mit Geringschätzung. In seinem Buch ‹*Lonely Hearts of the Cosmos*› berichtet Dennis Overbye, wie es ihm bei einer Begegnung mit Hawking in den siebziger Jahren gelang, das Gespräch auf spirituelle Fragen zu lenken, ohne es mit den Zehen büßen zu müssen. Overbye zitierte die Worte des Anthropologen Joseph Campbell über die Hindugöttin Kali: «... dieses furchtbare Wesen mit den vielen Namen, dessen Magen ein allesverschlingender, unersättlicher Abgrund und deren Schoß der ewige Ursprung aller Dinge ist.» Dann versuchte er einen Zusammenhang zwischen Kali und den Schwarzen Löchern herzustellen. Kaum in der Lage, sich zu beherrschen, schnaubte Hawking:

> Das ist modischer Quatsch. Die Leute stürzen sich auf die fernöstliche Mystik, weil sie etwas Neues ist und sie noch nie mit ihr zu tun gehabt haben. Aber als natürliche Beschreibung der Realität ist sie überhaupt nicht zu gebrauchen; es sind keine Ergebnisse von ihr zu erwarten... Wenn man die östliche Mystik durchgeht, kann man zwar Dinge finden, die stark an die moderne Physik oder Kosmologie erinnern, aber ich glaube nicht, daß sie irgendeine Bedeutung haben.
>
> Es war ein Genieblitz von Wheeler, diese Objekte Schwarze Löcher zu nennen, denn der Name erinnert an bestimmte psychologische Phänomene und beschwört eine Vielzahl menschlicher Neurosen herauf. Hätte sich der russische Begriff «gefrorener Stern» durchgesetzt, wäre die ganze östliche Mythologie ohne Bedeutung geblieben. Sie heißen Schwarze Löcher, weil sie viel mit der Angst des Menschen zu tun haben, zerstört oder verschlungen zu werden. Insofern gibt es eine Verbindung. Ich habe keine Angst, von ihnen verschlungen zu werden. Ich verstehe sie. In gewissem Sinne habe ich das Gefühl, sie zu beherrschen.[30]

Doch viele Journalisten und Beobachter, die mehr oder weniger flüchtig mit Hawking in Berührung kamen, haben dieses Motiv auf ziemlich lächerliche Weise fortgesponnen. Für einige ist Hawking ein Symbol seiner eigenen Arbeit, ein Astronaut der Schwarzen Löcher. Als Overbye sich entsprechend äußerte, zeigte sich Hawking verständlicherweise sehr verärgert.

«Ich habe immer festgestellt, daß ich mich verständlich machen kann»[31], knurrte er und fuhr auf Overbyes Zehen zu.

Ob nun ein Astronaut der Schwarzen Löcher oder nicht, in den siebziger Jahren verstärkten sich seine Reiseaktivitäten stetig. Im Winter 1976 unternahm er eine Rundreise durch die USA, wo er Vorträge auf bedeutenden Konferenzen hielt. Sogar Wissenschaftler, die ihn von Symposien oder Konferenzen her kannten, konnten seine Vorträge kaum noch verstehen, und wenn Laien oder Journalisten unter den Zuhörern saßen, fanden sie ihn akustisch fast ebenso schwer verständlich wie inhaltlich.

Obwohl man die Organisatoren dieser Veranstaltungen immer auf Hawkings Behinderung hinwies, hatten die Rednertribünen meist keinen angemessenen Zugang. Er mußte ohne Rampen und Hebebühnen hinaufgelangen. Stets war er auf die Hilfe von Freunden und Kollegen angewiesen, die den schweren Rollstuhl teilweise zu sechst hinaufhoben. Zwar wog Hawking selbst kaum mehr als neunzig Pfund, doch der Rollstuhl wurde mit Autobatterien betrieben, die einiges zum Gesamtgewicht beitrugen, und jeder, der diese Hilfsaktionen miterlebte, hatte Angst, er könnte aus dem Gefährt kippen oder sich die Halswirbel verletzen. Ein Augenzeuge hat einmal beschrieben, wie Hawkings Kopf hin und her schleuderte, als er von sechs der kräftigsten Wissenschaftler unter den Anwesenden etwa anderthalb Meter in die Höhe gehoben wurde.

Auf seiner Vortragsreise durch die Vereinigten Staaten im Jahr 1976 hinterließ Hawking einen nachhaltigen Eindruck. Fast zum Skelett abgemagert, hockte er zusammengesunken im Rollstuhl, war kaum zu verstehen und schien seine Worte auf einen Punkt zu richten, der sich zwei Meter vor ihm auf der Bühne befand. Trotzdem fand er stets die ungeteilte Aufmerksamkeit seiner Zuschauer. Enge Mitarbeiter, die ihn verstanden, übersetzten für ihre Nachbarn, so gut es ging, während sie mit einem Ohr seinen mathematischen Ausführungen folgten. Dias veranschaulichten seine Gedanken, und zahlreiche Scherze lockerten das Ganze etwas auf, aber seine Vorträge blieben ein hartes Stück Arbeit für die Zuhörer.

Zu diesem Zeitpunkt hatte er seine Vorstellungen über Schwarze Löcher und Thermodynamik – jene Ideen, die ein paar Jahre zuvor heftige Diskussionen ausgelöst hatten – völlig überarbeitet. Bei einem Vortrag in Boston, «Schwarze Löcher sind weißglühend», sorgte er für große Aufregung, denn er wandte sich dort gegen Einsteins berühmten Ausspruch «Der liebe Gott würfelt nicht». – «Gott würfelt nicht nur», behauptete Hawking, «manchmal wirft er seine Würfel sogar dahin, wo niemand sie mehr sehen kann.»

Die Journalisten standen Schlange, um Hawking zu interviewen. Im Januar 1977 brachte die BBC die Sendereihe «The Key of the Universe», zu der Nigel Calder das Begleitbuch schrieb. Die Reihe war großenteils Stephen Hawkings jüngsten Arbeiten gewidmet. Sie lieferte ein Porträt des Mannes und zeichnete seine Bemühungen nach, die Relativitätstheorie und die Quantenmechanik zu vereinigen – jenen Schlüssel zum Universum zu finden, von dem im Titel die Rede ist. Zum erstenmal nahm die Öffentlichkeit von dem fünfunddreißigjährigen Dr. Stephen Hawking, Mitglied der Royal Society, Kenntnis, zum erstenmal erfuhr sie von seiner Behinderung und seiner Arbeit. Millionen britischer Fernsehzuschauer sahen sich die Sendung an.

Seit 1977 nahm seine Bekanntheit rasch zu – in Cambridge, in England und in der ganzen Welt. Zwischen Berichten über Punkbands, die ihre Platten vor dem Buckingham Palace signierten, und über die wachsende Aufregung, die das im Sommer bevorstehende Thronjubiläum der Queen auslöste, waren Mutmaßungen über Stephen Hawking zu lesen. In der Cambridger Presse hieß es, der berühmte Wissenschaftler, Mitglied der Royal Society und Starttheoretiker der Schwarzen Löcher, der im Fernsehen zu bewundern sei und dessen Konterfei immer häufiger in den Zeitungen auftauche, sei der Cambridge University keinen Lehrstuhl wert.

Hinter vorgehaltener Hand munkelte man, die Universität sei

nicht bereit, einem Schwerbehinderten, der möglicherweise nicht mehr lange zu leben habe, eine Professur anzubieten. Im März 1977 richtete die Universität jedoch extra für ihn einen Lehrstuhl für Gravitationsphysik ein; im selben Jahr wurde er auch von der Verwaltung des Caius College zum Professor ernannt, eine akademische Würde, die nichts mit dem Lehrstuhl zu tun hatte.

Auszeichnungen und Ehrungen wurden ihm weiterhin in reichlichem Maße zuteil. Robert Berman, Hawkings Tutor in Oxford, schlug ihn als Ehrenmitglied des University College vor. In seinem Brief an den zuständigen Ausschuß führte er aus:

> Die neueste Ausgabe von *Who's Who* listet einige seiner Ehrungen auf, kann aber nicht mit dem Tempo schritthalten, in dem ihm solche Auszeichnungen zuteil werden.
>
> Aus den Reihen unseres College dürfte noch nie ein so bedeutender Wissenschaftler hervorgegangen sein, und es wäre höchst ehrenvoll für unsere Institution, mit seinem beruflichen Werdegang in Verbindung gebracht zu werden (Außenstehende nehmen an, er habe seine Ausbildung ausschließlich in Cambridge erhalten).
>
> Es mag Sie überraschen, daß ich Sie bitte, einen Wissenschaftler, der noch keine fünfunddreißig Jahre alt ist, als Ehrenmitglied in Betracht zu ziehen, aber es gibt zwei gute Gründe dafür: Erstens ist sein wissenschaftlicher Rang wirklich außergewöhnlich, und wir haben keinen Grund zu warten, bis seine Bedeutung allgemein anerkannt ist. Hawking wird praktisch in jedem Artikel und Vortrag über Schwarze Löcher genannt. Sein Buch *(‹The Large Scale Structure of Spacetime›)* ist für jeden Kosmologen unentbehrlich.
>
> Zweitens ist Hawking ernstlich krank und durch eine unaufhaltsam fortschreitende Lähmung, die das Leben ihrer Opfer normalerweise sehr rasch beendet, an seinen Rollstuhl gefesselt. Er ist körperlich in einem beklagenswerten Zustand, aber geistig völlig normal.

Ich hoffe, der Ausschuß ist nicht der Meinung, wir müßten darauf warten, bis er einen Nobelpreis erhält.

Berman hatte nicht angenommen, daß eine einzige Eingabe genügen würde, um den Ausschuß zu überzeugen, und war deshalb äußerst verblüfft, als sein Vorschlag schon bei der ersten Ausschußsitzung anstandslos angenommen wurde.

11 Zurück zu den Anfängen

Ende 1974 hatte Hawkings Arbeit über Schwarze Löcher deutlich gezeigt: Allein auf die Basis der allgemeinen Relativitätstheorie gestellt, besagten die Gleichungen, daß die Oberfläche eines Schwarzen Loches nicht schrumpfen kann. Hingegen zeigen die Gleichungen unter Einbeziehung der Quantengesetze, daß Schwarze Löcher nicht nur schrumpfen, sondern sich schließlich sogar in einem Ausbruch von Gammastrahlung auflösen. Wie aus Hawkings früheren Arbeiten mit Penrose hervorgeht, muß das Universum nach den Gleichungen der allgemeinen Relativitätstheorie, legt man nur diese zugrunde, vor etwa fünfzehn Milliarden Jahren aus einer Singularität entstanden sein, einem Punkt von unendlicher Dichte und ohne Volumen. So lag es nahe, daß sich Hawking als nächstes die Frage stellte, was mit dieser Vorhersage geschähe, wenn er die Quantengesetze in das Gleichungssystem einbezöge.

Die Frage war nicht leicht zu beantworten. Seit der Quantenrevolution in den zwanziger Jahren bemühen sich die Physiker unablässig, die Quanten- und die Relativitätstheorie zu einer vollständigen und einheitlichen Theorie zusammenzufassen. Einstein selbst hat die letzten zwanzig Jahre seines Lebens vergeblich versucht, das Problem zu lösen. Noch immer ist es keinem Mathematiker gelungen, eine vollständige Theorie der Quantengravitation zu entwikkeln. Da Hawking sich jedoch damit zufriedengab, die besondere Frage zu untersuchen, wie Relativitätstheorie und Quantenmechanik am Anfang der Zeit zusammenwirkten, konnte er erhebliche Fortschritte erzielen, so überzeugende Fortschritte, daß er Anfang der achtziger Jahre in Zweifel ziehen konnte, ob es überhaupt jemals einen Anfang der Zeit gegeben hat. Um zu verstehen, wie er zu dieser verblüffenden Hypothese gelangt ist, müssen wir noch einmal einen Blick auf die Quantentheorie werfen, und zwar auf eine Spielart, die der amerikanische Physiker Richard Feynman entwickelt hat. Man bezeichnet sie als «Aufsummierung von Möglichkeiten» oder «Pfadintegralmethode».

Die wesentlichen Eigenschaften der Quantenmechanik lassen sich am deutlichsten im sogenannten Doppelspaltexperiment demonstrieren. Dort schickt man einen Lichtstrahl – oder Elektronenstrahl – durch eine Trennwand und läßt ihn auf einen dahinterstehenden Sichtschirm auftreffen. Die Version, bei der Licht als Strahl verwendet wird, heißt Young-Experiment und ist dem Leser vielleicht aus dem Physikunterricht seiner Schulzeit bekannt. Dabei geschieht folgendes: Das Lichtmuster auf dem Sichtschirm bildet eine charakteristische Anordnung von dunklen und hellen Streifen, die hervorgerufen werden, wenn die elektromagnetischen Wellen, die durch die beiden Löcher dringen, miteinander interferieren. Wo sich die beiden Wellengruppen addieren, entsteht ein heller Streifen, wo sie sich aufheben, ist der Bildschirm dunkel.

Diese Interferenz läßt sich als Wellenphänomen leicht verstehen. Genau die gleiche Wirkung kann man erzielen, indem man Wellen in einem Wasserbehälter erzeugt und durch zwei Schlitze in einer Barriere passieren läßt. Allerdings ist sehr viel schwerer zu verstehen, daß sich Elektronen, die wir uns als festgefügte Teilchen, etwa wie winzige Billardkugeln, vorstellen, derart verhalten sollen. Und doch tun sie es.

Noch merkwürdiger ist der Umstand, daß sich das *gleiche* Muster dunkler und heller Streifen langsam auf dem Sichtschirm (der fast genauso beschaffen sein kann wie ein Fernsehschirm) herausbildet, wenn die Elektronen einzeln durch die Löcher geschossen werden. Warum das so merkwürdig ist, wird deutlich, wenn man sich vorstellt, den Elektronen stünde nur eine Öffnung zur Verfügung, durch die sie fliegen. Statt des Streifenmusters taucht dann auf dem Schirm nur ein heller Fleck hinter dem Loch auf. Genau das sehen wir, wenn wir einen der beiden Spalte verschließen und dann die Elektronen durch den verbleibenden schießen. «Natürlich» kann jedes Elektron nur durch ein einziges Loch hindurch. Aber wenn beide Spalte offen sind, sehen wir, selbst wenn bei dem Experiment nur ein Elektron zur Zeit abgeschossen wird, *nicht* zwei helle Flekken hinter den Öffnungen, sondern das charakteristische Streifenmuster des Youngschen Experiments.

Dies ist das eindeutigste Beispiel für den Welle-Teilchen-Dualismus (vgl. Kapitel zwei), der das Kernstück der Quantenwelt bildet. Jedes Elektron, das auf den Sichtschirm trifft, hinterläßt einen winzigen Lichtpunkt, nicht anders, als man es vom Eintreffen winziger «Billardkugel-Teilchen» erwarten würde. Doch wenn man Tausende solcher Lichtpunkte addiert, rufen sie das Streifenmuster hervor, das einer durch beide Spalte gleichzeitig gelangenden Welle entspricht. Es hat den Anschein, als sei jedes einzelne Elektron eine Welle, die durch beide Löcher gleichzeitig dringt, mit sich selbst interferiert, sich entscheidet, zu welchem Teilstück des Streifenmusters sie gehört, und sich dann dorthin begibt, um als Teilchen einzutreffen, das einen winzigen Lichtpunkt erzeugt.

Nehmen Sie es nicht so schwer, wenn Sie das unverständlich finden. Der dänische Physiker Niels Bohr, ein Pionier der Quantenrevolution, pflegte zu sagen: «Jeder, der von der Quantentheorie nicht schockiert ist, hat sie nicht verstanden», und Richard Feynman, der wohl bedeutendste theoretische Physiker nach dem Zweiten Weltkrieg, ging sogar noch weiter und erklärte bei mehreren Gelegenheiten, *niemand* verstünde die Quantenmechanik. Es kommt nicht darauf an zu verstehen, wie das seltsame Verhalten des Welle-Teilchen-Dualismus zustande kommen kann, sondern ein Gleichungssystem zu finden, das beschreibt, was vor sich geht, und Physikern ermöglicht vorherzusagen, wie Elektronen, Lichtwellen und alle anderen Erscheinungen sich verhalten werden. Die Methode der Aufsummierung von Möglichkeiten war Feynmans Beitrag zu dieser pragmatischeren Form, die Vorgänge auf der Quantenebene zu «verstehen». Ende der siebziger Jahre wendete Hawking die Methode auf die Untersuchung des Urknalls an.

Statt ein Objekt wie ein Elektron als einfaches Teilchen zu sehen, das einem einzigen Weg von A nach B folge (beispielsweise durch eines der Löcher in Youngs Experiment), müssen wir uns, so Feynman, vorstellen, es beschreibe jeden möglichen Weg von A nach B durch die Raumzeit. Für ein «klassisches» Teilchen wäre es leichter, manchen Wegen (manchen «Geschichten» oder «Möglichkeiten») zu folgen als anderen. Diesem Umstand trägt Feynman in seinem Gleichungssystem Rechnung, indem er jedem Weg einen Wahrscheinlichkeitswert zuweist, der sich aus den Quantenregeln errechnen läßt.

Diese Wahrscheinlichkeiten können mit den Wahrscheinlichkeiten benachbarter «Weltlinien», wie sie genannt werden, interferieren, genauso wie kleine Wellen an der Oberfläche eines Teiches miteinander interferieren. Der tatsächliche Weg, den das Teilchen zurücklegt, wird dann errechnet, indem man alle Wahrscheinlichkeiten individueller Wege addiert (weshalb man dieses Verfahren auch als Pfadintegralmethode bezeichnet).

In der überwiegenden Zahl der Fälle heben sich die verschiedenen Wahrscheinlichkeiten fast vollständig auf, so daß nur ein paar Wege oder Bahnen übrigbleiben, die verstärkt werden. Dies geschieht zum Beispiel mit den Bahnen, die dem Weg eines Elektrons in der Nähe eines Atomkerns entsprechen. Das Elektron kann sich keinen beliebigen Weg suchen, weil sich die Wahrscheinlichkeiten in ganz bestimmter Weise aufheben. Es kann nur auf einer der wenigen Bahnen um den Kern kreisen, für die sich die Wahrscheinlichkeiten verstärken.

Das Doppelspaltexperiment ist ungewöhnlich, weil es den Elektronen die Wahl zwischen zwei gleich wahrscheinlichen Bahnscharen anbietet, eine durch jeden Spalt. Deshalb zeigt sich die grundlegende Fremdheit der Quantenwelt so deutlich in diesem Beispiel. Hawking hatte nun die Chuzpe, mit Hilfe der Pfadintegralmethode die Geschichte nicht eines einzelnen Elektrons, sondern die des ganzen Universums zu berechnen. Allerdings begann er mit einem bescheideneren Vorhaben, nämlich den Singularitäten Schwarzer Löcher.

Was geschieht mit der Singularität im Innern, wenn ein Schwarzes Loch verdunstet? Man könnte einfach vermuten, in den Endstadien der Verdunstung verschwinde der das Loch umgebende Horizont und lasse die nackte Singularität zurück, die die Natur angeblich verabscheut. Tatsächlich ließen sich die Gleichungen, die Hawking Anfang der siebziger Jahre entwickelt hatte, um explodierende Schwarze Löcher zu beschreiben, nicht bis zu solchen Extremen weiterführen. Genauer: Man konnte sie nur anwenden, solange die Masse des Schwarzen Loches noch einen beträchtlichen Bruchteil eines Gramms ausmacht – so viel, daß Sie es fast auf Ihrer Küchenwaage wiegen könnten. Soweit es Hawking oder irgendein anderer Forscher 1974 beurteilen konnte, verschwindet das Schwarze Loch, sobald es bis zu dieser Grenze verdunstet ist, vollständig und nimmt die Singularität mit sich fort. Allerdings war das nur eine Vermutung, die sich auf einige allgemeine Quantenprinzipien gründete.

Diese Prinzipien sind Aspekte des Unbestimmtheitsprinzips. Wie es eine fundamentale Unbestimmtheit hinsichtlich des Energiegehaltes des Vakuums gibt, so gibt es auch eine fundamentale Unbestimmtheit hinsichtlich der grundlegenden Maße etwa der Länge und der Zeit. Die Größe dieser Unbestimmtheiten wird durch die Plancksche Konstante angegeben, die uns grundlegende «Quanten» vorgibt – die Plancksche Länge und die Plancksche Zeit.

Beide sind sehr klein. Die Plancksche Länge beispielsweise beträgt 10^{-35} Meter und ist damit weit kleiner als ein Atomkern. Nach den Quantengesetzen ist es nicht nur prinzipiell unmöglich, jemals irgendeine Länge genauer als in diesem Rahmen zu messen (und wir können uns glücklich schätzen, sollte uns das jemals gelingen!), sondern auch der Begriff eines Abstandes, der kürzer als die Plancksche

Länge wäre, hätte keine Bedeutung. Wenn also ein verdunstendes Schwarzes Loch so weit geschrumpft wäre, daß sein Durchmesser gerade noch eine Plancksche Länge aufwiese, könnte es sich nicht mehr weiter verkleinern. Verlöre es noch mehr Energie, könnte es sich nur vollständig auflösen. Entsprechend ist das Zeitquantum das kleinste Zeitintervall, das noch irgendeine Bedeutung besitzt. Diese Plancksche Zeit beträgt 10^{-43} Sekunden; ein kürzeres Zeitintervall gibt es nicht. (Kümmern Sie sich nicht um die exakte Größe dieser Zahlen, entscheidend ist, daß sie, obwohl außerordentlich klein, *nicht* gleich Null sind.) Die Quantentheorie lehrt uns, daß wir weder ein Schwarzes Loch so lange schrumpfen lassen können, bis es ein mathematischer Punkt ist, noch in der Lage sind, in der Zeit bis zu dem Moment zurückzublicken, da sie buchstäblich «begann». Selbst wenn wir das Urknallmodell bis zum äußersten Punkt zurückverfolgten, müßten wir uns damit abfinden, daß das Universum mit einem «Alter» entstanden ist, das der Planckschen Zeit entspricht.

In beiden Fällen scheint die Quantenmechanik die störenden Singularitäten zu beseitigen. Ihr zufolge sind die Dichten, die im Innern Schwarzer Löcher und bei der Entstehung des Universums erreicht werden, nach menschlichem Ermessen zwar unvorstellbar hoch, aber nicht unendlich. Lassen sich die Unendlichkeiten und Singularitäten beseitigen, gibt es zumindest die Hoffnung, ein Gleichungssystem zu finden, das den Ursprung (und, wie sich herausstellt, auch das Schicksal) des Universums beschreiben kann. Nachdem Hawking 1975 mit der Frage begonnen hatte, was in den letzten Stadien eines verdunstenden Schwarzen Loches geschieht, war er 1981 so weit, seine neuen Ideen zu präsentieren, unter anderem auch die Version der Quantenmechanik, die mit Hilfe der Feynmanschen Aufsummierung von Möglichkeiten erklärt, wie das Universum entstanden ist. Der Ort, den er sich für diese Präsentation aussuchte, war der Vatikan.

Tatsächlich war die Wahl des Schauplatzes nicht nur ein kurioser

Einfall des Cambridger Physikers. Die katholische Kirche hatte 1981 etliche namhafte Kosmologen eingeladen, um auf einer Konferenz in Rom die Entwicklung des Universums vom Urknall an zu erörtern. In den achtziger Jahren unseres Jahrhunderts war die Kirche für wissenschaftliche Lehren wesentlich aufgeschlossener als zu Zeiten Galileis, und die offizielle Kirchenmeinung hatte nichts daran auszusetzen, daß die Wissenschaft die Ereignisse nach dem Urknall untersuchte, solange sie das Geheimnis des Schöpfungsaugenblickes in den Händen Gottes beließ.

So war es vielleicht ein glücklicher Umstand, daß Hawkings Untersuchungen über den Schöpfungsmoment in einer ziemlich schwer zugänglichen mathematischen Sprache niedergelegt waren, als er sie auf dieser Konferenz vortrug. Inzwischen hat er die Ideen in eine wesentlich verständlichere Form gebracht (vor allem dank der Hilfe von James Hartle, University of California). Man braucht nicht viel Phantasie, um zu vermuten, daß der Papst Hawkings These, in allgemeinverständlicher Sprache dargelegt, wohl kaum gebilligt hätte, da in diesem Entwurf die Rolle Gottes völlig überflüssig wird.

Hawking hat hier versucht, eine Aufsummierung von Möglichkeiten zu erarbeiten, welche die gesamte Evolution des Universums beschreibt. Nun ist das natürlich unmöglich. Schon eine einzige Entwicklungsmöglichkeit oder Geschichte dieser Art würde bedeuten, daß man für jedes einzelne Teilchen die Bahn durch die Raumzeit vom Anfang des Universums bis zu seinem Ende berechnet, und an der «Integration» wäre eine gewaltige Zahl solcher Geschichten beteiligt. Doch Hawking entdeckte, daß es eine Möglichkeit gibt, die Rechnungen zu vereinfachen, vorausgesetzt, das Universum besitzt eine in besonderer Weise einfache Form.

Die Quantentheorie spielt durch die Aufsummierung von Möglichkeiten, die allgemeine Relativitätstheorie durch den Aspekt der gekrümmten Raumzeit in die Berechnungen hinein. In Hawkings Modellen ist eine vollständig gekrümmte Raumzeit, die die gesamte

Geschichte eines Modelluniversums beschreibt, der Bahn eines einzigen Teilchens in Feynmans Aufsummierung von Möglichkeiten äquivalent. Die allgemeine Relativitätstheorie läßt viele verschiedene Krümmungsarten zu, und einige Krümmungen sind wahrscheinlicher als andere.

Wenn das Universum dem Innern eines Schwarzen Loches gleicht, das die Raumzeit um sich geschlossen hat, dann können wir uns, dem Standardbild des Universums folgend, vorstellen, daß alles (auch der Raum) von der Ursingularität nach außen expandiert, eine gewisse Größe erreicht und dann in einem rückwärts laufenden Film des Urknalls, dem sogenannten Großen Endkollaps, wieder in sich zusammenfällt. Nach diesem Bild gibt es in der Ursingularität einen Anfang der Zeit und in der finalen Singularität ein Ende der Zeit. Hawking bezeichnet den Anfang und das Ende der Zeit als «Ränder» dieses Weltallmodells – ein solches Modell hat keinen Rand im Raum, weil der Raum rund gezogen ist und eine glatte Oberfläche hat wie ein Ballon oder die Erde, aber es gibt einen Rand in der Zeit: am Anfang, wenn das Universum als Punkt mit der Größe Null erscheint.

Hawking wollte den Rand in der Zeit ebenso wie den Rand im Raum entfernen, um ein Modell des Universums zu entwickeln, das überhaupt keine Grenzen hat. Er stellte fest, daß er nicht für jedes Teilchen jede Bahn in der Raumzeit detailliert berechnen mußte, weil nach den allgemeinen Regeln der Aufsummierung von Möglichkeiten, auf Familien gekrümmter Raumzeiten angewendet, eine bestimmte Krümmungsart wahrscheinlicher ist als jede andere, sofern die Keine-Grenzen-Bedingung gilt.

Hawking macht deutlich, daß seine Keine-Grenzen-Bedingung bislang nur eine Vermutung über die Beschaffenheit des Universums ist, eine Vermutung jedoch, die zu einem überzeugenden Bild der Wirklichkeit führt. Das ist die kosmologische Version der Feststellung, nach der Pfadintegralmethode könne ein Elektron nur bestimmten Bahnen um ein Elektron folgen. Dem Universum steht nur eine begrenzte Zahl von Lebenszyklen zur Auswahl, und sie sehen alle sehr ähnlich aus.

Diese Modelle lassen sich am besten beschreiben, indem man die Idee, sich das Universum als Oberfläche eines Ballons vorzustellen, erweitert. Nach dem alten Bild repräsentiert diese Oberfläche den Raum, und die Evolution des Universums vom Urknall zum Endkollaps entspricht der Vorstellung, daß der Ballon zuerst aufgeblasen wird und dann schrumpft. Nach dem neuen Bild bedeutet die kugelförmige Oberfläche zugleich Raum und Zeit und behält stets ihre Größe – sie ähnelt damit weit eher der Oberfläche der Erde als der eines sich ausdehnenden Ballons. Wie findet dann aber die beobachtete Expansion des Universums Eingang in das Modell?

Ganz einfach, sagt Hawking: Wir müssen uns den Urknall als die Entsprechung eines Punktes auf der Oberfläche der Kugel am Nordpol vorstellen. Ein winziger Kreis, den wir um diesen Punkt ziehen (ein Breitengrad), entspricht dann der Größe des Raumes, den das Universum einnimmt. Im Laufe der Zeit müssen wir uns die Breitengrade in immer größerer Entfernung zum Nordpol denken – sie werden größer (zeigen, daß das Universum expandiert) und nähern sich allmählich dem Äquator. Von diesem aus in Richtung Südpol werden die Breitengrade wieder kleiner und repräsentieren dann das Universum, das jetzt mit verstreichender Zeit wieder schrumpft, bis es ganz verschwindet.

Es bleibt zwar das Bild eines Universums, das aus einem superdichten Zustand entsteht, sich entwickelt und wieder in einen superdichten Zustand zurückschrumpft, aber es gibt keine Diskontinuität in der Zeit mehr, ebensowenig wie die Erde am Nordpol einen Rand hat. Dort am Nordpol gibt es auch keine nördliche Richtung, denn jede Richtung zeigt aufgrund der Geometrie der gekrümmten Erdoberfläche nach Süden. Genauso gab es im Urknall keine Vergangenheit, und alle Zeit lag aufgrund der Geometrie der gekrümmten Raumzeit in der Zukunft. Das Ganze –

Raum und Zeit, Materie und Energie – ist vollständig in sich abgeschlossen.

Diesen Vorgang können Sie sich recht gut begreiflich machen, indem Sie sich vorstellen, Sie stünden ein Stück vom Nordpol entfernt und begännen genau nach Norden zu gehen. Selbst wenn Sie in gerader Linie gingen, würden Sie bald feststellen, daß Sie genau nach Süden gehen. Genauso erginge es Ihnen, wenn Sie eine Zeitmaschine hätten und von einem Moment kurz nach dem Urknall in der Zeit rückwärts reisten: Sie würden bald feststellen, daß Sie sich in der Zeit vorwärts bewegten, obwohl Sie nichts an den Steuergeräten der Maschine verändert hätten. Man kann in der Zeit nicht vor den Urknall (strenggenommen, vor die Plancksche Zeit) gelangen, weil es einfach kein Vorher gibt.

In dem Buch ‹*Eine kurze Geschichte der Zeit*› kommt Hawking auf die Konsequenzen für die Religion zu sprechen. Er läßt keinen Zweifel daran, daß er zumindest Agnostiker ist und sich durch seine kosmologischen Untersuchungen in dieser Überzeugung nachdrücklich bestätigt sieht:

> Wenn das Universum einen Anfang hatte, können wir von der Annahme ausgehen, daß es durch einen Schöpfer geschaffen worden sei. Doch wenn das Universum wirklich völlig in sich selbst abgeschlossen ist, wenn es wirklich keine Grenze und keinen Rand hat, dann hätte es auch weder einen Anfang noch ein Ende: Es würde einfach *sein*. Wo wäre dann noch Raum für einen Schöpfer?[1]

Aber selbst ohne einen Schöpfer blieben noch genug Probleme zu lösen. Bereits 1981 richteten Hawking und andere Theoretiker ihre Aufmerksamkeit auf die nächste Frage: Wie konnte ein winziger Keim des Universums die ungeheure Größe annehmen, die wir heute beobachten?

Das Problem, wie das Universum zu seiner heutigen Größe hat anwachsen können, hatte sich im Laufe der siebziger Jahre immer nachdrücklicher gestellt. Als noch alle Beteiligten glaubten, die Urknalltheorie sei nur ein Modell, mit dem man beliebig experimentieren könne, hatten sie sich nicht weiter den Kopf darüber zerbrochen, wie es wohl im einzelnen funktioniert. Doch da immer mehr Daten dafür sprachen, daß dieses Modell eine sehr gute Beschreibung des wirklichen Universums liefert, wurde es zunehmend wichtig, *exakt* zu erklären, welche Gesetze dem Modell und dem Universum zugrunde liegen.

Zwei Probleme konnten Kosmologen in den siebziger Jahren nicht lösen. Erstens: Warum ist das Universum so gleichförmig – warum sieht es (im Durchschnitt) nach allen Richtungen des Raums hin gleich aus, und warum vor allem ist die Temperatur des Mikrowellenhintergrundes, in welcher Richtung man sie auch mißt, genau gleich? Zweitens befindet sich das Universum offenbar in einem empfindlichen Gleichgewicht auf dem schmalen Grat zwischen einer geschlossenen Form, in der es wie ein Schwarzes Loch wäre, und einer offenen, in der es unendlich expandieren würde. In bezug auf die Raumkrümmung ist das Universum also bemerkenswert flach. Warum?

Offenbar hätte es der allgemeinen Relativitätstheorie allein zufolge zum Beispiel sehr viel stärker gekrümmt sein können. Dann hätte es sich nach dem Urknall nur ein wenig ausgeweitet, um schon bald wieder in sich zusammenzustürzen, so daß Sternen, Planeten und Menschen nicht genügend Zeit zur Verfügung gestanden hätte, sich zu entwickeln. Die Kosmologen nahmen an, die Gleichförmigkeit und Flachheit des Universums sagte etwas Grundsätzliches über die Natur des Urknalls aus, aber niemand vermochte anzugeben, was das sein könnte, bis Alan Guth, ein junger Forscher von der Cornell University, eine neue Idee vorschlug.

Guths Hypothese trägt die Bezeichnung «Inflation» und ist aus der Quantenphysik abgeleitet. Danach hat sich das Vakuum des

Universums im ersten Sekundenbruchteil nach dem Anfang in einem hochenergetischen Zustand befunden, was die Quantengesetze zulassen, doch ist es dabei instabil gewesen. Der hochenergetische Zustand entspricht einem Behälter mit Wasser, das sehr langsam *unter* 0 °C gekühlt wird. Solche Unterkühlung ist möglich, wenn das Wasser sehr behutsam gekühlt wird, doch das Ergebnis ist instabil. Bei der geringsten Störung gefriert das Wasser zu Eis, wobei es Energie freigibt. (Genau der Energiebetrag, der erforderlich ist, um einen Eiswürfel bei 0 °C zu schmelzen, wird freigegeben, wenn eine entsprechende Menge Wasser gefriert.)

Doch hier weicht unsere Geschichte etwas von der Eisanalogie ab, denn wenn das Universum aus dem angeregten Vakuumzustand zum stabilen Vakuum, das wir heute kennen, abkühlt, wird so viel Energie freigesetzt, daß es superheiß wird, nicht eisig, und eine Zeitlang superschnell expandiert. Nach dieser Theorie wurde in einem winzigen Sekundenbruchteil eine Raumregion, die weit kleiner als ein Proton war (aber voller Energie steckte), zu einem Volumen von etwa der Größe einer Grapefruit aufgebläht. An diesem Punkt war die Inflation erschöpft, und der grapefruitgroße Feuerball ging in die stetige Expansion über, die wir vom Standardmodell des Urknalls her kennen, um sich im Laufe der nächsten fünfzehn Milliarden Jahre zu dem heutigen Universum zu entwickeln.

Nach der Inflationstheorie ist das Universum so gleichförmig, weil es aus einem Keim erwachsen ist, der derart klein war, daß es in seinem Innern buchstäblich keinen Platz für Unregelmäßigkeiten gab. Aus den Gleichungen geht ferner hervor, daß der Inflationsprozeß den Raum geebnet hat. Am besten kann man sich diesen Vorgang vergegenwärtigen, indem man an die runzlige Oberfläche einer Backpflaume denkt, die alles andere als eben ist. Taucht man die Pflaume in Wasser, so bläht sie sich auf, bis die Oberfläche sich streckt und die Runzeln geglättet sind. Stellen wir uns also vor, das Ganze fing mit einer Backpflaume an, die kleiner als ein Proton ist, und expandierte zur Größe einer Grapefruit. So können wir vielleicht leichter begreifen, warum der Raum heute so ausgesprochen eben ist.

Das Inflationsmodell ist seit Guths erstem Vorschlag im Jahre 1980 erheblich weiterentwickelt worden. Hawking hat im Laufe der achtziger Jahre einige Details beigesteuert, doch vor allem hat sich der russische Forscher Andrej Linde damit beschäftigt. Einige frühe Hypothesen Lindes haben unabhängig von ihm auch Paul Steinhardt und Andreas Albrecht an der University of Pennsylvania entwickelt. Wie wir in Kapitel fünfzehn sehen werden, wurden die ersten Spielarten der Inflationstheorie in den achtziger Jahren durch Erkenntnisse überholt, die ein völlig überraschendes neues Bild von Ursprung und Evolution nicht nur *des* Universums lieferten, sondern einer Vielfalt von Universen. Auch an diesen Arbeiten war Hawking beteiligt. Von nun an regneten Auszeichnungen und Preise auf den Mann herab, für den die bescheidene Anerkennung der Gravity Research Foundation noch vor kurzer Zeit «sehr willkommen» gewesen war.

12 Im Rampenlicht

1978 erhielt Hawking einen der angesehensten Physikpreise, den Albert Einstein Award, der vom Lewis and Rose Strauss Memorial Fund verliehen wird. Der Preisträger wurde auf einer Galaveranstaltung in Washington bekanntgegeben. In der Begründung hieß es, Hawkings Arbeit könnte zu einer vereinheitlichten Feldtheorie führen, «nach der Wissenschaftler unentwegt suchen»[1], so eine Cambridger Zeitung. Der Albert Einstein Award steht dem Nobelpreis an Ansehen kaum nach und war zweifellos die bedeutendste Auszeichnung, die Hawking bis dahin erhalten hatte. In den Medien wurde die Vermutung laut, der sechsunddreißigjährige Physiker könnte der nächste Anwärter auf die höchste akademische Ehrung sein – eine Einladung der Königlichen Akademie der Wissenschaften in Stockholm.

Aus zwei Gründen erscheint es jedoch unwahrscheinlich, daß Hawking jemals den Nobelpreis erhalten wird. Erstens zeigt bereits ein flüchtiger Blick auf die Liste der Preisträger seit 1901, daß nur wenige Astronomen darunter sind. Der Chemiker Alfred Nobel, der den Preis gestiftet hat, soll angeblich verfügt haben, daß keine Astronomen gewählt werden dürften. Man munkelt, seine Frau habe eine Affäre mit einem Astronomen gehabt, und Nobel habe deshalb die ganze Zunft gehaßt. Trotzdem bekamen neben anderen Martin Ryle und Antony Hewish 1974 den Nobelpreis für ihre Arbeit in der Radioastrophysik, und 1983 wurde er Subrahmanyan Chandrasekhar für seine theoretischen Untersuchungen über den Ursprung und die Entwicklung von Sternen zuerkannt. Vielleicht begegnet die Stockholmer Akademie Astronomen heute mit größeren Sympathien als in vergangenen Zeiten.

Es gibt allerdings noch einen gewichtigeren Grund für die Tatsache, daß Hawkings Name auf der Liste der Preisträger fehlt. Nach einem Grundsatz der Akademie kommt ein Kandidat nur dann für einen Preis in Frage, wenn sich seine Entdeckung durch Experimente oder Beobachtungen verifizieren läßt. Und Hawkings Arbeit ist natürlich unbewiesen. Obwohl man die mathematische Schönheit und Eleganz seiner Theorien rühmt, ist die Wissenschaft noch nicht einmal in der Lage, die Existenz Schwarzer Löcher nachzuweisen, von der Verifizierung der Hawking-Strahlung oder seiner anderen Hypothesen ganz zu schweigen.

Ein Jahr nach der Verleihung des Albert Einstein Award erschien Hawkings zweites Buch bei Cambridge University Press: eine Sammlung von sechzehn Artikeln zur hundertsten Wiederkehr von Albert Einsteins Geburtstag, dem 14. März 1879. Hawking gab das Buch – ‹*General Relativity: An Einstein Centenary Survey*› – zusammen mit seinem Kollegen Werner Israel heraus. Als Simon Mitton es im Januar 1979 auf einer Vertreterkonferenz vorstellte, zeigten sich die Vertreter, deren Aufgabe es ist, die Buchhändler von den Vorzügen der von ihnen angebotenen Bücher zu überzeugen, ungewöhnlich begeistert. Einer der Verkaufsspezialisten erklärte Mitton: «Dieser Hawking ist wirklich erstaunlich. Wir werden keine Probleme haben, das zu verkaufen. Alle guten Buchhandlungen werden das Buch nehmen, keine Frage.» Er sollte recht behalten.

In diesem Jahr erhielt Stephen Hawking endlich sein eigenes Büro am DAMTP – ein Umstand, den er seiner Berufung auf den Lukasischen Lehrstuhl verdankte. Hawking ist sich seines Platzes in der Wissenschaftsgeschichte wohl bewußt. Ihn fasziniert es, daß der Tag seiner Geburt Galileis dreihundertster Todestag war – der große Gelehrte starb am 8. Januar 1642. Im selben Jahr wurde Isaac Newton in Woolsthorpe, einem kleinen Dorf in Lincolnshire, geboren und 1669, dreihundertzehn Jahre vor Hawking, zum Lukasischen Professor in Cambridge berufen.

Einstein hielt Galilei für den größten Wissenschaftler der Geschichte, und Hawking meint, er sei, im Hinblick auf seine Methodik, der erste moderne Wissenschaftler gewesen.

> Als erster Wissenschaftler hat er wirklich Gebrauch von seinen Augen gemacht, im wörtlichen wie im übertragenen Sinne. Und insofern hat er das wissenschaftliche Zeitalter begründet, das wir heute erleben.[2]

Galileis Wirken führte direkt zu Newtons Forschung und den Grundlagen der klassischen Physik. Einstein, geboren hundert Jahre bevor Hawking den Lukasischen Lehrstuhl erhielt, stellte die «großräumige» Physik auf den Kopf. Heute gilt Hawking in den Augen vieler als der Physiker, der am ehesten in der Lage sein könnte, die beiden Grundpfeiler der Physik, die Quantenmechanik und die Relativitätstheorie, zu vereinigen. Kein Wunder, daß Hawking einen ausgeprägten Sinn für die Wissenschaftsgeschichte hat.

Bei der Amtseinführung als Lukasischer Professor hielt Hawking eine denkwürdige Antrittsvorlesung, «Ist das Ende der theoretischen Physik in Sicht?», in der er die Auffassung vertrat, eine Große Vereinheitlichte Theorie, die die fundamentalen Gesetze des Universums zusammenfasse, sei bis zum Ende des Jahrhunderts erreichbar.

Der Gedanke beflügelte die Phantasie der Zuhörer. Als sie den Vortragssaal verließen, hatten viele den Eindruck, daß für die Verwirklichung dieses Traums, wenn er denn je in Erfüllung gehe, nur der so hinfällig wirkende Mann sorgen könnte, der eben noch, zusammengesunken in seinem motorisierten Rollstuhl, vor ihnen auf dem Podium gesessen und seine kühnen Thesen mit der ihm eigenen Überzeugungskraft verkündet hatte.

Die Berufung zum Lukasischen Professor für Mathematik an der Cambridge University war einer der Höhepunkte in Hawkings

Laufbahn. Die Professur an einer der ältesten und angesehensten Universitäten der Welt ist schon an sich ein bedeutsames Ereignis, doch wem dies schon im Alter von siebenunddreißig Jahren zuteil wird, darf mit Recht stolz darauf sein. Zwar war Newton, als er den Lehrstuhl erhielt, noch zehn Jahre jünger als Hawking, aber im 17. Jahrhundert gab es bei weitem nicht so viele Akademiker und damit auch weit weniger Mitbewerber für eine solche Stellung. Newton ist im übrigen der jüngste Wissenschaftler, der je auf den Lukasischen Lehrstuhl in Cambridge berufen wurde.

In den Ostertagen 1979 wurde das dritte Kind der Hawkings geboren, ein Junge, den sie Timothy nannten. Es war eine glückliche Zeit für die Familie. Jane Hawking hatte promoviert und fand eine gewisse Befriedigung in ihrem Beruf als Lehrerin. Professor Hawking erfreute sich großer Wertschätzung in der internationalen Gemeinschaft der Physiker.

Außerhalb der akademischen Welt von Cambridge wurde das bunte Kaleidoskop des Lebens kräftig geschüttelt und erzeugte immer neue Bilder. Kurz vor der Geburt von Timothy Hawking entdeckten Wissenschaftler am Jet Propulsion Laboratory in Pasadena auf Fotos der Raumsonde Voyager I zu ihrer Überraschung, daß der Jupiter wie sein Himmelsnachbar Saturn von Ringen umgeben ist. Noch bevor das Jahr vorüber war, sollte Margaret Thatcher ihre elfjährige Amtszeit als erste Premierministerin Englands antreten, Lord Mountbatten, der Vetter der Königin, einem Attentat der IRA zum Opfer fallen und das amerikanische Botschaftspersonal in Teheran in Geiselhaft geraten. Die Rote Armee okkupierte Afghanistan, und Mutter Teresa aus Kalkutta erhielt den Friedensnobelpreis. In den Kinos war einer der erfolgreichsten Filme des Jahres *‹Apocalypse Now›*.

An der Schwelle zu den achtziger Jahren konnte Hawking zufrieden auf die Leistungen der siebziger zurückblicken. Die Symptome der ALS hatten sich nicht verschlimmert. Zwar war seine Sprache nur noch engen Mitarbeitern und Familienmitgliedern verständlich, und er war an den Rollstuhl gefesselt, aber er konnte weiterhin so intensiv arbeiten und so häufig reisen, wie er es immer getan hatte. Seine Befreiung von Routineaufgaben und -pflichten zahlte sich in wissenschaftlicher Münze aus.

Seit 1980 quartierten die Hawkings keine Doktoranden mehr bei sich ein, die ihnen zur Hand gingen, sondern nahmen abwechselnd die Dienste von Gemeindeschwestern und Privatpflegerinnen in Anspruch. Diese halfen Jane Hawking je zwei Stunden am Morgen und Abend bei der Pflege ihres Mannes. Was die bescheidene Unterstützung des Gesundheitsamtes nicht abdeckte, mußte aus eigener Tasche bezahlt werden – von den Geldern, die mit Hawkings vielen Preisen und Auszeichnungen verbunden waren, und aus den erhöhten Bezügen, die ihm sein neues Amt brachte.

Die Hawkings wurden zu äußerst beliebten Gastgebern in den akademischen Zirkeln von Cambridge. Don Page hat von Jane Hawking gesagt, sie sei «als Gastgeberin von großem beruflichem Nutzen für Hawking».[3] Laut Berman, Hawkings Tutor in Oxford, ist sie «eine bemerkenswerte Frau. Sie sorgt dafür, daß er alles tun kann, was auch ein Gesunder täte. Sie gehen überallhin und verzichten auf nichts.»[4] Die Hawkings waren bald ein geschätzter Mittelpunkt der Cambridger Gesellschaft. Als Lukasischer Professor genoß Stephen großes Ansehen bei Akademikern und Intellektuellen in aller Welt. Häufig wurde zu Abendessen und Partys in die West Road oder ins DAMTP eingeladen. Zu den Gästen zählten durchreisende Wissenschaftler ebenso wie Angehörige der Universitätshierarchie. Seinem Interesse für klassische Musik konnte das Paar in Cambridge ausgiebig nachgehen. Häufig waren die beiden bei Konzerten in der Stadt zu sehen. Gern gingen sie ins Theater, ins Kino und zum Essen – in Cambridge wie auf ihren Auslandsreisen.

In den Restaurants und bei den vielen Festlichkeiten, zu denen das Paar eingeladen wurde, löste Hawkings unübersehbare Behinderung bei Leuten, die ihn nicht kannten, manchmal Verlegenheit aus. Da saß diese hinfällige Gestalt im Rollstuhl, versuchte zu sprechen, brachte aber nur unverständliche Laute hervor, mußte gefüttert werden und konnte aufgrund der atrophierten Halsmuskulatur den Kopf nicht mehr halten, so daß das Kinn auf die Brust fiel: Den zufälligen Betrachtern, die nicht wußten, daß sie einen der größten Wissenschaftler der Welt vor sich hatten, ist kein Vorwurf daraus zu machen, daß sie bei diesem erbarmungswürdigen Anblick meinten, der Mann sei nicht nur körperlich, sondern auch geistig behindert. Hawking hat einmal über seine Krankheit gesagt:

> Ich glaube, ich bin jetzt glücklicher als früher. Bevor die Krankheit anfing, langweilte mich das Leben. Ich habe ziemlich viel getrunken, glaube ich, und überhaupt nicht gearbeitet. Es war ein recht sinnloses Dasein. Wenn man dagegen nichts mehr erwarten darf, ist man wirklich dankbar für alles, was man hat.[5]

Ein andermal meinte er: «Wenn man körperlich behindert ist, kann man sich nicht auch noch eine seelische Behinderung leisten.»[6]

Mit der ihr eigenen geradlinigen und optimistischen Lebenseinstellung pflichtete seine Frau ihm bei. «Wir versuchen das Beste aus jedem Augenblick zu machen», erklärte sie einem Interviewer.[7]

Ein Journalist der *Sunday Times* fragte ihn, ob ihn seine Behinderung manchmal deprimiere.

«Im allgemeinen nicht», erwiderte er. «Ich habe trotzdem alles geleistet, was ich mir vorgenommen habe, und das gibt mir das Gefühl, ich erreiche etwas.»[8]

Ein anderer Journalist fragte ihn einmal, was für ihn das Schlimmste an seiner Krankheit sei.

«Daß ich nicht mit meinen Kindern herumtoben kann», lautete die Antwort.[9]

Einige Jahre zuvor hatte Hawking sich auf langwierige Verhandlungen mit der Universitätsverwaltung eingelassen und einen rollstuhlgerechten Zugang zum DAMTP verlangt. Dabei ging es um die

Frage, wer die Rampe bezahlen sollte, die zu bauen war. Hawking setzte sich schließlich durch und konnte die Verwaltung auch dazu bewegen, die Bordsteine in der Umgebung der Silver Street abzusenken, was ihm die Fahrt von der West Road zu seinem Arbeitsplatz erleichterte. Solche Auseinandersetzungen brachten Hawking dazu, sich allgemeiner für die Rechte von Behinderten einzusetzen, und er ist scitdem bei verschiedenen Anlässen als ihr Fürsprecher aufgetreten.

Mit dem Stadtrat von Cambridge stritt er über den Zugang zu öffentlichen Gebäuden. Nach langem Hin und Her und dem Austausch immer unfreundlicherer Briefe wurden an vielen belebten Orten der Stadt die Bürgersteige gesenkt und an verschiedenen Gebäuden Rampen angebracht. Heftige Debatten wurden um ein öffentliches Gebäude namens Cockcroft Hall geführt, das während der Kommunalwahlen als Wahllokal diente. Nach dem Wahltag beklagte Hawking sich beim Stadtrat darüber, daß es für Schwerbehinderte praktisch unmöglich sei, zum Wählen in das Gebäude zu gelangen. Die Stadtverwaltung vertrat die Auffassung, Cockcroft Hall sei kein öffentliches Gebäude im engeren Sinne und falle deshalb nicht unter das britische Behindertengesetz von 1970. Da Professor Hawking beteiligt war, nahm sich die Lokalpresse des Falles an und befaßte sich in einer Artikelserie mit den Problemen, die Behinderte in Cambridge hatten. Der Stadtrat mußte klein beigeben.

Ende 1979 ernannte der britische Behindertenverband Hawking zum «Mann des Jahres», und abermals berichtete die Lokalpresse von seinen Bemühungen, die Rechte von Behinderten durchzusetzen. Dabei begegnet er dem ganzen Thema mit zwiespältigen Gefühlen. Einerseits möchte er tun, was in seiner Macht steht, um Behinderten zu helfen, weil er als Betroffener nur zu gut weiß, mit was für Problemen sie konfrontiert sind. Zudem ist er von eigensinnigem und rebellischem Wesen, was ihn, verstärkt durch seine besonderen Lebensumstände, dazu veranlaßt, keinem Streit aus dem Weg zu gehen. Nichts liebt er mehr als eine lebhafte Auseinandersetzung, ob es nun um Kosmologie, Sozialismus oder die Rechte von Behinderten geht. Andererseits ist Hawking stets bemüht, seine Krankheit zu vergessen. Er zeigt kein Interesse an Einzelheiten seines Leidens und tut nichts, um auf seine Behinderung hinzuweisen.

Ein Interviewer hat ihn einmal gefragt, ob er nicht seine geistigen Fähigkeiten dazu nutzen könnte, ein Mittel gegen seine Krankheit zu suchen. Das würde ihn viel zu sehr beunruhigen, hat Hawking geantwortet. Er sei Physiker und nicht Mediziner, und alle scheußlichen Details zu kennen würde ihm sicher nichts nützen. Man solle ihm nur Bescheid sagen, wenn die Forschung einen entscheidenden Schritt vorangekommen sei.

Diese Ambivalenz ist ihm früher gelegentlich angekreidet worden. Kritiker warfen ihm vor, er tue nicht genug für die Behinderten. Seine wachsende Popularität sei eine ideale Voraussetzung dafür, sich in der breiten Öffentlichkeit Gehör zu verschaffen. Und im Laufe der Zeit ist Hawking in dieser Sache tatsächlich immer aktiver geworden. So sagte er in einer Rede, die er Ende der achtziger Jahre auf einem arbeitsmedizinischen Kongreß an der University of Southern California gehalten hat:

> Es ist von großer Wichtigkeit, daß man behinderte Kinder mit Altersgenossen zusammenbringt. Das prägt ihr Selbstbild. Wie kann man sich als vollwertiges Mitglied der menschlichen Gesellschaft fühlen, wenn man schon in frühestem Alter abgesondert wird? Das ist eine Form der Apartheid. Hilfsmittel wie Rollstühle und Computer können eine wichtige Rolle bei der Überwindung körperlicher Beeinträchtigungen spielen, doch die richtige Einstellung ist viel wichtiger. Es hat keinen Zweck, sich über die öffentliche Einstellung zu Behinderten zu beklagen. Die Behinderten müssen das Bewußtsein der Menschen in der gleichen Weise verändern, wie Schwarze und Frauen die Einstellung der Öffentlichkeit verändert haben.[10]

Einmal in dieses Fahrwasser gelangt, beschränkte Hawking seine öffentlichen Stellungnahmen nicht mehr auf die Probleme von Behinderten. Er zeigt wachsendes Interesse für ein weites Feld ganz unterschiedlicher sozialpolitischer Fragen. Nachdrücklich setzte er sich für die Zulassung von Studentinnen am Caius College ein, eine Auseinandersetzung, die fast zehn Jahre dauerte. Seine Frau und er waren zahlende Mitglieder der Labour Party. Immer deutlicher äußerte er sich zu sozialen Problemen. Einmal hat er sich scherzhaft als «Sozialisten vom rechten Flügel» bezeichnet, aber seine Haltung in den verschiedensten politischen Fragen, vom Falklandkrieg bis zur nuklearen Abrüstung, läßt jenen Liberalismus erkennen, in dessen Geist er im Hause seiner Eltern aufgewachsen ist.

Als er einen Preis entgegennahm, den ein amerikanischer Rüstungsbetrieb finanziert, hielt er der versammelten Konzernleitung einen Vortrag über die Sinnlosigkeit von Kernwaffen.

> Auf jeden Bewohner des Erdballs kommt das Äquivalent von vier Tonnen hochexplosiven Sprengstoffs. Um einen Menschen zu töten, braucht man ein halbes Pfund davon. Folglich haben wir die sechzehntausendfache Menge dessen, was erforderlich wäre. Wir müssen begreifen, daß wir uns nicht im Konflikt mit den Sowjets befinden, sondern daß jede Seite großes Interesse an der Stabilität der anderen Seite hat. Diesen Umstand müssen wir uns klarmachen und kooperieren, statt uns gegeneinander zu bewaffnen.[11]

Abgesehen davon, daß er sein eigenes Büro bekam, hatte sich nach seiner Berufung zum Lukasischen Professor das Leben am DAMTP wenig verändert. Silver Street ist eine enge, gewundene Nebenstraße der King's Parade im Zentrum von Cambridge. Das Schild des Department of Applied Mathematics und Theoretical Physics ist so unauffällig, daß es fast seinen Zweck verfehlt – ohne fremde Hilfe sind Besucher oft nicht in der Lage, den Eingang zu finden. Wenn man das Schild schließlich entdeckt, verweist es auf einen Torweg, der in einen Innenhof führt. Dort parken zahlreiche Autos, und am verzierten Mauerwerk lehnen die Fahrräder in drei Reihen nebeneinander. Am anderen Ende des Hofes befindet sich eine rote Tür mit einem Glasfenster, daneben an der Wand eine Messingplatte, die den Fachbereich etwas eleganter und lesbarer ankündigt.

Im Innern führt ein linoleumbelegter Flur zu einem großen, schmuddeligen Gemeinschaftsraum. Tische und niedrige Sessel sind willkürlich über den Raum verteilt, so wie die letzten Benutzer sie sich zurechtgeschoben haben. Die Wände sind grau gestrichen, und über dem ganzen etwas vernachlässigten Raum liegt die Atmosphäre von akademischer Nüchternheit und Arbeitsamkeit. Vom Gemeinschaftsraum aus führen Türen zu einer Reihe von Büros. Auf einer prangt ein Aufkleber mit den Worten «Schwarze Löcher sind außer Sicht», dahinter der Raum, den Hawking einst mit Gary Gibbons, einem ehemaligen Studenten, teilte. Die Tür zu seinem neuen Büro ziert eine typisch selbstironische Ankündigung in Kopfhöhe: BITTE RUHE! DER CHEF SCHLÄFT.

Hawkings Büro hat sich kaum verändert, seit er es 1979 übernommen hat. Es ist relativ klein und wird von einem Schreibtisch beherrscht, der der Tür gegenübersteht. Die Wände sind mit Bücherregalen bedeckt. Auf der einen Seite des Schreibtisches befinden sich etliche technische Geräte. Da ist zunächst ein Telefon, das mit einem besonderen Mikrofon und Lautsprechern ausgerüstet ist, so daß Hawking es benutzen kann, ohne den Hörer halten zu müssen. Daneben befindet sich ein anderes Gerät – ein Seitenwender, der auf Knopfdruck automatisch jedes Buch durchblättert, das sich auf einem erhöhten Ständer befindet. Sobald ein Assistent das Buch vor Hawking aufgestellt und die Halterung befestigt hat, kann dieser jede Stelle im Text finden, die er lesen möchte. Schwieriger ist für ihn die Lektüre von Aufsätzen oder Zeitschriften, weil das Gerät mit solchen Formaten nicht umgehen kann. Dann muß der Artikel fotokopiert und vor ihn auf das Pult gelegt werden. Auf dem

Schreibtisch steht neben einem gerahmten Foto seiner Familie ein Computer, versehen mit zwei Hebeln, die einen Cursor auf dem Schirm steuern. Dieses System ersetzt die normale Tastatur und dient zugleich als «Tafel» und zur Textverarbeitung.

Es herrscht eine lockere Atmosphäre im Department. Bei den regelmäßigen Zusammenkünften – morgens zum Kaffee und nachmittags zum Tee – drehen sich die Gespräche um die tägliche Arbeit. Fünf Minuten im Gemeinschaftsraum des DAMTP machen jedem deutlich: Physiker haben eine Schwäche fürs Fachsimpeln. Die Studenten behandeln Hawking mit gespielter Respektlosigkeit. Man legt hier keinen Wert auf Etikette oder elitäres Gehabe. Als der Autor Dennis Overbye Hawking im DAMTP besuchte, stieß er auf eine Gruppe von Studenten, die an einem Kunststofftisch im Gemeinschaftsraum hockten. «Wegen ihres Alters, ihrer Kleidung, ihrer Blässe und aller Anzeichen schlechter Ernährung erinnerten sie an die Roadies einer Rock-and-Roll-Band», schreibt er.[12] Hawking scherzt mit ihnen und reißt alberne Witze. Wenn sich im Laufe ihrer Gespräche eine gute Idee ergibt, notieren sie die mathematischen Gleichungen, einer alten Tradition folgend, auf den Tischplatten. «Wenn wir etwas retten wollen, dann fotokopieren wir den Tisch einfach», meinte Hawking spöttelnd zu Overbye.[13]

Hawkings Verwaltungsaufgaben beschränkten sich auf die Leitung der kleinen Relativitätsgruppe, die aus etwa einem Dutzend Forschungsassistenten verschiedenster Nationalität bestand, und auf die Betreuung einer Handvoll Doktoranden. Von diesen Pflichten abgesehen, erlaubte ihm seine Professur, sich weiterhin der Tätigkeit zu widmen, für die er auch zuvor den größten Teil seiner Zeit aufgewandt hatte – dem Denken.

Im Privatleben dagegen war Hawkings Terminkalender erheblich voller geworden. Woche für Woche reisten ausländische Kollegen an. Zu seinen Pflichten gehörte es jetzt, Symposien und Vorträge von Physikern zu organisieren, die an einem Besuch in

Cambridge interessiert waren. Hawkings Relativitätsgruppe am DAMTP galt inzwischen als Avantgarde der Forschung, und es herrschte kein Mangel an Wissenschaftlern, die ihre neuesten Arbeiten mit dem Cambridge-Team diskutieren wollten.

Um diese Zeit hatte sich für Hawking am DAMTP ein strapaziöser Tagesablauf entwickelt, den er bis heute praktisch unverändert beibehalten hat. Er stand früh auf, brauchte allerdings bis zu zwei Stunden, um das Haus zu verlassen. Gegen zehn traf er in seinem Büro ein. Die Fahrt von der West Road dauerte nicht länger als zehn Minuten. Meist unterhielt er sich dabei mit einem Doktoranden oder Forschungsassistenten. Nachdem er mit seiner Sekretärin die Post durchgesehen hatte, arbeitete er gewöhnlich den Morgen hindurch am Computer oder las Aufsätze und Artikel von Kollegen. Punkt elf Uhr fuhr er in den Gemeinschaftsraum, wo ihm ein Assistent beim Kaffeetrinken half, indem er ihm die Tasse an den Mund führte. Oft unterhielt er sich dann eine Zeitlang, so gut es ging, mit den Studenten und Assistenten, bevor er wieder in sein Büro zurückkehrte, wo er bis zum Mittagessen Telefongespräche führte und seine Korrespondenz erledigte.

Punkt ein Uhr machte er sich auf den Weg zum Mittagessen im Caius College. Mit der Höchstgeschwindigkeit seines Rollstuhls fuhr er in die King's Parade, vorbei an der King's College Chapel und am Senate House, neben ihm, in Laufschritt verfallend, ein Assistent. Hawking liebt die Stadt, in der er den größten Teil seines Lebens verbracht hat. Die Grandeur ihrer Architektur und die Atmosphäre intensiven geistigen Lebens, die sie vermittelt, sind von großer Bedeutung für ihn. Als er auf seiner Fahrt einmal von einem Journalisten begleitet wurde, hielt er dem Interviewer eine Geschichtsvorlesung, der es nicht an der ihm eigenen Ironie mangelte:

> Als Dr. Caius im 16. Jahrhundert das Gonville College wieder eröffnete, ließ er drei Tore bauen. Man trat durch das Tor der

Demut ein, ging durch das Tor der Weisheit und Tugend und verließ das College durch das Tor der Ehre. Das Tor der Demut hat man inzwischen niedergerissen. Man hat dafür keine Verwendung mehr.[14]

Werktags fährt Hawking wieder ins DAMTP zurück, wo er bis zur Teezeit arbeitet. Um vier Uhr nachmittags fallen die Fachbereichsmitglieder lärmend in den sonst so stillen Gemeinschaftsraum ein. Zum Tee entwickeln sich angeregte Gespräche in kleinen Gruppen. Damals wie heute sitzt Hawking gewöhnlich in einer Ecke des Raums. Selten sagt er während der Teepause mehr als ein paar Sätze. Aber wenn er spricht, hören ihm alle zu. Man könne, so ein Student, aus Hawkings kurzen, präzisen Äußerungen mehr lernen als aus ganzen Vorlesungen anderer.

Gewöhnlich suchen ihn seine Studenten während des Spätnachmittags auf. Sie setzen sich zu ihm an den Schreibtisch oder hocken sich neben den Computer. An den Blättern mit Gleichungen, die sie vor ihm ausbreiten, liest er ihre Fortschritte ab und macht knappe Vorschläge. Seine engen Mitarbeiter, die Forschungsassistenten, erläutern dann seine Kommentare, helfen den Doktoranden, die Aufgaben zu verstehen, und gehen näher auf seine Vorschläge ein.

Nach dem Tee arbeitete Hawking meist bis sieben Uhr abends. Dann steuerte er seinen Rollstuhl aus dem Institutsgebäude und fuhr heim. An manchen Abenden aß er mit den anderen Dozenten und Professoren an der erhöhten Speisetafel im College. Bei solchen Gelegenheiten war er gezwungen, seinen Talar anzulegen. Zumeist jedoch blieb er zu Hause bei seiner Familie, oder das Ehepaar speiste in einem Cambridger Restaurant, während einer von Hawkings Helfern auf die Kinder aufpaßte.

Je größer Hawkings Ruhm wurde, desto mehr Zeit verbrachte er auf Auslandsreisen. Anfang der achtziger Jahre flog er jährlich mehrmals in die Vereinigten Staaten und besuchte zahlreiche Tagungen und Vorträge in Europa und anderen Teilen der Welt. Roger Penrose berichtet, nichts habe Hawking davon abhalten können, selbst die entlegensten Orte aufzusuchen, wenn dort eine wichtige Konferenz stattgefunden habe. Bei einer Tagung in Belgien hätte er fast den Heimflug verpaßt, weil der Taxifahrer, der ihn und Penrose zum Brüsseler Flugplatz bringen sollte, sich verfuhr. Als sie endlich ankamen, stand die Maschine schon abflugbereit auf der Rollbahn. Über Rampen und quer durchs Flughafengebäude mußte Penrose im Eiltempo neben Hawkings Rollstuhl herlaufen, der mit Höchstgeschwindigkeit dahinsurrte. Wenige Minuten vor dem Start waren sie an Bord.

Jane Hawking reiste nur noch selten mit, weil sie sich um die Familie in Cambridge kümmern mußte. Hawkings Pflege während der Auslandsaufenthalte übernahmen mehr und mehr seine Forschungsassistenten und befreundete Kollegen. Freunde wie Penrose halfen so gut es ging und reisten mit ihm zusammen, wenn sie dieselbe Konferenz besuchten. Doch zu dieser Zeit war er schon auf die ständige Begleitung eines Studenten angewiesen. Zudem bemühte sich Hawking, so viel Reisegeld zu bekommen, daß neben seinem Assistenten noch eine Pflegerin mitfliegen konnte. Zwar war in dieser Hinsicht alles einfacher geworden, seit er Lukasischer Professor war, doch pflegen Universitätsverwaltungen nicht mit Geld um sich zu werfen. Inzwischen hatte Hawking allerdings so sehr an Bedeutung gewonnen, daß man angesichts dieses Ausnahmefalls bereit war, die Vorschriften zu lockern.

Als Hawking, wie in Kapitel elf geschildert, zu jener bahnbrechenden Kosmologiekonferenz fuhr, die die Päpstliche Akademie der Wissenschaften 1981 im Vatikan veranstaltete, begleitete seine Frau ihn. Die Besucher der Konferenz verbrachten eine Woche in Rom. An den meisten Abenden gingen die Hawkings in den Restaurants der Stadt essen, häufig zusammen mit Dennis Sciama und seiner Frau Lydia oder anderen Freunden, die an der Konferenz teilnahmen. Laut Jane Hawking sind sie auf dieser Reise sehr glücklich gewesen. Zwischen den Vorträgen und Diskussionen versuchte Hawking, Zeit für Besichtigungen zu erübrigen – eine seiner Lieblingsbeschäftigungen.

In einer Rede vor den Gästen aus aller Welt warnte der Papst die Physiker davor, sich zu weit auf die Frage einzulassen, wie und warum das Universum begonnen habe, denn dieses Problem müsse den Theologen vorbehalten bleiben. Er fuhr fort:

> Jede wissenschaftliche Hypothese über den Ursprung der Welt, wie etwa die des Uratoms, aus dem sich die gesamte materielle Welt entwickelt haben soll, läßt die Frage nach dem Anfang des Universums offen. Die Wissenschaft allein kann dieses Problem nicht lösen. Dazu bedarf es einer Erkenntnisweise, die über Physik und Astrophysik hinausreicht – der Metaphysik. Vor allem bedarf es einer Erkenntnisweise, die sich auf die Offenbarung Gottes beruft.[15]

Gleichmütig lauschte Hawking in seinem Rollstuhl den Worten von Papst Johannes Paul II., der den versammelten Wissenschaftlern erklärte, er sehe nichts Unrechtes in der modernen Kosmologie und glaube sogar, daß einiges für das Urknallmodell spreche. Doch dort, so fuhr er fort, sei eine Grenzlinie zu ziehen; die Kosmologie dürfe nicht versuchen, über sie hinauszublicken. Einige der älteren Wissenschaftler konnten sich noch an eine andere Konferenz erinnern, die 1962 im Vatikan abgehalten worden war. Damals hatte ihnen Papst Pius XII. erklärt, er hoffe, sie würden Galileis Beispiel folgen. Auf dieser Vatikankonferenz im Jahre 1981 hat Hawking sein umstrittenes «Keine-Grenzen-Theorem» mit allen seinen Implikationen für die Religion verkündet. Die Zuhörer nahmen es mit Begeisterung auf; was hingegen der Papst davon hielt, ist nicht überliefert.

Nach der Konferenz wurden die Physiker zu einer Audienz beim Papst in seiner Sommerresidenz Castel Gandolfo eingeladen. Das

Gebäude ist von schlichter Schönheit. Besucher gelangen durch ein kleines Dorf, das die Parkanlagen umgibt, und über eine lange Zufahrt zum Haus. Die Wissenschaftler der Vatikankonferenz waren an diesem Nachmittag nicht die einzigen Gäste des Papstes, und es waren strenge Sicherheitsvorkehrungen im Castel Gandolfo (wie im gesamten Vatikan) getroffen worden, denn in diesem Jahr, 1981, war es bereits zu mehreren spektakulären Attentaten gekommen.

Sechs Monate zuvor war John Lennon in New York von dem Psychopathen Mark Chapman niedergeschossen worden. Im März 1981 wurde Präsident Reagan kurz nach seiner Amtseinführung von einer 6-Millimeter-Kugel in die Brust getroffen, und kaum zwei Monate später wäre Papst Johannes Paul II. selbst bei einem Attentat fast ums Leben gekommen. Vier Kugeln aus einer 9-Millimeter-Browning hatten ihn getroffen. Die Audienz im Castel Gandolfo war der erste öffentliche Auftritt des Papstes seit dem Mordanschlag auf dem Petersplatz.

Nach einem privaten Treffen mit den Physikern hielt der Papst eine Ansprache im Hauptempfangssaal, woraufhin ihm die Gäste persönlich vorgestellt wurden. Dabei saß er, bewacht von seiner Garde, auf einem erhöhten Sitz auf einem Podium. Die Besucher betraten die Plattform von der Seite, knieten vor ihm nieder, wechselten ein paar leise Worte mit ihm und verließen das Podium auf der anderen Seite. Als Hawking an der Reihe war, lenkte er seinen Rollstuhl auf das Podium und näherte sich dem Papst. Die anderen Gäste beobachteten, wie der Mann, der ihnen erst wenige Tage zuvor seine «Keine-Grenzen-Bedingung» vorgetragen und erklärt hatte, das Universum könnte ohne einen Schöpfer entstanden sein, auf das Oberhaupt der römisch-katholischen Kirche und, für Millionen Gläubige, den Stellvertreter Gottes auf Erden zufuhr. Alle im Saal, Gläubige wie Zyniker, hätten gern gewußt, was sich die beiden dort oben zu sagen hatten, und keiner war auf den Fortgang dieser Begegnung gefaßt. Als Hawking seinen Rollstuhl vor dem Papst anhielt, verließ dieser seinen Sitz und kniete nieder, um Hawking von Angesicht zu Angesicht ansprechen zu können.

Länger als mit irgendeinem der anderen Gäste unterhielt sich der Papst mit dem Mann im Rollstuhl. Schließlich erhob er sich, klopfte seine Soutane ab und lächelte Hawking zum Abschied zu. Der Rollstuhl verließ das Podium auf der anderen Seite. An diesem Nachmittag waren viele Katholiken im Saal gekränkt, weil sie die Geste des Papstes als eine unverdiente Auszeichnung des Physikers mißverstanden. Zwar waren Hawkings neueste Thesen vielen der Anwesenden, die nicht an der Konferenz teilgenommen hatten, noch unbekannt, aber von seinem Ruf als Wissenschaftler, der nicht gerade religiöse Auffassungen vertrat, hatten die meisten von ihnen gehört. Unfaßbar, daß der Papst ausgerechnet vor ihm niederkniete!

Nachdem Hawking ans DAMTP zurückgekehrt war, nahm die Arbeit wieder ihren gewöhnlichen Gang. Wenig später sollte sein drittes Buch bei Cambridge University Press erscheinen. Doch diesmal ging nicht alles so reibungslos vonstatten wie bisher. Hawking und Simon Mitton hatten eine Reihe von Auseinandersetzungen, bevor das Buch endlich veröffentlicht wurde. Es hieß ‹*Superspace and Supergravity*› und hatte etwa den gleichen Schwierigkeitsgrad wie ‹*The Large Scale Structure of Spacetime*›. Man hoffte, ebenso viele Exemplare wie von seinem Vorgänger zu verkaufen – im Laufe der Jahre fast zehntausend Stück. Der Grund für die Streitigkeiten zwischen Hawking und dem Verlag war der Umschlagentwurf des Buches.

Hawking wollte, daß man eine Zeichnung an der Tafel in seinem Büro fotografierte und als Motiv für den Schutzumschlag der gebundenen Ausgabe und den Einband des Taschenbuches verwendete. Der Ärger begann, als Simon Mitton begriff, daß das Bild, eine bizarre Karikatur, die mit Sprüchen und Witzen für Insider bekritzelt war – das Werk einiger Kollegen nach einer Konferenz am DAMTP –, farbig abgebildet werden sollte. Dazu war ein aufwendiger, teurer Vierfarbendruck erforderlich.

Der Verlag wies darauf hin, er habe noch nie einen Vierfarbenumschlag für ein Buch dieser Art angefertigt, das, auch wenn man den internationalen Ruf des Autors bedenke, keine Aussichten hatte, in hinreichender Stückzahl verkauft zu werden, um eine solche Ausstattung zu rechtfertigen. Der Umschlag werde überhaupt keinen Einfluß auf die Verkaufszahlen haben. Da sah Hawking rot und erklärte, wenn der Verlag mit seinem Vorschlag nicht einverstanden sei, würde das Buch überhaupt nicht erscheinen. Nach einer eilig einberufenen Verlagskonferenz lenkte Mitton ein, aber er sollte recht behalten – ‹*Superspace and Supergravity*› verkaufte sich sogar etwas schlechter als ‹*The Large Scale Structure of Spacetime*›.

Im Laufe der achtziger Jahre wurden Hawking weitere Preise und Ehrentitel zuteil. 1981 ernannte ihn Queen Elizabeth II. zum Commander of the British Empire. Allein im Jahre 1982 wurde er Ehrendoktor an vier Universitäten – der University of Leicester in England, den Universitäten New York und Princeton in den USA und der Universität Notre Dame in Paris.

Mit Hawkings Bekanntheitsgrad nahm auch das Interesse der Medien zu. 1983 zeigte ihn ein Beitrag der BBC-Sendereihe «Horizon» bei der Arbeit im DAMTP. Zum erstenmal konnte die britische Öffentlichkeit Professor Hawking in Cambridge mit seinem Rollstuhl umherfahren sehen, hören, wie er sich mit seiner merkwürdig verzerrten Stimme mit Studenten und Mitarbeitern unterhielt, ihn mit seiner Frau und den Kindern in der West Road erleben und ihn bei der Ausübung seiner offiziellen Funktionen beobachten. Das Publikum war fasziniert. In rascher Folge erschienen Zeitschriftenartikel über ihn, so in den Londoner Zeitungen *Times* und *Telegraph*, und ausführliche Interviews wurden in *The New York Times*, *Newsweek* und *Vanity Fair* veröffentlicht. Anfang der achtziger Jahre waren «Schwarze Löcher» und «Stephen Hawking» in der Vorstellung der Medien und der Öffentlichkeit zu Synonyma geworden.

Hawking hat die Öffentlichkeit nie gescheut und seinen wachsenden Ruhm weidlich genossen. Doch mit Ruhm allein lassen sich keine Rechnungen bezahlen. Anfang der achtziger Jahre begann der Hawkingsche Haushalt unter zunehmenden finanziellen Belastungen zu leiden. Das Gehalt eines Professors ist nicht gerade üppig im Vergleich zu entsprechenden Positionen in Industrie und Wirtschaft. Geldbeträge, die mit Preisen und Auszeichnungen einhergingen, waren zu gering und trafen zu unregelmäßig ein, um diese Situation grundlegend zu ändern. Angesichts ihrer Doppelbelastung durch Haushalt und Beruf mußte Jane Hawking einsehen, daß die zeitweilige Beschäftigung von Pflegerinnen in dem Umfang, den sie sich leisten konnten, immer weniger ausreichte. Sie brauchten dringend eine Privatpflegerin, die längere Zeit zur Verfügung stand, und das war mit hohen Kosten verbunden.

Doch damit noch nicht genug. Ihr ältester Sohn Robert besuchte seit seinem siebten Lebensjahr die teure Perse School in Cambridge. Er war sehr begabt und sollte in wenigen Jahren auf die Universität kommen. Stipendien standen in Aussicht, konnten aber nicht die Kosten eines dreijährigen Studiums decken. Hinzu kam, daß Lucy 1982 die letzte Klasse der staatlichen Grundschule Newnham Croft besuchte. Die Eltern wollten sie wie ihren Bruder an die Perse School schicken. Da auch Timothy älter wurde und alle Familienausgaben stiegen, war nicht abzusehen, wie sie das Schulgeld für zwei Kinder aufbringen sollten.

Und wie sah es mit der Zukunft aus? Stephens Zustand war zwar seit einigen Jahren stabil, doch das konnte sich jederzeit ändern – das gehörte zum typischen Bild dieser Krankheit. Wenn er nicht mehr würde arbeiten können, würden die Preise bald ausbleiben und die Pension der Universität nicht ausreichen, um der Familie ein sorgloses Auskommen zu ermöglichen. Es kam noch eine zweite große Sorge hinzu: Wenn Jane Hawking die Pflege ihres Mannes und ihren Beruf nicht mehr vereinbaren konnte, was sollte dann aus ihm werden? Sie sprachen nicht gern über diese schrecklichen Möglichkeiten, doch sie konnten sie nicht leugnen und mußten sich ihnen stellen. Die Familie brauchte Geld, und zwar rasch, denn es galt unter allen Umständen zu verhindern, daß Hawking bei einer Verschlechterung seines Zustands in ein Pflegeheim mußte, nur weil sie es sich nicht leisten konnten, ihn zu Hause pflegen zu lassen.

Es mußte also umgehend etwas geschehen. Hawking hatte schon lange eine Idee im Hinterkopf. Er hatte sie niemandem gegenüber erwähnt, sich aber immer wieder mit ihr beschäftigt und sie ständig weiterentwickelt. Nun wurde ihm klar, daß er sie in die Tat umsetzen mußte. Es sollte noch eine Reihe von Jahren vergehen, bevor seine heimlichen Pläne Wirklichkeit wurden und die finanziellen Probleme der Familie mit einem Schlag lösten. Damit veränderte sich die gesamte Situation. Doch zuerst galt es, den neuen interessanten Ansätzen der Inflationskosmologie nachzugehen.

13 Wenn das Universum Babys bekommt

Obwohl Hawking uns das Bild eines in sich abgeschlossenen Universums vermittelt hat, das weder im Raum noch in der Zeit Grenzen oder Ränder hat, fragen sich viele, was wohl «außerhalb» eines solchen Universums liegen könnte. Die Analogie zwischen der geschlossenen Oberfläche des Universums und der geschlossenen Oberfläche der Erde regt natürlich zu der Spekulation an, daß es noch andere Universen geben könnte, so wie es andere Planeten gibt.

In dem theoretischen Rahmen, den Hawkings Keine-Grenzen-Universum vorgibt, müßten solche anderen Welten in eine seltsame Form des Raums mit mehr als den drei Dimensionen eingebettet sein, an die wir gewöhnt sind: Die Oberfläche einer Kugel ist nämlich tatsächlich eine *zwei*dimensionale Fläche, die in der *dritten* Dimension gekrümmt ist, aber die Raumzeit besitzt vier Dimensionen. Man braucht immer mindestens eine zusätzliche Dimension, um ein geometrisches Gebilde zu einer geschlossenen Oberfläche zu krümmen. Es gibt allerdings noch ein weiteres Modell – oder vielmehr eine weitere Reihe von Modellen –, die man aus dem inflationären Szenario entwickelt hat. Sie bieten uns eine andere Möglichkeit, uns viele koexistierende Welten vorzustellen, ohne daß wir gezwungen sind, unser Gehirn um die höheren Geometrien von fünf oder mehr Dimensionen zu winden (vier Dimensionen des Raums und eine der Zeit). Obwohl Hawking selbst Vorbehalte gegenüber der Hypothese angemeldet hat, die unter der Bezeichnung kontinuierliche Inflation bekannt ist, hat er mit seiner wirklich bahnbrechenden Entdeckung aus dem Jahre 1974 – daß Schwarze Löcher explodieren – die Voraussetzung für die Entwicklung dieser Hypothese geschaffen.

Unmittelbar nach der Planckschen Zeit befand sich das Vakuum, so das Inflationsszenario, in einem «falschen» Zustand, angeregt und voller Energie wie unterkühltes Wasser. Als das falsche Vakuum in seinen stabilen Zustand niedrigerer Energie überging, führte diese Energie zu jener phänomenalen explosionsartigen Expansion, die man als Inflation bezeichnet. So kam es zu dem gleichförmigen Urknall, aus dem sich das uns bekannte Universum entwickelt hat. Allerdings fand nach dieser Theorie der Übergang nicht überall zur gleichen Zeit statt.

Sobald Alan Guth das Inflationskonzept vorgetragen hatte, war Forschern wie Alexander Starobinski und Andrej Linde klar, daß verschiedene Regionen des falschen Urvakuums den Übergang in den Zustand niedrigerer Energie unabhängig voneinander durchlaufen haben könnten. Es wäre, als öffneten wir eine Flasche mit einem sprudelnden Getränk – unzählige Blasen würden sich in der Flüssigkeit zeigen, jede einem stabilen Vakuum entsprechend, das auf seine eigene Weise expandiert. Im Gegensatz zu den Blasen in dem sprudelnden Getränk würde jedoch jede dieser kosmischen Blasen ihre Expansion fortsetzen, bis es überhaupt keine Flüssigkeit mehr gäbe und nur noch Blasen übrigblieben.

Diese Möglichkeit warf schwierige Probleme bei den ersten Versionen des Inflationsszenarios auf, weil zwei oder mehr expandierende Blasen bei ihrer Verschmelzung Turbulenzen hervorriefen, die sich über die beteiligten Blasen ausbreiten würden. Lebten wir in einem Universum, das sich auf diese Art gebildet hätte, so wäre es nicht völlig gleichförmig, weil diese Turbulenzen ihre Spuren hinterließen, beispielsweise im Mikrowellenhintergrund.

Es gibt Möglichkeiten, dieses Problem zu umgehen. Die These, der Hawking selbst zuneigt, ist die der «chaotischen Inflation», in der sich die Welt jenseits unseres Universums (das unendliche «Meta-Universum») in einem völlig ungeordneten Zustand befindet – einige Regionen expandieren, andere ziehen sich zusammen, einige sind heiß, andere kalt. In einem solchen chaotischen Meta-

Universum muß es zwangsläufig einige Regionen geben, die genau die Bedingungen bieten, unter denen eine Inflation stattfinden kann. Nach dieser Vorstellung sind wir eben einfach in einem Universum, das durch eine Zufallsfluktuation innerhalb des Chaos hervorgerufen worden ist.

Doch wir müssen uns nicht auf das Chaos berufen, um unsere Existenz zu erklären. Vielleicht leben wir zufällig in einer Blase, die (noch nicht!) mit einer ihrer Nachbarn verschmolzen ist (wir werden in diesem Kapitel noch sehen, daß dies kein so außerordentlicher Zufall sein muß, wie es scheint). Möglicherweise gibt es auch irgendein physikalisches Gesetz, das Blasen daran hindert, sich unmittelbar nebeneinander in der «Flüssigkeit» des falschen Vakuums zu bilden. Hier könnte die Hawking-Strahlung ins Spiel kommen.

Wie in Kapitel neun geschildert, wird die Hawking-Strahlung durch die Wechselbeziehung von Quanteneffekten und Schwerkraft an dem Horizont hervorgerufen, der ein Schwarzes Loch umgibt. Aber Hawking und seinem Kollegen Gary Gibbons, mit dem er Ende der siebziger Jahre ein Büro in Cambridge teilte, wurde klar, daß diese Strahlung zwangsläufig überall dort erzeugt wird, wo es einen Horizont dieser Art gibt, und daß solche Horizonte nicht immer Schwarze Löcher umspannen.

Das Universum expandiert dergestalt, daß sich zwei Regionen um so rascher voneinander entfernen, je größer der Abstand zwischen ihnen ist. Deshalb können sich Raumregionen, sobald sie eine bestimmte Distanz trennt, niemals mit Hilfe von Lichtstrahlen (oder einem anderen Medium) «verständigen», denn der Raum zwischen ihnen expandiert rascher, als das Licht sich fortzubewegen vermag. Wenn es nicht in der Lage ist, von einer Region in die andere zu gelangen, gibt es auch dort einen Horizont, den das Licht nicht überwinden kann und der die beiden Raumregionen genauso wirksam voneinander trennt, wie der Horizont, der ein Schwarzes Loch umgibt, dessen Inneres vom Äußeren scheidet.

Hawking und Gibbons haben gezeigt, daß ein solcher Horizont

ebenfalls Strahlung erzeugt, und zwar die gleiche Art von Strahlung, wie sie an dem Horizont entsteht, der ein Schwarzes Loch umgibt. Vom Horizont aus breitet sich diese Strahlung in *beide* Raumregionen aus. Im heutigen Universum, das durch Expansion ausgedünnt ist, bleibt der Effekt der Strahlung winzig; er könnte aber in frühen Stadien des expandierenden Universums eine weit größere Rolle gespielt haben. Die Expansion des Universums verlangsamt sich stetig, da die Schwerkraft der insgesamt im Universum enthaltenen Materie bestrebt ist, alle Bestandteile des Alls wieder in einen Kollaps hineinzuziehen. Deshalb war die Expansionsrate in der Jugend des Universums wesentlich größer und die von den Horizonten ausgehende Hawking-Strahlung wesentlich stärker. Vor langer Zeit hatten selbst Regionen, die sich rasch trennten, noch keine Gelegenheit gehabt, sich sehr weit voneinander zu entfernen. Sie lagen also sehr viel näher beisammen.

Die These, daß an Horizonten erzeugte Strahlung die Expansion des Universums beeinflussen könnte, wurde von Richard Gott, Physiker an der Princeton University, begeistert aufgenommen und mit dem Inflationskonzept verbunden. Auch Andrej Linde hat sich mit diesem Problem beschäftigt, aber weit weniger Aufhebens davon gemacht als der etwas überschwengliche Gott.

Dabei stellte sich heraus, daß unter den richtigen Bedingungen die Hawking-Strahlung, die in einem mit solchen Horizonten angefüllten Raumvolumen erzeugt wird, die für die Inflation erforderliche Energie liefern und eine superschnelle Expansion des Universums (oder vielmehr des Meta-Universums) bewirken kann. Die superschnelle Expansion erzeugt noch mehr Horizonte, die ihrerseits die Strahlenmenge vergrößern und dadurch die superschnelle Expansion in einen sich selbst fortzeugenden Expansionsprozeß überführen. Die Blasen des gewöhnlichen stabilen Vakuums niedrigerer Energie, die sich innerhalb dieses unendlichen Meeres inflationärer Expansion bilden, wachsen langsamer. Deshalb werden zwei Blasen, selbst wenn sie sich in unmittelbarer Nähe zueinander bilden, durch das rasche Wachstum des falschen Vakuums im Meta-Universum auseinandergehalten.

Die «richtigen» Bedingungen für diesen Prozeß übersteigen das menschliche Fassungsvermögen. Die Temperatur der Hawking-Strahlung muß ungefähr 10^{31} Kelvin betragen und die Masse-Energie-Dichte im falschen Vakuum mehr als 10^{93} Gramm pro Kubikzentimeter aufweisen, ein unvorstellbarer Wert. Und überall in der rasenden Expansion dieses außergewöhnlichen, falschen Vakuums bilden sich Blasen stabilen Vakuums und entwickeln sich zu eigenen Universen.

In diesem Szenario gibt es nicht nur ein einziges Universum, sondern eine unendliche Zahl von Welten, auf ewig voneinander getrennt durch die unüberwindlichen Mauern des superdichten falschen Vakuums. In gewissem Sinne ist ein solches Konzept völlig bedeutungslos. Die Existenz anderer Universen, die wir nie beobachten und die nie mit unserem Universum in Wechselwirkung treten können, eignet sich eher für eine Diskussion unter Philosophen als unter Astrophysikern. Doch wie sich zeigte, können Universen auf mehr als eine Art entstehen und nach manchen Szenarien durchaus miteinander wechselwirken, und zwar mit Konsequenzen, die für uns alle von Interesse sind, nicht nur für Astrophysiker und Philosophen.

Wenn man von Superdichte und Superenergie hört und einem Zahlen wie 10^{93} Gramm pro Kubikzentimeter um die Ohren fliegen, dann fragt man sich natürlich, wieviel Masse-Energie unser gesamtes Blasenuniversum aufweist (vorausgesetzt, alle diese Szenarien enthalten ein Fünkchen Wahrheit). Die Antwort ist noch verblüffender: Es besitzt nicht die geringste Masse-Energie! Überlassen wir die Erörterung der kontinuierlichen Inflation den Philosophen, und wenden wir uns wieder Hawkings Keine-Grenzen-Modell des Universums zu, um zu überlegen, wie dies möglich sein kann.

Wir stellen uns die Masse-Energie hauptsächlich in Form von

Materieklumpen vor – Sternen, Planeten und so fort. Jeder von ihnen trägt mit seinem Betrag an mc^2 zur Gesamt-Masse-Energie des Universums bei. Doch es gibt noch einen weiteren ebenso bedeutsamen Beitrag (*exakt* so bedeutsam, wenn Hawking recht hat). Er stammt aus der Schwerkraft. Und diese Gravitationsenergie hat eine seltsame Eigenschaft – sie ist negativ.

Um begreiflich zu machen, was das bedeutet, sprechen die Physiker von der Gravitationsenergie als einer hypothetischen Menge von Teilchen. Ihre Energie ist null, wenn die Teilchen unendlich verteilt sind – in größtmöglicher Entfernung voneinander. Doch wenn die Teilchenmenge unter dem Einfluß der Schwerkraft zusammenfällt, vielleicht um schließlich einen Stern zu bilden, *verliert* sie an Gravitationsenergie. Da die Teilchen mit einer Energie von null beginnen, heißt dies, daß sie zu dem Zeitpunkt, da sie sich zu einem Stern oder Planeten zusammengefunden haben, negative Energie aufweisen. Wenn alle Materie im gesamten Universum in einem einzigen Punkt versammelt werden könnte, würde dessen negative Gravitationsenergie ($-mc^2$) exakt alle positive Masse-Energie ($+mc^2$) der gesamten Materie aufheben.

Nun stellen wir uns aber den Anfang des Universums genau so vor: seine gesamte Masse-Energie in einem Punkt konzentriert. Die Szenarien des geschlossenen Universums beschreiben eine Situation, in der ein Punkt mit der Energie null sich aufteilt in Materie mit positiver Energie und Gravitation mit negativer Energie, bis zu einer bestimmten Größe expandiert und dann wieder in einem Punkt mit der Energie null zusammenfällt. Zunächst erscheint die Idee lächerlich. Doch es handelt sich hier nicht um irgendeine spinnerte Theorie, sondern um ein ernst zu nehmendes kosmologisches Konzept, das sich auf die Gleichungen der Relativitätstheorie stützt.

Das Universum, so scheint es, gibt es wirklich umsonst. Doch wenn es überhaupt keine Energie enthält, wieviel Energie ist dann für die Entstehung eines Universums erforderlich? Nicht viel – gewiß nicht sehr viel, verglichen mit der Menge an mc^2, die in Ihrem

Körper oder in den Seiten dieses Buches enthalten ist. Denn nach Alan Guth und seinem Kollegen Edward Fahri genügt die Energie, die erforderlich ist, um etwas Materie so weit zusammenzupressen, daß ein Schwarzes Loch entsteht. Dann entwickelt sich das neue Universum – mit jedem Schwarzen Loch ein Universum. Durch eine theoretische Glanzleistung haben Guth und Fahri nachgewiesen, daß die beiden großen Stränge, die sich durch Hawkings Lebenswerk ziehen, in Wirklichkeit ein einziger sind: Schwarze Löcher *sind* Urknalle.

Im Prinzip können die Keime ganzer Universen aus dem Nichts entstehen, ähnlich wie Paare virtueller Teilchen aufgrund der Quantenunbestimmtheit aus dem Nichts erzeugt werden können (vgl. Kapitel neun). Ein solches Babyuniversum läge als superdichte Massekonzentration vor, kleiner als ein Proton, aber ohne Energie, weil die negative Gravitationsenergie die Masse aufwöge. Nach dem Erkenntnisstand der siebziger Jahre würden solche superdichten Keime natürlich sofort unter ihrem Gewicht zu nichts kollabieren, doch die Inflation bietet einem Keim die Möglichkeit, sich explosionsartig zu einem expandierenden Universum auszudehnen, bevor die Schwerkraft ihn zum Kollaps bringen kann. Die Schwerkraft brauchte dann viele Milliarden Jahre, um zunächst die Expansion zum Stillstand und schließlich das Universum im Großen Kollaps zum Verschwinden zu bringen.

Also brauchen wir wirklich die kontinuierliche inflationäre Auswertung des falschen Vakuums, um Blasenuniversen in unendlicher Zahl zu erhalten? Auf den ersten Blick zeigt sich eine beunruhigende Möglichkeit. Wenn sich ein Blasenuniversum aus dem gewöhnlichen Vakuum bilden kann, was würde dann geschehen, wenn eines in unserer Nähe aufbräche? Würden wir von dem expandierenden Feuerball eines Urknalls in unserer unmittelbaren Nachbarschaft verschlungen werden? Nach Meinung von Fahri und Guth besteht kein Grund zur Sorge. Würden solche Babyuniversen spontan entstehen oder künstlich hergestellt werden, würden sie nach ihrer Geburt nicht mehr mit unserem Universum wechselwirken.

Erinnern wir uns, daß der Keim eines solchen Blasenuniversums in sich abgeschlossen sein muß, letztlich dazu bestimmt, wieder in sich zusammenzustürzen; mit anderen Worten, es muß ein Schwarzes Loch sein. Fahri und Guth haben herausgefunden, daß man diesen Prozeß der Weltallbildung künstlich auslösen könnte, indem man eine kleine Materiemenge bei einer Temperatur von ungefähr 10^{24} K (relativ bescheiden im Vergleich zu den Bedingungen des falschen Vakuums) zu einem Schwarzen Loch zusammenquetschte. Allerdings gaben sie ihrem wissenschaftlichen Artikel zu diesem Thema den ironischen Titel «An Obstacle to Creating a Universe in the Laboratory» (Ein Hindernis für die Erzeugung eines Universums im Labor)[1], worin sie darlegten, daß wir für ein solches Unterfangen nur über die halbe Technologie (Wasserstoffbomben) verfügen; das heißt, wir können die erforderliche Energie freisetzen, sind aber nicht in der Lage, die durch Wasserstoffbomben freigesetzte Energie auf das Innere eines Schwarzen Loches zu begrenzen.

Es ist jedoch durchaus denkbar, daß eine höher entwickelte Zivilisation fähig sein könnte, die erforderliche Energie auf ein Volumen von hinreichend geringen Ausmaßen zu konzentrieren. Was würde dann geschehen? Für die Menschen, die dieses energiereiche Miniloch geschaffen haben, sehr wenig. Das Schwarze Loch würde sich einfach bilden, einige Jahrmilliarden brauchen, um infolge der Hawking-Strahlung zu verdunsten, und dann verschwinden. Doch innerhalb des Horizonts, der das Loch umgibt, würden sich die Dinge ganz anders verhalten.

Nach den Berechnungen des amerikanischen Teams lägen im Innern eines solchen energiereichen Miniloches hin und wieder Bedingungen vor, die geeignet sind, eine Inflation auszulösen. Doch wenn ein solches Babyuniversum zu expandieren beginnt, greift es nicht über seine Grenzen hinaus, um seine Umgebung in der Raumzeit, in der es erschaffen worden ist, zu verschlingen, sondern expandiert in

Richtungen, die *alle* rechtwinklig zu *jeder* Dimension des Mutteruniversums verlaufen. Genau das gleiche geschieht mit Babyuniversen, die durch natürliche Quantenfluktuation entstehen.

Da alle Dimensionen rechtwinklig zueinander verlaufen, werden die verschiedenen Universen niemals miteinander wechselwirken, sobald sie sich gebildet haben. Doch es gibt einen entscheidenden Unterschied zum Konzept der kontinuierlichen Inflation, nach dem die Blasen niemals wechselwirken. In dem von Fahri und Guth entworfenen Szenario (das auch von anderen Forschern, unter anderen von Linde, untersucht worden ist) wird ein Universum *aus* dem anderen geschaffen. Nach dieser Vorstellung ist unser Universum der Abkömmling eines früheren Universums. Es ist sogar möglich, daß unsere expandierende Raumzeitblase künstlich in einem Labor des Mutteruniversums erzeugt wurde. Der Science-fiction-Autor David Brin versucht bereits, die Folgen dieser Idee in einer Serie von Geschichten auszuarbeiten. Wir wollen weitere Spekulationen dieser Art Brin und seinen Kollegen überlassen und statt dessen versuchen, die Konsequenzen unter dem Gesichtspunkt der spontanen Erzeugung von Babyuniversen zu erklären.

Man kann sich kaum eine richtige Vorstellung von der uferlosen Dimensionenwucherung machen, die aus diesen Überlegungen folgt. Jedes Babyuniversum wird sein eigenes Vakuum besitzen, innerhalb dessen andere Quantenfluktuationen auftreten können, die noch mehr Babyuniversen erzeugen, alle mit einem eigenen System von Dimensionen, wobei jedes System sich rechtwinklig zu jedem anderen verhält. Wie gewöhnlich müssen wir, um eine Vorstellung von dem Geschehen zu gewinnen, auf eine Analogie in zwei Dimensionen zurückgreifen, die in einer dritten gekrümmt sind.

Was uns weiterhilft, ist das vertraute Bild des Universums als Hülle eines sich aufblähenden Ballons. Ein winziges Stück dieser Hülle wird abgeklemmt, so müssen wir uns vorstellen, und es bildet sich ein Bläschen, das mit dem Universum durch einen engen Schlauch verbunden ist – das Schwarze Loch. Das Bläschen kann sich jetzt zu gewaltiger Größe aufblähen, ein Vorgang, den kein Bewohner des Mutteruniversums beobachten kann. Der ganze Prozeß kann sich ewig wiederholen und einen unendlichen Schaum von Blasen bilden, die jede für sich ein eigenes Universum repräsentieren. Nach der Quantenkosmologie ist es also möglich, nicht nur ein Universum, sondern eine unendliche Zahl von Universen aus dem Nichts zu erschaffen.

Das wirft eine andere Frage auf. Einerseits ist man in der Physik bestrebt, die Regeln zu ermitteln, die das Verhalten des Universums bestimmen, und mit ihrer Hilfe vorherzusagen, wie Systeme wechselwirken. Wir stellen beispielsweise fest, daß die Lichtgeschwindigkeit einen bestimmten Wert besitzt und daß dieser die absolute Geschwindigkeitsbegrenzung nach oben bedeutet. Das ermöglicht uns (oder hat es zumindest Einstein ermöglicht) darzulegen, wie sich unsere Wahrnehmung der Welt verändert, wenn wir uns mit großer Geschwindigkeit fortbewegen. Andererseits überlegen aber auch einige Physiker, *warum* die Gesetze genau die Form haben, in der wir sie vorfinden.

Warum beträgt beispielsweise die Lichtgeschwindigkeit 300000 Kilometer pro Sekunde und nicht, sagen wir, 250000 Kilometer? Warum besitzt die Plancksche Konstante genau den festgestellten Wert und nicht einen, der etwas größer oder kleiner ist? Was würde geschehen, wenn die Schwerkraft schwächer (oder stärker) wäre? Und so fort. Wir leben in einer Welt, die genau für Lebensformen wie die unsere geschaffen zu sein scheint – eine Aussage, die in gewisser Weise eine Tautologie darstellt, da es uns natürlich nicht gäbe und wir uns nicht den Kopf über diese Dinge zerbrechen könnten, wenn die Welt ganz anders wäre. Doch soweit sich das heute beurteilen läßt, hätten die physikalischen Gesetze, die sich aus der Inflationsphase ergeben, durchaus andere sein können als jene, die wir heute kennen – entweder leicht abweichend oder völlig anders. Haben diese Gesetze also rein zufällig ein Universum hervorgebracht, welches so beschaffen ist, daß Menschen wie wir darin leben können? Dagegen spricht die These, daß eine unendliche Zahl von Blasenuniversen entweder aus einem ewig expandierenden falschen Vakuum gebildet oder im Zuge der Proliferation von Babyuniversen voneinander abgeklemmt werden – und sie erklärt noch andere kosmische Zufälle.

Der Versuch, die Besonderheit des Universums durch die Beziehung zwischen den physikalischen Gesetzen und uns selbst zu erklären, bezeichnet man als «anthropische Kosmologie». Sie hat eine lange Geschichte, geht in ihrer modernen Version aber in erster Linie auf das Interesse zurück, das Martin Rees von der University of Cambridge in den siebziger Jahren angeregt hat und das bis heute unvermindert anhält.

Rees ist fast genauso alt wie Hawking. Er wurde am 23. Juni 1942 geboren, als Hawking gerade sechs Monate alt war. Sie haben zur gleichen Zeit in Cambridge promoviert. Rees wurde 1973 im bemerkenswert zarten Alter von 31 Jahren auf den Plumianischen Lehrstuhl für Astronomie und experimentelle Philosophie berufen, immerhin sechs Jahre bevor Hawking Lukasischer Professor wurde. In die Royal Society berief man Rees 1979, fünf Jahre nach Hawking. Doch während Hawking seinen wissenschaftlichen Ruf der detaillierten Erforschung eines bestimmten Ausschnitts von Problemen verdankt – Singularitäten und der Anfang der Zeit –, hat Rees sich seinen akademischen Rang durch das breite Spektrum seiner Arbeit erworben – von Quasaren und Pulsaren über den Einfluß Schwarzer Löcher auf ihre Umgebung und die Kosmologie bis hin zur Beschaffenheit der dunklen Materie, die dafür sorgt, daß das Universum geschlossen ist. Als er seine Aufmerksamkeit der anthropischen Kosmologie zuwandte und in den siebziger und achtziger Jahren seine Kollegen dazu brachte, sich wieder ernsthaft diesem Gegenstand zuzuwenden, war Hawking zum erstenmal bereit, einem anderen Wissenschaftler zu folgen.

Rees hatte ein besonders anschauliches Beispiel für die Art des anthropischen Denkens in der Kosmologie entwickelt. In allen Einzelheiten hat er die Entwicklung eines Universums ausgearbeitet, in dem die Schwerkraft größer als in unserem Weltall ist, sonst aber jedes physikalische Gesetz gleich bleibt. In diesem Modelluniversum kann es zwar ebenfalls Galaxien, Sterne und Planeten geben, aber sie sind sehr verschieden von ihren Pendants in unserem Universum. Vor allem sind alle Abläufe so beschleunigt, daß fraglich ist, ob sich dort jemals Intelligenz hätte entwickeln können (die auf der Erde immerhin mehr als vier Milliarden Jahre für ihr Erscheinen gebraucht hat).

Bei dem besonderen Wert, den Rees für die Gravitation wählte, hat jeder Stern eine Masse, die ungefähr der eines Planetoiden in unserem Sonnensystem entspricht (weit weniger als die Masse des Mondes), und einen Durchmesser von ungefähr zwei Kilometern. Die durchschnittliche Lebensdauer eines solchen Sterns liegt bei einem Erdjahr, und er brennt mit einer Helligkeit, die ein Hunderttausendstel der Helligkeit unserer Sonne beträgt. Die Erde hat eine Durchschnittstemperatur von ungefähr 15 °C, und ein Planet in diesem anderen Universum, der seinen Heimatstern in einer Entfernung umkreist, die ungefähr doppelt so groß ist wie der Abstand zwischen Erde und Mond, hätte eine ähnliche Oberflächentemperatur. Der Planet brauchte ungefähr zwanzig Erdentage, um den Stern zu umkreisen. Da der Stern selbst eine so kurze Lebenszeit hätte, wäre er nach ungefähr fünfzehn «Jahren» des Planeten ausgebrannt, während die Lebenszeit unserer Sonne wahrscheinlich mindestens zehn Milliarden Erdenjahre beträgt.

Das Leben auf einem solchen Planeten wäre in mancherlei Hinsicht kurz. Die höchsten Berge auf dem winzigen Planeten könnten nicht größer als dreißig Zentimeter sein, während die Maximalmasse jedes Geschöpfes auf seiner Oberfläche nur ein tausendstel Gramm betrüge – wären sie nur um ein winziges größer, würden ihre Körper zerbrechen, wenn sie in der gewaltigen Schwerkraft dieser Welt hinfielen.

Und alle diese extremen Veränderungen resultieren – erinnern wir uns – aus der Veränderung nur einer der physikalischen Konstanten, des Gravitationswertes. Leicht kann man sich sehr viele Veränderungen vorstellen, die dafür sorgen würden, daß das Universum, das aus der inflationären Phase hervorginge, sehr unwirtlich für Lebensformen wie die unsere wäre.

Wenn wir in dem einzig möglichen Universum leben, dann ist das Eintreten der kosmischen Zufälle, die unsere Existenz ermöglichen, ein echtes Rätsel. Doch wenn es sehr viele mögliche Universen gibt, dann hat es eine einfache Erklärung. Jedes Blasenuniversum hat möglicherweise seine eigenen physikalischen Gesetze, was in einigen Fällen heißt, daß die Blasen von der Schwerkraft sehr eng zusammengehalten werden und wieder in sich zusammenstürzen, bevor Leben sich entwickeln kann, während in anderen Fällen die Schwerkraft vielleicht zu schwach ist, um die Materie so stark zusammenzuziehen, daß sich Sterne und Planeten bilden. Doch es gibt ein Spektrum von Möglichkeiten – ein Spektrum von Universen –, innerhalb dessen sich Sterne, Planeten und intelligente Wesen entwickeln können. Das gleiche Argument gilt für alle exakten Werte der physikalischen Gesetze und Konstanten.

Wenn diese Vorstellung zutrifft, bedeutet sie, daß es möglicherweise eine unendliche Zahl von Universen im Meta-Universum gibt und daß Lebensformen wie die unsere nur in jenen dieser unendlich vielen Universen existieren, in denen die Naturgesetze genau die richtigen Werte aufweisen. Die Tatsache, daß wir existieren, prädeterminiert bis zu einem gewissen Grade, was für Naturgesetze wir für die Prozesse des Universums entdecken können. Diese Gedanken bezeichnet man etwas bedeutungsschwer als das «anthropische Prinzip». Der Name stammt von Brandon Carter, der gemeinsam mit Rees einen grundlegenden Artikel über dieses Thema geschrieben hat.

Da die verschiedenen Universen unter keinen Umständen miteinander in Verbindung treten können, bleibt das Ganze natürlich dennoch in erster Linie eine Frage für Philosophen – allerdings mit einer Ausnahme. Erinnern wir uns: Das entscheidende Element von Hawkings Keine-Grenzen-Modell ist die quantenphysikalische Aufsummierung von Möglichkeiten. Als wir es betrachtet haben, sind wir nur sehr flüchtig auf die Frage eingegangen, was genau es mit den verschiedenen Geschichten auf sich hat, die hier «aufsummiert» werden. Dies können wir jetzt nachholen. Statt die verschiedenen möglichen Universen, die aus der Inflation hervorgegangen sein könnten – jedes mit einem eigenen System physikalischer Gesetze –, als «wirklich» zu betrachten, können wir sie als mathematische Möglichkeiten ansehen, wie die verschiedenen mathematischen Wege, auf denen ein Elektron von A nach B gelangen kann. Anhand der Aufsummierung von Möglichkeiten zeigt Hawking, daß unser Universum nicht nur eine der *möglichen* Geschichten, sondern auch eine der *wahrscheinlichsten* ist:

> ...denn wenn alle Geschichten möglich sind, dann können wir, solange wir in einer der Geschichten vorhanden sind, das anthropische Prinzip benutzen, um die gegenwärtige Beschaffenheit des Universums zu erklären. Welche Bedeutung den anderen Geschichten, in denen wir nicht vorkommen, zugeschrieben werden kann, ist nicht klar.[2]

Trotzdem gelangten Hawking und seine Kollegen mit Hilfe der «Keine-Grenzen-Bedingung» zu der Erkenntnis, daß das Universum mit der größten Unregelmäßigkeit beginnen muß, die die Quantenunbestimmtheit zuläßt, und daß die Inflation sowie die nachfolgende gemäßigtere Expansion des Universums diese Unregelmäßigkeiten dann zu Gaswolken anwachsen lassen, die sich anschließend zusammenziehen und zur Bildung von Galaxien innerhalb des expandierenden Universums führen.

Alle diese Arbeiten sind gewissermaßen die Speerspitze der physikalischen Forschung. Die Entscheidung für verschiedene Variationen des Themas – Blasen in einem kontinuierlich und inflationär anwachsenden falschen Vakuum, Babyuniversen, die Wahl von Quantengeschichten – deutet nicht etwa auf die Unschlüssigkeit der Physiker hin, sondern ist der Versuch, in möglichst viele verschiedene Richtungen vorzudringen, da man noch nicht weiß, welche sich (wenn denn überhaupt eine) auf lange Sicht als erfolgversprechendste erweist. Doch schon jetzt steht fest, daß sich die grundlegenden Prämissen des kosmologischen Denkens entscheidend gegenüber jenem Zeitraum verändert haben, den man als «Vor-Hawking-Ära» bezeichnen könnte. Vor dreißig Jahren war man sich weitgehend einig, daß unser Universum einzigartig sei. Heute scheint man allgemein davon auszugehen, daß es, auf die eine oder andere Weise, nur eines unter vielen ist. Ist es da ein Wunder, daß das Buch, in dem Hawking diese Gedanken 1988 darlegte, die Welt im Sturm eroberte?

14 Eine kurze Geschichte der Zeit

In den ersten Januartagen des Jahres 1983 besuchte Simon Mitton Hawking, um mit ihm die bevorstehende Veröffentlichung seines neuen Buches, ‹*The Very Early Universe*›, bei Cambridge University Press zu erörtern. Nachdem alle anstehenden Fragen geklärt waren, kamen die beiden unversehens auf ein anderes Vorhaben zu sprechen – ein populärwissenschaftliches Kosmologiebuch, über das Hawking seit einiger Zeit nachdachte.

Fast seit Beginn ihrer Bekanntschaft hatte Mitton immer wieder versucht, Hawking zu einem solchen Buch für ein großes Publikum zu überreden. Hawking hatte an dieser Idee anfangs wenig Gefallen gefunden, aber Ende 1982 war ihm der Gedanke gekommen, er könnte auf diese Weise seine drohenden finanziellen Schwierigkeiten abwenden. So hatte er beschlossen, das Projekt in Angriff zu nehmen. Mitton und er arbeiteten seit vielen Jahren erfolgreich zusammen, und trotz der Probleme, die es mit ‹*Superspace and Supergravity*› gegeben hatte, war Hawkings erster Gedanke, das Buch der Cambridge University Press anzubieten. Schließlich hatte Mitton ja auch immer Interesse daran bekundet, und der Verlag konnte auf eine lange Reihe populärwissenschaftlicher Veröffentlichungen von bedeutenden Wissenschaftlern zurückblicken, unter ihnen Arthur Eddington und Fred Hoyle, deren Titel große Verkaufserfolge gewesen waren. Ein Sachbuch von Stephen Hawking würde, so meinte Mitton, hervorragend in diese Reihe passen.

Mitton erinnert sich, daß Hawking sofort auf den springenden Punkt zu sprechen kam: Er wollte viel Geld für das Buch haben. Seit dem Streit über das Umschlagmotiv von ‹*Superspace and Supergravity*› wußte Mitton, was für ein zäher Verhandlungspartner Hawking sein konnte. Er war also auf eine gewisse Hartnäckigkeit gefaßt, wurde aber trotzdem von Hawkings Forderungen überrascht. Bei ihrem ersten offiziellen Gespräch über das Buch legte Hawking zunächst seine finanzielle Situation dar und machte deutlich, daß er mit dem Buch genügend Geld verdienen wollte, um Lucys Ausbildung bezahlen und sich selbst eine angemessene Pflege leisten zu können. Er könne ja keine Lebensversicherung abschließen, argumentierte er, die seine Familie für den Fall seines Todes oder seiner Arbeitsunfähigkeit absichere. Wenn er also einen großen Teil seiner Zeit der Forschung entziehe, um das Buch zu schreiben, müsse es sich auch finanziell für ihn lohnen.

Mitton sieht die Angelegenheit heute sehr gelassen und weist darauf hin, daß Hawking durch sein Bleiben der Cambridge University gegenüber große Loyalität bewiesen habe. Zweifellos hätte er von jeder Universität der Welt ein enormes Gehalt verlangen können. Zahlreichen Colleges in den USA wäre es sechsstellige Summen wert gewesen, sich mit seinem internationalen Ansehen zu schmükken. Daß er für einen Bruchteil des Gehalts, das ihm andernorts geboten worden wäre, in Cambridge geblieben sei, spreche, so Mitton, sehr für Hawking. Die Wahrheit ist, daß die Hawkings sich in Cambridge zu Hause fühlten und an der Stadt hingen. Sie lebten seit fast zwanzig Jahren dort, und Stephen hatte nahezu seine ganze akademische Laufbahn an der Cambridge University verbracht. Das DAMTP ist auf dem Gebiet der theoretischen Physik eines der besten Institute der Welt, und er hätte es nur verlassen, wenn ihm nichts anderes übriggeblieben wäre.

Anfang der achtziger Jahre lag Simon Mittons Büro in dem gleichen Innenhof der Silver Street wie das DAMTP, so daß die beiden viel Gelegenheit hatten, über das geplante Projekt zu sprechen. Eines Nachmittags suchte Hawking Mitton auf und überreichte ihm die Rohfassung eines Kapitels. Als Lektor war Mitton natürlich mit dem Buchmarkt bestens vertraut, und er hatte sogar selbst einige erfolgreiche populärwissenschaftliche Bücher verfaßt. So ging er von einer klaren Vorstellung aus, was für ein Buch Hawking schreiben mußte, um so viel Geld zu verdienen, wie er brauchte. Bei der Lektüre des Entwurfs kam er rasch zu einem Urteil: viel zu wissenschaftlich und zu anspruchsvoll. «Für solche Fachbücher ist die Nische einfach nicht groß genug, Stephen.»

Hawking verabschiedete sich und dachte über Mittons Ratschläge nach. Währenddessen besprach Mitton das Projekt mit der Verlagsleitung. Kurz darauf trafen sich die beiden erneut. Der Verlag habe den Vorschlag begeistert aufgenommen, berichtete Mitton, und ihm alle Verhandlungsvollmachten übertragen. Inzwischen hatte Hawking den fraglichen Abschnitt überarbeitet. Erneut überflog Mitton das Manuskript, während Hawking reglos im Rollstuhl saß und geduldig auf die Reaktion des Lektors wartete. Schließlich legte Mitton die Manuskriptseiten auf den Schreibtisch und blickte Hawking an.

«Es ist immer noch viel zu mathematisch, Stephen», sagte er, und dann folgte der später von Hawking oft zitierte Ausspruch: «Sehen Sie die Sache einfach so: Jede Gleichung halbiert die Verkaufszahlen.»

«Wieso das?» fragte Hawking überrascht.

«Ganz einfach», erwiderte Mitton. «Wenn die Leute sich ein Buch im Laden anschauen, blättern Sie es rasch durch, um zu entscheiden, ob sie es lesen wollen oder nicht. Sie bringen praktisch auf jeder Seite Gleichungen. Wenn die Leute das sehen, sagen sie: ‹In dem Buch wimmelt es ja nur so von Formeln›, und stellen es ins Regal zurück.»

Das leuchtete Hawking ein. Bei einer Tasse Tee begannen die beiden, über Geld zu sprechen. Das erste Angebot Mittons parierte Hawking mit einem Lächeln und einer spitzen Bemerkung. Mitton sah, daß ihm eine langwierige Verhandlung bevorstand. Gegen Ende des Nachmittags hatte Hawking ihm 10000 Pfund abgerungen, bei weitem den höchsten Vorschuß, den Cambridge University Press je irgend jemandem gezahlt hatte. Auch die Tantiemen für die gebundene und die broschierte Ausgabe konnten sich sehen lassen. Am nächsten Morgen schickte Mitton Hawking einen Vertrag ins Büro. Er hat ihn nie zurückerhalten.

Im Januar 1983, als Stephen Hawking und Simon Mitton in Cambridge über einen Vertrag verhandelten, ging knapp fünftausend Kilometer entfernt ein Mann Anfang Dreißig, der Verlagslektor Peter Guzzardi, an einem Zeitungsstand in der Fifth Avenue vorbei, blieb kurz stehen, überflog die Schlagzeilen und kaufte eine *New York Times*. Ein paar Blocks weiter in seinem Büro angekommen, setzte er sich an den Schreibtisch. Ihm blieben noch ein paar Minuten, bevor er zu einem Mittagessen mit einem Literaturagenten in ein nahe gelegenes Restaurant aufbrechen mußte. Als Guzzardi die Zeitung öffnete, fiel das Magazin heraus. Auf der Titelseite war ein Mann im Rollstuhl abgebildet, der ihn anblickte. Guzzardi legte den Rest der Zeitung fort und wandte sich rasch der Titelgeschichte des Magazins zu: «The Universe and Dr. Hawking.»

Nach wenigen Minuten hatte ihn die Geschichte gepackt. Der Artikel schilderte die erstaunliche Lebensgeschichte des schwerbehinderten Cambridger Wissenschaftlers Stephen Hawking, der das kosmologische Denken revolutioniert und sich in den letzten zwanzig Jahren mit Erfolg gegen die schrecklichen Folgen einer unheilbaren neurologischen Krankheit, der amyotrophen Lateralsklerose, zur Wehr gesetzt hatte. Erregt legte Guzzardi den Artikel beiseite. Eine sensationelle Geschichte war ihm da in den Schoß gefallen, und als Cheflektor bei Bantam Books war er genau in der richtigen Position, etwas in dieser Sache zu unternehmen. Während ihm die ungeheuren Möglichkeiten durch den Kopf schossen, die diese Entdeckung eröffnete, stopfte er das Magazin in seine Tasche und eilte zum Mittagessen.

Er war mit Al Zuckerman verabredet, dem Chef der großen New Yorker Agentur Writer's House. Beim Dessert erwähnte Guzzardi, er habe eben einen Artikel über Hawking gelesen. Zuckerman kannte den Artikel bereits und war im Bilde. Von einem gemeinsamen Freund, dem Physikprofessor Daniel Freedman vom Massachusetts Institute of Technology, hatte Zuckerman kürzlich gehört, daß Hawking an einem Buch arbeite. Daraufhin hatte er sich mit seinem Schwager, der ebenfalls Physiker war, in Verbindung gesetzt und dessen Meinung über das Projekt eingeholt.

Zur Zeit seines Essens mit Peter Guzzardi war Zuckerman bereits zu dem Versuch entschlossen, mit Hawking ins Geschäft zu kommen. Eine menschlich anrührende Geschichte hinter bedeutenden physikalischen Entdeckungen – das konnte ein großer Erfolg werden, und er wollte daran beteiligt sein. Und nun hörte er, wie Guzzardi eindringlich sein Interesse an dem Buch bekundete. Nun galt es festzustellen, ob die Rechte noch frei waren.

Ein halbes Jahr verstrich, bevor Peter Guzzardi wieder von Zuckerman hörte. Die Neuigkeiten klangen vielversprechend. Es war dem Agenten gelungen, Verbindung zu Hawking aufzunehmen, als dieser gerade im Begriff war, in den Vertrag mit Cambridge University Press (CUP) einzuwilligen – ein paar Tage später wäre der Handel perfekt gewesen, und Zuckerman hätte kaum noch eine Chance gehabt, daran etwas zu ändern. Simon Mitton hätte Hawking zwar eine kompetente fachliche Betreuung bieten können, doch als Wissenschaftsverlag verfügte CUP nicht über das für einen Publikumserfolg notwendige Vertriebsnetz und die Verbindungen zum allgemeinen Buchmarkt, den der Physiker erreichen wollte.

Etwa zu der Zeit, als das Angebot von CUP vorlag, begegnete Dennis Sciama Hawking im Zug und erfuhr, daß sein ehemaliger Student an einem populärwissenschaftlichen Buch arbeitete.

«Kommt es bei CUP heraus?» fragte er.

«O nein», meinte Hawking mit einem verschmitzten Lächeln. «Mit diesem möchte ich ein bißchen Geld verdienen.»

Zuckerman überredete Hawking, den Vertrag nicht zu unterzeichnen, so daß ihm, Zuckerman, Zeit bleibe, sein Glück zu versuchen. Sollte es ihm nicht gelingen, das Buch bei einem geeigneteren Verlag unterzubringen, argumentierte er, könne Hawking immer noch auf das Angebot von CUP zurückkommen. Doch Zuckerman war fest davon überzeugt, er würde mehr als 10000 Pfund Vorschuß heraushandeln und einen der Branchenführer für das Projekt gewinnen können. Hawking schrieb ein Exposé und eine Probe von etwa hundert Seiten, mit denen sich Zuckerman an mehrere Verlage in den Vereinigten Staaten, unter anderem auch an Bantam Books, wandte. Der Agent war von Anfang an entschlossen, das Geschäft zunächst mit einem amerikanischen Verlag abzuschließen und die Lizenzen für die Veröffentlichung in anderen Ländern später zu vergeben.

Peter Guzzardi erhielt den Entwurf 1984 und legte ihn auf der nächsten Redaktionskonferenz vor. Auch präsentierte er seinen Kollegen den Artikel des *New York Times Magazine*, der einst seine Aufmerksamkeit erregt hatte. Es bedurfte wenig Überredungskunst, um sie für die Idee zu gewinnen. Am Ende der Konferenz war man übereingekommen, ein ernsthaftes Angebot für die Rechte zu unterbreiten.

Trotz Bantams offensichtlichem Interesse beschloß Zuckerman, das Buch zu versteigern. Den großen Verlagshäusern, die das Informationsmaterial erhalten hatten, wurde eine «Deadline» für ihr Angebot gesetzt. Rief ein Verlag an, wurde ihm mitgeteilt, ob ein Konkurrent ein besseres Angebot gemacht hatte, und es lag dann an ihm, sein Angebot zu erhöhen oder sich aus dem Geschäft zurückzuziehen. Am Ende des Versteigerungstages waren nur noch zwei Verlage im Rennen: Norton und Bantam. Norton hatte kurz zuvor unter dem Titel ‹*Surely You're Joking, Mr. Feynman!*› (deutsche Ausgabe: ‹*Sie belieben wohl zu scherzen, Mr. Feynman!*›) mit großem Erfolg die Erinnerungen des Physikers und Nobelpreisträgers Richard Feynman herausgebracht und war sehr an Hawkings geplantem Buch interessiert.

Gegen Abend hatten beide Verlage ihre Angebote weiter erhöht, als Bantam sich dazu entschloß, allen Risiken zum Trotz ein letztes Angebot zu machen: 250000 Dollar Vorschuß für die Rechte in den Vereinigten Staaten und Kanada und eine großzügige Gewinnbeteiligung des Autors. In knappen Telefonaten von Büro zu Büro und auf hastig einberufenen Konferenzen wurde beraten, was zu tun sei. Als die Sonne hinter der zerklüfteten Skyline Manhattans versank, klingelte endlich das Telefon in Guzzardis Büro.

Norton war ausgestiegen. Nun mußte Hawking nur noch den Forderungen zustimmen, die Bantam in bezug auf Überarbeitungsrechte und Werbemaßnahmen stellte.

Autor und Agent hatten offensichtlich wenig Zweifel an der Bedeutung des Buches und am Verkaufswert des Namens Hawking – ein kaltblütiges Verhalten von Hawkings Seite, bedenkt man, daß er sich trotz seines Ruhms und trotz allen Geldes, das er im Ausland hätte verdienen können, in einer ziemlich prekären finanziellen Situation befand. Peter Guzzardi erläuterte seine Vorstellungen in einem Brief an Hawking, und dieser war offensichtlich einverstanden, denn der Vertrag wurde kurze Zeit später unterschrieben. Laut Guzzardi hat die Zusicherung, das Buch werde in jedem amerikanischen Flughafenkiosk erhältlich sein, wesentlich zum Zustandekommen des Abschlusses beigetragen. Der Gedanke gefiel Hawking. Ihn faszinierte die Vorstellung, daß sein Buch bei einem der größten Verlage der Welt erscheinen sollte.

Guzzardi traf Hawking erstmals nach einer Konferenz im Fermilab, einem Forschungsinstitut für Hochenergiephysik vor den Toren Chicagos. Hawking sei nach seinem Vortrag sehr müde gewesen, berichtet Guzzardi. Dennoch habe er sich sehr ansprechbar gezeigt und sich noch für das Projekt begeistern können. Sein erster Eindruck: «Der Mann hat eine enorme Präsenz. Er kommt einem als sehr starke Persönlichkeit entgegen.»

Damals wurden Hawkings Vorträge stets von einem Dolmetscher gehalten, gewöhnlich einem Forschungsassistenten, der den Diaprojektor bediente und das von Hawking geschriebene Manuskript vorlas. Derselbe Dolmetscher stand auch Guzzardi zur Verfügung, als dieser nach dem Vortrag mit Hawking zusammenkam. «Man hatte ein bißchen das Gefühl, jemanden in einer Fremdsprache reden zu hören», meint Guzzardi. «Man hört einen bestimmten Rhythmus heraus, ohne wirklich zu verstehen, was der andere sagt.»

Während Hawking offensichtlich selbst am Ende eines anstrengenden Tages bereit war, über das Buch zu sprechen, spürte Guzzardi, daß einige seiner Assistenten dem Projekt weit weniger positiv gegenüberstanden. Er glaubt, ihnen habe der Gedanke mißfallen, daß die Arbeit ihres Professors popularisiert werden sollte. Offenbar hätten sie das Gefühl gehabt, der Versuch, Hawkings Theorien in allgemeinverständlicher Sprache zu vermitteln, stelle eine Art Sakrileg dar. Diese Einstellung habe Hawking keineswegs mit seinen Studenten geteilt. Im Gegenteil, er habe großen Wert darauf gelegt, seine Theorien einem allgemeinen Publikum nahezubringen. Schon vor Erscheinen der ‹*Kurzen Geschichte der Zeit*› habe Hawking viel Interesse daran gezeigt, populäre Vorträge über seine Arbeit zu halten. Laut Guzzardi war Hawking mit geradezu missionarischem Eifer bestrebt, dem öffentlichen Bewußtsein in kosmologischen Fragen Impulse zu geben.

Nach der ersten Begegnung der beiden Männer setzte ein Briefwechsel zwischen Cambridge und New York ein, in dem Vorschläge und Gegenvorschläge über einzelne Abschnitte des wachsenden Manuskripts hin und her gingen. Während der langen Reifezeit des Projekts holte sich Guzzardi Rat bei anderen Wissenschaftlern und Experten, um Hawkings Gedanken besser zu verstehen. Mit Hilfe dieser Informationen versuchte er dann, Hawking weiter in die Richtung zu lenken, die dieser nach eigenem Bekunden anstrebte – in die eines Bestsellers. Trotz Hawkings wachsender Verpflichtungen kam die Arbeit an dem Buch gut voran, und doch sollte es noch weitere achtzehn Monate dauern, bevor es Hawking und Guzzardi in gemeinsamer Anstrengung gelang, das Manuskript in die Form zu bringen, in der es schließlich veröffentlicht wurde.

Es heißt, Bantam habe das Buch irgendwann von einem Ghostwriter, einem erfolgreichen Wissenschaftsautor, schreiben lassen wollen, doch Hawking habe den Vorschlag kategorisch zurückgewiesen. Das sei, so Guzzardi, ein haltloses Gerücht. Allerdings hat anfangs Al Zuckerman darüber mit dem Autor gesprochen:

> Ich habe das Manuskript gelesen, hielt es für sehr interessant und war mir sicher, einen Verleger dafür finden zu können. Für den Laien schien es mir aber ziemlich schwierig zu sein... Damals dachte ich daran, einen professionellen Autor zu beauftragen, der die Gedanken in eine leichter verständliche Sprache bringen sollte. Hawking weigerte sich. Das Buch sollte sein Werk sein. Und er ist ein sehr willensstarker Mann.[1]

Guzzardi versuchte das Manuskript mit den Augen des Durchschnittslesers zu betrachten, der vor der Entscheidung steht, ob er das Buch kaufen und lesen soll. Auf diese Perspektive wies er Hawking in ihrer transatlantischen Korrespondenz immer wieder hin, wenn er ihm ein weiteres Mal schrieb: «Tut mir leid, Professor Hawking, ich verstehe das einfach nicht!» Zuckerman zu den Bemühungen Guzzardis:

> Ich schätze, zu jeder Seite Text hat Peter zwei oder drei Briefseiten geschrieben, um Hawking zu veranlassen, genauer auf Gedanken einzugehen, die er selbst wohl überspringen kann, andere aber nicht verstehen.[2]

«Ich war hartnäckig», erzählt Guzzardi, «und fragte so lange nach, bis Hawking mir die Sache verständlich gemacht hatte. Vielleicht hat er mich für ein bißchen dickfellig gehalten, aber darauf ließ ich es ankommen.» Dabei sei Hawking stets sehr liebenswürdig und geduldig mit ihm gewesen. Bescheiden behauptet Guzzardi, Hawking habe ihm in der Danksagung des Buches zuviel Ehre erwiesen.

«Ich habe nur getan, was jeder halbwegs intelligente Mensch an meiner Stelle getan hätte, und das so lange, bis ich verstand, wovon die Rede war.»

In ihrem Buch ‹*Das Universum des Stephen Hawking*› meint Kitty Ferguson, daß Hawking, weil ihn seine Krankheit dazu zwinge, mit wenigen Worten auszukommen, in Vorträgen und Vorlesungen häufig von einem Gedanken zum anderen springe, in der irrigen Annahme, seine Zuhörer würden den Zusammenhang verstehen. Ohne eine sorgfältige Redaktion hätte diese Eigenart bei einem populärwissenschaftlichen Buch zu erheblichen Problemen geführt.

Für Peter Guzzardi war es eine wichtige Erfahrung, ‹*Eine kurze Geschichte der Zeit*› als Lektor zu betreuen.

Obwohl selbst kein Wissenschaftler, hat er Hawking und seine Denkweise während der gemeinsamen Arbeit genau kennengelernt. Er hat dabei ein ganz anderes Verständnis von Hawking gewonnen als seine Studenten und Kollegen, aber es reicht möglicherweise ebenso tief.

Für viele ist Hawking nicht der strahlende Held, den die Öffentlichkeit aus ihm gemacht hat. Es gibt Leute, die sein Verhalten auf Konferenzen als theatralisch bezeichnen, als anmaßend und prahlerisch, und die der Meinung sind, seine kritischen Fragen seien an den Haaren herbeigezogen und bewußt provozierend gestellt.

Der Physiker und Sachbuchautor Paul Davies meint, für einen unerfahrenen Redner, der gerade mit seinem Vortrag begonnen habe, könne es kaum etwas Schlimmeres geben als Hawking, der mit seinem Rollstuhl zehn Minuten zu spät durch die Tür eines Hörsaals gepoltert komme. Noch schlimmer sei es, wenn er, was oft genug geschehe, vor Ende des Vortrags aufbreche und in steter Beschleunigung den Gang entlang auf den Ausgang zurase. Allerdings räumt Davies ein:

Häufig hat Stephen einfach Hunger, oder ihm ist ein dringendes Telefongespräch eingefallen. Sein Zuspätkommen ist unabsichtlich und nicht dazu bestimmt, irgend jemanden einzuschüchtern, aber ich bin doch froh, daß es mir erspart geblieben ist – bis jetzt!

Andere beurteilen Hawkings Eigenheiten und Ruhm nicht ganz so freundlich. Ein führender Physiker der Princeton University sagte einmal: «Er arbeitet an den gleichen Dingen wie wir. Ihm wird einfach mehr Aufmerksamkeit zuteil wegen seines Zustandes.»[3]

Haben Hawkings Kritiker recht? Oder entspringen solche Äußerungen einfach dem Neid auf den Reklamerummel, der um seine Person veranstaltet wird? Hawking tut seine Meinung über Menschen, die ihn mit Einstein vergleichen, mit der ihm eigenen Unverblümtheit kund: «Sie müssen nicht alles glauben, was Sie lesen», sagt er mit einem hintergründigen Lächeln.[4]

Die Arbeit an der Rohfassung nahm den größten Teil des Jahres 1984 in Anspruch. Weihnachten war das vorläufige Manuskript fertig, so daß Hawking zu Neujahr mit der Überarbeitung beginnen konnte. Je näher der Abgabetermin rückte, desto hektischer wurde der Briefwechsel zwischen Hawking in Cambridge und Guzzardi in Manhattan.

Kurz nach Weihnachten 1984 erfuhren die Branchenblätter von dem Buch und äußerten sich erstaunt über den Enthusiasmus, der bei Bantam herrschte:

> Liegt es am bevorstehenden Frühling, oder ist die Begeisterung, die wir beobachten können, ernst zu nehmen? Allerorten begegnet man Verlagsleuten, die vor Entzücken über irgendein Hätschelprojekt Freudensprünge vollführen. Bei Bantam hüpft Peter Guzzardi vor Begeisterung über den Erwerb von Stephen Hawkings *From the Big Bang to Black Holes*... Nachdem Bantam eine Summe gezahlt hat, von der Guzzardi sagt: «sechsstellig,

deutlich über 100000 Dollar», plant der Verlag, das Buch «irgendwann 1986» als gebundene Ausgabe herauszubringen... «Es ist ein wunderbares Buch», begeistert sich Guzzardi: «Hawking arbeitet an der vordersten Front der kosmologischen Forschung. Dieses ganze Unterfangen – vereinheitlichte Feldtheorie, Verbindung von Relativitätstheorie und Quantenmechanik – ähnelt der Suche nach dem Gral.»[5]

Im Juli 1985 beschloß Hawking, einige Zeit am CERN zu verbringen, der Europäischen Organisation für Kernforschung in Genf. Dort konnte er mit seiner Grundlagenforschung fortfahren und hatte zugleich Zeit für die Arbeit an dem Buch, das er im Gespräch mit Freunden als «populär» bezeichnete. Er mietete eine Wohnung in der Stadt, wo er von einer ganztags angestellten Pflegerin und seinem damaligen Forschungsassistenten, dem Frankokanadier Raymond Laflamme, betreut wurde. Jane Hawking bereiste in der Zwischenzeit Deutschland, um Freunde zu besuchen. Im August, nach Abschluß der Manuskriptbearbeitung, wollten sich die beiden zu den Wagnerfestspielen in Bayreuth treffen.

Eines Abends Anfang August ging Hawking spät schlafen, nachdem er den ganzen Tag am Manuskript gearbeitet hatte. Die Pflegerin half ihm ins Bett und ließ sich dann im Nachbarzimmer nieder. Zu ihren nächtlichen Pflichten gehörte es, den Zustand ihres Patienten im Dreißigminutenrhythmus zu kontrollieren. Gegen drei Uhr nachts betrat sie Hawkings Schlafzimmer und sah, daß er wach war und Schwierigkeiten hatte, zu atmen. Sein Gesicht war violett, und beim Atemholen sog er die Luft gurgelnd durch die Kehle. Augenblicklich weckte die Pflegerin Laflamme und rief einen Rettungswagen.

Hawking wurde ins Kantonsspital in Genf gebracht, wo man ihn sofort an ein Beatmungsgerät anschloß. Es heißt, der diensttuende Arzt sei nur deshalb in der Lage gewesen, die richtigen Maßnahmen zu ergreifen, weil er kurz zuvor zufällig eine Fernsehsendung über einen Cambridger Physiker gesehen hatte, der unter ALS litt. Da er Hawkings Krankheit kannte, wußte er, welche Medikamente sein Patient vertrug und welche nicht.

Hawking wurde eiligst auf die Intensivstation gefahren. Zugleich benachrichtigte man die Verwaltung des CERN. Der Abteilungsleiter Maurice Jacob traf noch vor Morgengrauen im Krankenhaus ein und erfuhr, daß das Leben des Patienten am seidenen Faden hing. Man vermutete, daß sich Hawkings Luftröhre verengt hatte und daß es dadurch zu einer Lungenentzündung gekommen war. ALS-Patienten sind für diese Komplikation besonders anfällig, und in vielen Fällen sterben sie daran. Maurice Jacob und seine Mitarbeiter versuchten sofort, Verbindung zu Jane Hawking aufzunehmen, was sich als schwierig erwies, da sie von Stadt zu Stadt reiste und der Pflegerin eine Reihe von Telefonnummern gegeben hatte. Niemand war über den genauen Zeitplan ihrer Reise informiert. Schließlich machte man sie bei einer Freundin in der Nähe von Bonn ausfindig.

Jane Hawking traf ihren Mann in der Schweizer Klinik in einem sehr schlechten Zustand an, wenn er sich auch nicht mehr in unmittelbarer Lebensgefahr befand. Doch nach Meinung der Ärzte hatte er ohne eine Tracheotomie, eine Luftröhreneröffnung, nur geringe Überlebenschancen. Er konnte nicht durch Mund oder Nase atmen und wäre erstickt, hätte man das Beatmungsgerät neben seinem Bett abgestellt. Bei der Operation, zu der die Ärzte rieten, macht man einen Schnitt in die Luftröhrenvorderwand und führt etwas oberhalb der Kragenhöhe eine Kanüle für die Atemluftzuleitung in die so entstandene Öffnung ein. Man erklärte Jane, daß die Operation notwendig sei, um ihrem Mann das Leben zu retten, daß er aber danach nicht mehr fähig sein werde, zu sprechen oder sonst irgendeinen Laut von sich zu geben.

Was sollte sie tun? Die Entscheidung lag allein bei ihr. Zwar war Hawkings Sprache schon seit Jahren nur noch Familienangehörigen und engen Freunden verständlich gewesen, doch jetzt drohte ihm der Verlust jeder Kommunikationsmöglichkeit. Die Ärzte im Krankenhaus waren zwar verblüfft, daß ein Mann in Hawkings Zustand in der Welt umherreisen konnte, hielten es aber angesichts seiner Verfassung für undenkbar, daß er je wieder in irgendeiner Form würde sprechen können. Durfte sie ihre Einwilligung geben und ihren Mann zu ewigem Schweigen verurteilen?

> Die Zukunft sah sehr, sehr düster aus. Wir wußten nicht, wie wir weiterleben sollten – ob er überleben würde. Ich habe für ihn entschieden, in die Tracheotomie einzuwilligen. Aber manchmal habe ich gedacht: Was hast du getan? Was für ein Leben hast du ihm zugemutet?[6]

Nach der Operation blieb Hawking noch weitere zwei Wochen in der Schweizer Klinik. Dann brachte ihn ein Ambulanzflugzeug zurück nach Cambridge, wo er ins Addenbrooke's Hospital kam. Das Flugzeug landete auf dem Marshall's Airport, wo ihn ein Ärzteteam erwartete, um ihn auf die Intensivstation des Krankenhauses zu begleiten.

An diesem Abend wurde die Oberschwester der Medizinischen Abteilung im Addenbrooke's Hospital in den *Cambridge Evening News* zitiert: «Er bleibt auf der Intensivstation. Über seinen Zustand läßt sich noch nichts Näheres sagen. Wir müssen ihn erst untersuchen.»[7] Tatsächlich mußte er noch ein paar Wochen in dem Cambridger Krankenhaus verbringen, bevor er wieder nach Hause in die West Road durfte.

In vielerlei Hinsicht hatte Hawking abermals Glück gehabt. Viele ALS-Patienten sterben an den Lungenentzündungen, die durch ihre Krankheit ausgelöst werden. Als er die Infektion bekam, befand er sich zufällig in einem der medizinisch bestgerüsteten Länder der Welt. In der Klinik geriet er an einen Arzt, der ihn kurz zuvor im Fernsehen gesehen hatte und deshalb über seine Krankheit informiert war. Und ihm stand eine umsichtige, fürsorgliche Ehefrau zur Seite.

Im August 1985 war die Arbeit an dem Manuskript, aus dem der Bestseller ‹*Eine kurze Geschichte der Zeit*› werden sollte, fast abgeschlossen. Peter Guzzardi, der natürlich sofort von der Erkrankung seines Autors in Kenntnis gesetzt worden war, hatte die Arbeit an dem Manuskript fortgesetzt, während Hawking sich im Krankenhaus erholte. Die Familie hatte einen Teil des Vorschusses bekommen, so daß sie die unmittelbaren Folgen der Krise finanziell bewältigen konnte. Doch wie sollte es auf lange Sicht weitergehen? Nach der Tracheotomie mußte Hawking rund um die Uhr gepflegt werden. Das Gesundheitsamt finanzierte pro Woche nur sieben Stunden Hauspflege bei den Hawkings, dazu zwei Stunden Hilfe beim Baden. Die Familie mußte also die Versorgung Hawkings zum großen Teil aus privaten Mitteln finanzieren. Der Vorschuß reichte nicht weit, und niemand konnte zu diesem Zeitpunkt vorhersehen, ob das Buch erfolgreich sein würde. Langfristig sah Jane Hawking wenig Hoffnung. Was sollte sie tun, wenn ihr Mann nie wieder arbeiten konnte?

Ihnen blieben nur wenige Möglichkeiten. Sie wäre bereit gewesen, auf den eigenen Beruf zu verzichten und sich ganz der Pflege ihres Mannes zu widmen, aber sie war keine ausgebildete Krankenpflegerin. Und wer sollte dann für die Familie sorgen? Die Alternative war eine Schreckensvision: Hawking in einem Pflegeheim, unfähig zu arbeiten, allmählichem Siechtum und Sterben preisgegeben. «Es gab Tage, da konnte ich einfach nicht mehr», erinnert sich Jane Hawking. «Ich wußte nicht, wie es weitergehen sollte.»[8]

Von irgendeiner Seite mußte also finanzielle Unterstützung kommen. Brief um Brief schrieb Jane Hawking an Wohltätigkeitsorganisationen in der ganzen Welt und bat Freunde der Familie, bei verschiedenen Institutionen um Hilfe nachzufragen. Angesichts des internationalen Rufs und der Leistungen, die Hawking vorzuweisen hatte, war eine amerikanische Stiftung bereit, mit 50000 Dollar jährlich zur Erstattung der Pflegekosten beizutragen. Kurz darauf schlossen sich einige andere Organisationen beiderseits des Atlantiks mit kleineren Zuwendungen an. Jane Hawking erfüllt dieser Vorgang noch heute mit Bitterkeit. Sie ist empört darüber, daß ihnen der staatliche Gesundheitsdienst, nachdem sie ihr ganzes Leben lang brav die gesetzliche Krankenversicherung bezahlt hatten, nur so kärgliche Hilfe gewährt hat, als sie wirklich in Not gerieten. Sie weiß sehr gut, daß ihr Mann heute bis ans Ende seines Lebens in einem Pflegeheim zubrächte, wenn er nur ein unbekannter Physiklehrer wäre. «Stellen Sie sich diese Vergeudung von Talent vor», hat sie einmal in einem Interview gesagt.[9]

Im selben Monat, als den Hawkings die dringend erforderliche finanzielle Unterstützung zugesichert wurde, schickte ihm Walt Woltosz, ein amerikanischer Computerexperte, ein von ihm entwickeltes Computerprogramm namens Equalizer. Es war mit den Computern kompatibel, die Hawking zu Hause und im Büro benutzte. Mit seiner Hilfe konnte er Wörter aus einem Bildschirmmenü von dreitausend Begriffen auswählen. Durch Druck eines Schalters, den er in der Hand hielt, vermochte er von Wort zu Wort zu wandern. Winzige Bewegungen seiner Finger genügten, um das Gerät zu bedienen und den Cursor auf das gewünschte Wort zu lenken. Wenn er auf diese Weise einen Satz zusammengestellt hatte, konnte er ihn an einen Sprachsynthesizer überspielen, der ihn dann für ihn artikulierte. Bestimmte häufig vorkommende Sätze waren schon programmiert, um den Prozeß zu beschleunigen, und mit ein bißchen Übung gelang es Hawking, zehn Wörter pro Minute zu produzieren. «Es ging alles ein bißchen langsam», meinte er später, «aber ich denke auch ziemlich langsam, und so paßte wieder alles.»[10]

Hawkings neue, computergenerierte Stimme veränderte sein Leben von Grund auf. Er konnte sich jetzt besser verständlich machen als vor der Operation und war nicht mehr auf die Hilfe eines Dolmetschers angewiesen, wenn er einen Vortrag halten oder mit jemandem sprechen wollte. Seit der Tracheotomie hatte seine einzige Verständigungsmöglichkeit darin bestanden, mit den Augen Signale zu geben, während ein Helfer auf die Buchstaben einer vor sein Gesicht gehaltenen Tafel zeigte. Auf diese Weise hatte er die Wörter mühsam buchstabiert. Allerdings hat der Sprachsynthesizer einen unüberhörbaren Akzent, der vielfach als amerikanisch oder skandinavisch beschrieben wird. Da er bestimmten Wörtern eine Betonung gibt, klingt er nicht roboterhaft – was Hawking sehr stören würde. Ihm wäre allerdings ein britischer Akzent lieber, weshalb er Gesprächspartner häufig mit den Worten begrüßt: «Hallo, bitte entschuldigen Sie meinen amerikanischen Akzent.» Immerhin gestattet ihm das Programm, den Akzent in begrenztem Rahmen zu verändern. Bei besonderen Gelegenheiten verwendet er gern eine schottische Sprachfärbung, die seiner natürlichen Sprechweise vielleicht am nächsten kommt. Timothy Hawking findet, daß die neue Stimme zu seinem Vater paßt. Von allen Familienmitgliedern kann er sich an Hawkings echte Stimme am wenigsten erinnern, da er zum Zeitpunkt der Operation erst sechs Jahre alt war und der Vater schon vorher seine Sprechfähigkeit weitgehend eingebüßt hatte.

Mit seiner neuen Stimme und einem gewissen Maß an finanzieller Sicherheit konnte Hawking, wenige Wochen nachdem er das Krankenhaus verlassen hatte, die Arbeit am Manuskript wiederaufnehmen. Von Lesern des Manuskripts war inzwischen eine Reihe von Vorschlägen eingegangen, und gemeinsam mit Peter Guzzardi beschloß er, manche Abschnitte zu streichen und andere umzuschreiben. Auch schlug er vor, einen mathematischen Anhang aufzunehmen, doch Guzzardi war entschieden dagegen. «Er würde die Leute verschrecken!» sagte er.

Während die beiden an dem Manuskript arbeiteten und Bantam die Veröffentlichung im Frühjahr 1988 vorbereitete, blieb Al Zuckerman nicht müßig. Nachdem er die Rechte für die Vereinigten Staaten und Kanada verkauft hatte, begann er nach Interessenten in anderen Ländern Ausschau zu halten. Verlage in Deutschland und Italien machten Angebote aufgrund einiger Probekapitel, und auch in Japan, Skandinavien, Frankreich und Spanien wuchs das Interesse. Zu seiner Überraschung bekam er sogar Angebote aus Korea,

China und der Türkei, dazu zwei aus der Russischen Republik, einem Land, in dem es ihm zuvor noch nie gelungen war, ein Buch zu verkaufen. «Ich hatte zwei Angebote von Verlagen in Moskau», berichtete er der Zeitschrift *Bookseller*. «Da gibt es aber keine Konkurrenz – beide haben sie das gleiche Angebot gemacht.»[11]

Das weltweite Interesse an Stephen Hawkings Buch übertraf Zuckermans kühnste Erwartungen. Nur in einem wichtigen Land hatte er Probleme – in Großbritannien.

> Bei britischen Verlagen begegnete ich der größten Skepsis. Als ich in England die erste Fassung vorlegte, bot Dent 15000 Pfund, andere Verlage 5000 und 10000 Pfund. Das schien mir unangemessen, und ich ging nicht darauf ein.[12]

So gab es zeitweilig keinen britischen Verlag für das Buch eines britischen Autors, das sonst in fast jedem anderen Land der Welt auf reges Interesse gestoßen war.

Bis zur Tagung des amerikanischen Buchhändlerverbandes im Jahre 1987 änderte sich nichts an dieser Situation. Mark Barty-King von Bantam United Kingdom hatte über interne Firmenkanäle von dem Buch gehört. Als er Zuckerman auf der Tagung traf, bat er ihn um das Manuskript. Nach der Lektüre verabredete er ein Treffen mit dem Agenten und erklärte sein Interesse an dem Buch. Zuckerman verlangte 75000 Dollar für die britischen Rechte. Daraufhin ging Barty-Kings Enthusiasmus rapide zurück:

> 75000 Dollar schienen [damals] ein unerhörter Vorschuß für ein Buch zu sein, das zwar sehr gut, aber doch ziemlich *schwierig* war. Ob er das auch von anderen Verlagen gefordert hat, weiß ich nicht. Jedenfalls boten wir ihm schließlich 30000 Pfund. Er meinte, er müsse sich noch an andere Verlage wenden. Daraufhin wir: «Wenn Sie das tun, teilen Sie uns doch bitte das Höchstgebot mit!»[13]

Penguin, Collins, Century Hutchinson und andere Verlage waren nicht bereit, 30000 Pfund zu bieten. Also wandte sich Zuckerman wieder an Bantam UK und akzeptierte dessen Angebot.

Trotzdem konnte Mark Barty-King seine Entscheidung nur mühsam durchsetzen. Am Abend, bevor er seinen Vorschlag auf der Redaktionssitzung vortrug, kalkulierte er das Projekt noch einmal durch. Die Rechnung ging nicht auf. Schließlich fügte er 5000 Pfund für Nebenrechte hinzu. So ließ sich der Vertrag gerade noch rechtfertigen. Diese Zahlen legte er auf der Konferenz vor und setzte den Abschluß gegen den Rat seiner Kollegen durch. Er war zwar davon überzeugt, das Unternehmen werde keinen Penny an dem Buch verdienen, doch würde es ihm, argumentierte er, Prestige bringen. Wenn das Buch kein Verlustgeschäft wurde, war es das Risiko wert.

Erst als Mark Barty-King Hawking im Herbst vor der Veröffentlichung auf der Frankfurter Buchmesse kennenlernte, bekam er einen Eindruck von der Persönlichkeit dieses Mannes.

> Man muß ihm begegnen, um zu begreifen, wie außergewöhnlich er ist. Besonders überraschend ist sein Humor – nach alldem, was er durchgemacht hat.[14]

Nach Unterzeichnung des Vertrags erklärte er einem Journalisten:

> Das Buch stammt von einem der größten Denker unserer Zeit und behandelt die Grundfragen unserer Existenz: Wer sind wir und woher kommen wir? Es ist ein sehr geistreiches und persönliches Buch, das keine leichte Lektüre für mich war, aber mich doch sehr gefesselt hat.[15]

In Frankfurt hielt Hawking in einer zu diesem Zweck gemieteten Bibliothek eine kurze Rede vor den Repräsentanten der Verlage. Er beschrieb sein Leben und umriß, welche Gedanken und Motive dem

Buch zugrunde lagen. In den Monaten vor der Veröffentlichung in den USA war Guzzardi mehrfach mit Bantams Marketingchef zusammengetroffen, um die Verkaufsstrategie in allen Einzelheiten zu erörtern. Jahre zuvor, kurz nachdem der Vertrag mit dem großen kommerziellen Verlag unterschrieben war, hatte Simon Mitton Hawking einen freundschaftlichen Rat gegeben: «Machen Sie sich klar, daß Sie nicht sehr heikel in bezug auf die Vermarktungsmethoden sein dürfen, wenn es Ihnen ums Geld geht und Sie möglichst viele Bücher verkaufen wollen.»

«Wie meinen Sie das?» hatte Hawking gefragt.

«Ich traue denen glatt zu, daß sie den Leuten das Buch unter dem Motto ‹Sind Krüppel nicht wunderbar?› anpreisen. Machen Sie sich da keine Illusionen.»

Tatsächlich erwiesen sich Mittons Befürchtungen als unbegründet. Guzzardi hatte nie die Absicht, das Buch in der von Mitton befürchteten Weise anzupreisen.

> Uns standen zwei Möglichkeiten offen. Wir konnten das Buch nach Bantam-Art auf den Markt bringen – Flugzeuge am Himmel, die in riesigen Lettern Slogans über Manhattan malen, T-Shirts und so weiter – oder auf die vornehme, die geschmackvolle Art. Der Autor ist angesehen, dachten wir. Rühren wir also die Reklametrommel, aber taktvoll. Das war die Alternative, und für die haben wir uns entschieden.

Wenige Wochen vor dem Erstverkaufstag erhielt Hawking einen überraschenden Anruf von seinem Agenten Al Zuckerman. Peter Guzzardi, erzählte dieser, habe eine bessere Stellung beim Verlag Crown angeboten bekommen und verlasse Bantam. Damit ging die Betreuung des Buches während der Werbekampagne und während des nervenaufreibenden Verkaufsstarts in die Hände eines neuen Lektors über. Eine der letzten Entscheidungen, die Guzzardi in bezug auf das Buch traf, war die endgültige Titelwahl. Hawking erschien ‹*A Brief History of Time*› etwas zu unseriös, wobei er vor allem an dem Wort «brief» Anstoß nahm. Guzzardi berichtet, es sei nicht leicht gewesen, ihn davon zu überzeugen, daß es ein guter Titel sei, knapp und treffend. Umgeschwenkt sei Hawking erst, als er, Guzzardi, ihm erzählt habe, gerade das Wort «brief» amüsiere ihn jedesmal, wenn er daran denke. «Stephen begriff sofort, was ich meinte», sagt Guzzardi. «Er mag es, wenn die Leute sich amüsieren.»

Als der neue Lektor bei Bantam die Unterlagen zu diesem seltsamen, schwierigen Buch ‹*Eine kurze Geschichte der Zeit*› studierte, bekam er kalte Füße. Seine erste Entscheidung bestand darin, die Erstauflage drastisch zu reduzieren – auf 40 000 Exemplare.

Gleich darauf erreichte Hawking eine weitere Schreckensmeldung. Er berichtet:

> Kurz vor Erscheinen des Buches stellte ein Wissenschaftler, dem man vorab ein Exemplar geschickt hatte, damit er es für die Zeitschrift *Nature* rezensiere, entsetzt fest, daß es voller Fehler war: Fotos und Diagramme standen am falschen Platz oder waren falsch beschriftet. Sofort rief er bei Bantam an, wo man ebenso entsetzt war und noch am selben Tag beschloß, die Auslieferung zu stoppen und die gesamte Auflage einzustampfen. Drei Wochen fieberhafter Korrektur- und Lektoratsarbeiten waren nötig, um das Buch doch noch rechtzeitig zum angekündigten Erscheinungstermin im April in die Buchhandlungen zu bringen.[16]

Anläßlich der Veröffentlichung der ‹*Kurzen Geschichte der Zeit*› wurde im New Yorker Rockefeller Institute zu Ehren des Autors ein Fest veranstaltet, auf dem er eine kurze Rede hielt, um für das Buch zu werben. Abends versammelten sich die Gäste an der nahe gelegenen Uferbefestigung, von der aus man den East River überblickt. Hawking war nach diesem langen Tag der Festlichkeiten und schier endloser Präsentationen und Treffen voller Überschwang. Die jahrelange Arbeit an dem Buch lag endlich hinter ihm. Freunde berichten, er sei von Gast zu Gast gefahren und wie berauscht gewesen.

Spät am Abend kehrte er mit einer kleinen Gruppe von Freunden und Familienangehörigen ins Hotel zurück. Als sie die Halle durchquerten, wurde Hawking auf eine Tanzveranstaltung im Ballsaal aufmerksam. Mit der Bemerkung, es sei viel zu früh, ins Bett zu gehen, steuerte er seinen Rollstuhl geradewegs auf die Musik zu. Seine Begleiter folgten ihm eher widerstrebend. Doch Hawking ließ sich nicht beirren. Er beendete den festlichen Tag erst in den frühen Morgenstunden, auf der Tanzfläche zu den Klängen der Band herumwirbelnd, die noch weit über das Ende der offiziellen Veranstaltung hinaus weiterspielte.

Bantam hatte den Verkauf des Buches mit der beschlossenen Zurückhaltung begonnen – keine Schaufensteraktionen, keine Autorenplakate. Die ersten Reaktionen waren ermutigend, aber sie signalisierten auch Unsicherheit. Die Buchhändler orderten das Buch sehr lebhaft, wußten aber nicht recht, wie sie es präsentieren sollten. Sehr zur Freude des Verlages brachte das *Time Magazine* im Veröffentlichungsmonat April einen langen Artikel über Hawking. In vielen angesehenen Zeitungen und Zeitschriften der Vereinigten Staaten waren positive Kritiken zu lesen. Wenige Wochen nach Erscheinen gelangte *‹Eine kurze Geschichte der Zeit›* in die Bestsellerlisten und kletterte mühelos an ihre Spitze.

Der Schutzumschlag der amerikanischen Ausgabe zeigt Hawking in seinem Rollstuhl vor einem Sternenhimmel. Er sieht sehr ernst aus und blickt fast finster in die Kamera. Hawking sagt, er habe das Foto nie gemocht, doch sei ihm kein Mitspracherecht in dieser Frage eingeräumt worden. Freunde und Familienangehörige sind der Meinung, das Bild verfehle seinen wirklichen Charakter; vor allem komme der für Hawking so typische Humor nicht zum Ausdruck.

Ein Kritiker nahm Anstoß daran, daß der Autor auf dem Umschlag im Rollstuhl zu sehen ist. Das sei ein zynisches Manöver von seiten des Verlages, um aus dem verkrüppelten Autor möglichst viel Kapital zu schlagen.

Peter Guzzardi hat diese Unterstellung empört von sich gewiesen. «Der Mann kennt Stephen schlecht, wenn er glaubt, man könne ihn ausnutzen», sagt er. «Niemand kann das. Stephen kann sehr gut auf sich selbst aufpassen.» Und bei anderer Gelegenheit sagte er: «Für einen Menschen in Hawkings körperlichem Zustand ist es ein beispielloser Triumph, auf dem Titelblatt des eigenen Buches zu erscheinen. Das ist ein ermutigendes Beispiel.»

Im Sommer 1988 behauptete sich Stephen Hawkings «schwieriges» Buch seit vier Monaten in den amerikanischen Bestsellerlisten – 500 000 Exemplare waren in dieser Zeit verkauft worden. Sehr rasch wurde der Name Hawking zu einem geläufigen Begriff, und wie er es sich gewünscht hatte, wurde das Buch an jedem Flughafenkiosk im Lande verkauft.

Im Juni 1988 erschien die britische Ausgabe des Buches. Und im Heimatland des Autors wiederholte sich die amerikanische Erfolgsstory. Die britischen Verkaufslisten zeigten ein überwältigendes Interesse bei Buchhändlern im ganzen Land. Dennoch schien Bantam UK die Größenordnung des Erfolges nicht recht zu begreifen. Mark Barty-King hatte beschlossen, die erste Auflage von fünf- auf achttausend zu erhöhen, doch die war nach wenigen Tagen vergriffen. Hastig wurde ein Nachdruck angeordnet. Fünf Jahre nach der Erstveröffentlichung waren in Großbritannien vierzig Hardcoverauflagen erschienen. Die Kritiken, ob in Wissenschaftsmagazinen oder Massenblättern veröffentlicht, waren durchweg positiv. Hawking wurde ein so begehrter Interviewpartner, daß er unter den Journalisten, die mit ihm sprechen wollten, auswählen mußte.

«Es war interessant zu sehen, für welche Interviews er sich entschied», meinte Wendy Tury von Transworld. «So war er beispielsweise bereit, mit [der Boulevardzeitung] *Sunday Mirror* zu reden.»[17]

Doch das entsprach genau Hawkings Einstellung; er wollte ein möglichst breites Publikum erreichen:

> Ich freue mich, daß ein naturwissenschaftliches Buch sich mit den Memoiren von Popstars messen kann. Vielleicht gibt es doch noch eine Hoffnung für die Menschheit. Besonders schön finde ich, daß es das allgemeine Publikum erreicht und nicht nur Akademiker. Wir alle müssen eine gewisse Vorstellung davon haben, was in der Wissenschaft vor sich geht, weil sie eine so wichtige Rolle in der modernen Gesellschaft spielt.[18]

Nach zwei Wochen war das Buch in der Bestsellerliste der *Sunday Times* und erreichte dort bald darauf den ersten Platz, den es den ganzen Sommer hindurch unangefochten behauptete. Jahrelang blieb ‹*Eine kurze Geschichte der Zeit*› unter den ersten zehn der britischen Hardcover-Bestseller.

Die Leute begannen Hawking auf der Straße anzusprechen, was er, im Gegensatz zu seiner Familie, sehr genoß. Ein Kritiker verglich ‹*Eine kurze Geschichte der Zeit*› mit Pirsigs ‹*Zen und die Kunst, ein Motorrad zu warten*›, einem erfolgreichen Kultbuch der siebziger Jahre. Die Angehörigen und Freunde waren entsetzt, aber Hawking wertete den Vergleich als Kompliment, als Zeichen dafür, daß er seine Zielgruppe erreicht hatte.

Kritiker und Kommentatoren schien der Erfolg des Buches zu verblüffen. John Maddox, Redakteur der Zeitschrift *Nature*, schrieb Ende 1988:

> All jene Menschen, die sich über das angebliche Desinteresse der Öffentlichkeit an wissenschaftlichen Fragen besorgt zeigen, müßten nun beruhigt sein, da in den Vereinigten Staaten 600000 Exemplare von Professor Stephen Hawkings Buch ‹*Eine kurze Geschichte der Zeit*› im Umlauf sind...
>
> Merkwürdigerweise war unter der beträchtlichen Zahl von

Menschen, die ich bei meinem Besuch in Kalifornien gefragt habe (und es waren nicht nur Wissenschaftler), keiner, der das Buch nicht kannte, drei, die eines besaßen, und keiner, der es bisher gelesen hatte. Das erscheint seltsam bei einem Band von nur 198 Seiten, von dem der Autor selbst meint, man könne es an einem halben Tag lesen. Zumindest muß man das aus seiner Bemerkung schließen, die darin enthaltene Information lasse sich unter Aufwendung von 1000 Kalorien Nährstoffen aufnehmen.

Tatsächlich ist die Reaktion auf das Buch etwas eigenartig. Alle Leute erklären, es sei ein «Kultbuch», oder bezeichnen Professor Hawking als Kultfigur. In Kalifornien, das an das Kommen und Gehen von Gurus unterschiedlichster Überzeugung und Überzeugungskraft gewöhnt ist, mag diese Erklärung natürlich erscheinen. Doch selbst Kalifornien kann nicht alle 600000 Exemplare des Buches verschluckt haben.[19]

Im August 1988 schrieb Simon Jenkins von der *Sunday Times*:

Ich bin ein bißchen verwirrt. Den ganzen Sommer hindurch war das Buch eines sechsundvierzigjährigen Mathematikprofessors über das Problem, wie man die Relativitätstheorie und die Quantenmechanik auf einen Nenner bringen kann, auf der britischen Sachbuch-Bestsellerliste. Im letzten Monat kam es sogar auf Platz eins und hat dabei Michael Jackson und Pablo Picasso hinter sich gelassen. Fünfzigtausend Exemplare sind bislang von Stephen Hawkings ‹*Eine kurze Geschichte der Zeit*› verkauft worden. Damit ist es ein echter «Renner».[20]

Alle, auch die Menschen, die dafür gesorgt hatten, daß das Buch in die Bestsellerlisten kam, schienen über die Breitenwirkung verblüfft zu sein. Offenkundig war es Hawking gelungen, sein Ziel zu erreichen – nämlich dafür zu sorgen, daß auch Nichtakademiker sein Buch kauften. In Amerika berichtete ein Journalist von einem Wissenschaftler, der mit einem Tankwart ins Gespräch kam. Als dieser hörte, daß er es mit einem Naturwissenschaftler zu tun hatte, fragte er: «Kennen Sie Professor Hawking? Ich bewundere ihn.»[21]

Worin liegt das Erfolgsgeheimnis der ‹*Kurzen Geschichte der Zeit*›? Im April 1991, fast drei Jahre nach dem Erscheinen des Buches in England, erschien ein kleiner Artikel in der Klatschspalte «Weasel» der Zeitung *Independent*. Wie viele Menschen, fragte sich der Autor, haben das Buch tatsächlich gelesen?

> Bernard Levin, ein hochintelligenter Mann, hat in seiner *Times*-Kolumne zugegeben, er habe es nicht geschafft, über die Seite 29 der ‹*Kurzen Geschichte der Zeit*› von Professor Stephen Hawking hinauszugelangen. Das wirft eine Frage auf: Wenn der hochintelligente Mr. Levin nur bis zur Seite 29 vordringt, wie kommt dann der arme Durchschnittsleser zurecht, nachdem er sich auf die Suche nach der endgültigen Erkenntnis über den Ursprung des Universums eingelassen hat?
>
> Und doch bleibt die Tatsache bestehen, daß von dieser kurzen wissenschaftlichen Abhandlung, die Bantam für 14,99 Pfund anbietet, allein in unserem Land 500000 Exemplare verkauft worden sind und daß sie im kommenden Juli drei volle Jahre auf der Bestsellerliste stehen wird. Verständlicherweise denkt der Verleger noch nicht an eine Taschenbuchausgabe.
>
> Wie soll man sich den außerordentlichen Erfolg eines Buches erklären, das so wenige seiner Käufer verstehen? Amateurpsychologen verweisen auf die Krankheit des Autors. Er leidet unter amyotropher Lateralsklerose und ist von den Ärzten schon vor Jahren aufgegeben worden. Trotzdem hat er dieses Buch geschrieben. Das ist eine Heldensaga, gewiß, aber reicht sie aus, um den Erfolg des Buches zu erklären?
>
> Ich glaube nicht. Genausowenig wie die Feststellung ausreicht, der Leser hoffe, die Wahrheit über den Ursprung der Welt

zu entdecken, in der er lebt. Es wird sich inzwischen herumgesprochen haben, daß es keine einfache Antwort gibt. Das Geheimnis dieses Bucherfolgs ist mittlerweile genauso verblüffend und faszinierend wie das Geheimnis, das den Ursprung des Universums umgibt. Ich bin bereit, einen kleinen Preis (sagen wir von 14,99 Pfund) für den Leser auszusetzen, der eine einigermaßen befriedigende Erklärung liefern kann.[22]

Der Artikel löste eine Flut von Briefen aus, darunter auch einen von Hawkings Mutter, der in der folgenden Woche veröffentlicht wurde:

Sir, ich muß mich für befangen erklären, denn ich bin die Mutter von Professor Stephen Hawking, aber ich habe mir ein paar Gedanken über die Gründe gemacht, die zu dem Erfolg der *‹Kurzen Geschichte der Zeit›* geführt haben könnten ... einen Erfolg, der Stephen selbst überrascht hat. Die Gründe sind wohl komplex; aber ich möchte versuchen, sie zu vereinfachen – so wie ich sie sehe.

Das Buch ist gut geschrieben, was seine Lektüre zu einem Vergnügen macht. Schwierig ist sein Inhalt, nicht die Sprache. Keine Zeile ist hochtrabend, und Stephen behandelt den Leser nie von oben herab. Er ist der Überzeugung, daß jeder interessierte Mensch seine Gedanken verstehen kann. Das Buch ist in seinen Aussagen kontrovers; viele Menschen sind aus dem einen oder anderen Grund mit seinen Schlußfolgerungen nicht einverstanden, aber es ist sehr anregend.

Natürlich hat Stephens Kampf gegen seine Krankheit zur Bekanntheit des Buches beigetragen, aber Stephen hatte es schon weit gebracht, bevor er überhaupt an das Buch zu denken begann. Seine vielen Auszeichnungen, akademischer und anderer Art, hat er nicht bekommen, weil er an amyotropher Lateralsklerose leidet.

> Ich behaupte nicht, daß ich das Buch verstehe, doch habe ich es durchgelesen, bevor ich zu dieser Schlußfolgerung gelangt bin. Ich denke, mein Alter und die Art meiner geistigen Ausbildung haben etwas mit meinen Verständnisschwierigkeiten zu tun. Ohne die intellektuelle Brillanz von Mr. Levin anzweifeln zu wollen, halte ich doch den Schluß für gewagt, daß die meisten Menschen das Buch nicht verstehen, nur weil ihm es so ergeht.[23]

Mit ihrer letzten Bemerkung scheint Isobel Hawking das Problem auf den Punkt gebracht zu haben. Während bei vielen noch die klassische geisteswissenschaftliche Bildung als ideale Voraussetzung gilt, um als «Intellektueller» Anerkennung zu finden, gibt es längst andere Ausrichtungen des Denkens und Wissens, die für die «Intellektuellen» der Zukunft geeigneter sein dürften. Fragen Sie irgendeinen Naturwissenschaftler nach den Vorurteilen der Laien. Er wird Ihnen eine Fülle trauriger Anekdoten über Menschen erzählen können, die auf Partys und bei anderen Gelegenheiten ihre Ignoranz in naturwissenschaftlichen Fragen mit Levinscher Überheblichkeit verkünden, wobei sie mit ihrem Unverständnis geradezu prahlen. Über Dinge, die einem peinlich sind, läßt sich nun einmal leichter witzeln als ehrlich reden. Vor allem in England wird diese Sonderform der Xenophobie durch Überreste einer viktorianischen Vorstellung vom Naturwissenschaftler genährt, der zufolge dieser so etwas wie ein Arbeiter ist, der sich die Hände in einem Labor schmutzig macht, Chemikalien mixt und mit bizarr anmutenden Instrumenten hantiert.

Unter den anderen Erwiderungen auf den «Weasel»-Artikel befand sich ein Brief, der diesen deplazierten intellektuellen Snobismus schonungslos aufs Korn nahm:

> Sir, Sie irren sich, wenn Sie meinen, nur wenige Käufer des Buches ‹*Eine kurze Geschichte der Zeit*› seien in der Lage, seine Aus-

führungen zu verstehen. Nur Leser wie Bernard Levin, die bedauerliche Bildungslücken aufweisen, haben dieses Problem.

Mein siebzehnjähriger Sohn, der einen Physikkurs der Oberstufe besucht, fand das Buch sehr verständlich und hat bedauert, daß Hawking nicht etwas mehr in die Tiefe gegangen ist. Dieser Junge hat nie einen Roman gelesen und begnügt sich gewöhnlich mit der Lektüre des *Sun*. Er würde gern die 14,99 Pfund einfordern, die der Weasel demjenigen versprochen hat, der den Erfolg von Hawkings Buch erklären kann, doch leider ist er nicht in der Lage, einen vernünftigen Brief zu verfassen.

Das erhärtet die Theorie ..., daß es unterschiedliche Arten von Intelligenz gibt. Wie es beschränkte Naturwissenschaftler gibt, gibt es geisteswissenschaftlich gebildete Menschen, die mathematische und naturwissenschaftliche Analphabeten sind. Nichts gegen Shakespeare, aber vielleicht sollte man in den Schulen Lehrstoff vermitteln, der uns hilft, die Grundlagen des Universums zu verstehen.[24]

Unabhängig von solch eindeutigen Bekundungen glauben viele Menschen, ‹*Eine kurze Geschichte der Zeit*› sei *das* Buch, mit dem man in den achtziger und neunziger Jahren gesehen werden müsse. Bald nach seiner Veröffentlichung erschienen einige Artikel, die von einem merkwürdigen Wettbewerb zwischen Freunden und Kollegen berichteten: Sieger war, wer die meisten Seiten geschafft hatte. Die Autoren des vorliegenden Buches haben die Kommentare ihrer nichtwissenschaftlichen – und gelegentlich auch naturwissenschaftlich vorgebildeten – Freunde notiert und miteinander verglichen. Auch da wird beim Abendessen stolz verkündet, man versuche «eine Seite pro Tag» zu lesen oder man sei «drei Seiten weiter als mein Nachbar». Selbst Simon Jenkins, der von Hawking und seinem Buch nach wie vor viel hält, reiht sich in diesen Chor ein:

> Hawking profitiert, dessen bin ich sicher, von einer Art Etikettenschwindel. Wer ein Buch kauft, geht schon einen Schritt weiter als derjenige, der nur eine Kritik liest, doch selbst der Kauf bedeutet noch nicht, daß man es auch tatsächlich liest. Auf dem Couch- oder Spieltisch ausgelegt, ist es das geistige Äquivalent zum Gucci-Etikett an der Handtasche oder zum Krokodil am T-Shirt.[25]

Andere behaupten, ‹*Eine kurze Geschichte der Zeit*› sei deshalb so gut verkauft worden, weil sich eine orientierungslose Post-Yuppie-Generation darauf gestürzt habe, die es als Symbol einer New-Age-Weisheit mißverstehe und ihm deshalb eine fast religiöse Bedeutung zuschreibe. Solche Vorstellungen findet Hawking erheiternd.

Doch was halten Hawkings Kollegen von seinem Buch? Die Wahrheit ist, daß viele von ihnen es nicht gelesen haben mit der Begründung, es eigne sich schlecht als Strandlektüre. Bei denen, die es kennen, begegnet man einer Vielzahl von Meinungen. Einige sind zu dem Schluß gekommen, Hawking sei nicht weit genug gegangen und das Buch hätte doppelt so lang sein sollen. Es ist fraglich, ob Nichtwissenschaftler ihnen zustimmen würden.

Von mehreren Physikern wurde die Kritik geäußert, Hawking habe allgemein akzeptierte und bewiesene Theorien mit seinen eigenen umstrittenen Spekulationen vermischt, ohne dem Laien die Grenze zwischen beiden Bereichen deutlich zu machen. Andere meinen, Hawkings Idee, das Buch mit Kurzbiographien von Galilei, Newton und Einstein zu beenden, sei anmaßend, lasse sie doch auf die Überzeugung des Autors schließen, der Name «Hawking» würde in einer künftigen ‹*Kurzen Geschichte der Zeit*› neben diesen Namen stehen – eine Ansicht, die nicht zu Hawkings Einstellung zum Medienrummel um seine Person zu passen scheint. Solche Behauptungen, würde er sagen, hätten die Medien in die Welt gesetzt, nicht er. Wieder andere finden, er habe durchaus das Recht, sich auf eine Stufe mit diesem illustren Triumvirat zu stellen.

Welche Gründe der erstaunliche Erfolg dieses Buches auch immer haben mag, er hat die kühnsten Erwartungen aller Beteiligten übertroffen – der Verleger, die das Buch unter Vertrag genommen haben, des Agenten, der sich ein Bild von seinen Marktchancen zu machen versuchte, und vor allem des Autors und des Lektors, die es gemeinsam zustande gebracht haben.

Das letzte Wort über die kosmopolitische Wirkung der ‹*Kurzen Geschichte der Zeit*› sei einer Anekdote des russischen Physikers Andrej Linde vorbehalten. Kurz nach Veröffentlichung des Buches flog er auf dem Weg zu einer Konferenz quer über den amerikanischen Kontinent, wobei er, wie häufig, neben einem Geschäftsmann zu sitzen kam. Irgendwann während des Fluges blickte er zu seinem Nachbarn hinüber und bemerkte, daß dieser Hawkings Buch las. Ohne den üblichen Smalltalk zu absolvieren, waren die beiden sofort in ein Gespräch über das Buch verwickelt.

«Was halten Sie davon?» fragte Linde.

«Faszinierend», sagte der Geschäftsmann, «ich kann es nicht aus der Hand legen.»

«Oh, das ist interessant», erwiderte der Wissenschaftler. «Ich fand es teilweise ziemlich schwierig und habe manches nicht ganz verstanden.»

Daraufhin klappte der Geschäftsmann das Buch zu und lehnte sich mit einem mitleidigen Lächeln zu seinem Nachbarn hinüber: «Lassen Sie mich erklären ...»

15 Das Ende der Physik?

Stephen Hawking wird nicht müde zu wiederholen, das Ende der theoretischen Physik sei in Sicht. In den achtziger Jahren gewöhnte sich die Physikerzunft daran, Hawking diese Überzeugung verkünden zu hören. Schon zu Beginn des Jahrzehnts stellte er die Frage in seiner Antrittsvorlesung als Lukasischer Professor. Nach zehn Jahren scheint das Ende noch kein Stück näher gerückt zu sein, ohne daß Hawking seinen Optimismus eingebüßt hätte. Doch selbst wenn die theoretische Physik jenes «Ende» erreichen würde, das Hawking so unermüdlich beschwört, bliebe den Physikern noch viel Arbeit zu tun.

1988 hat Hawking in einem Interview mit *Newsweek* erklärt, nach der Entdeckung einer «Theorie für Alles» gäbe «es zwar noch viel zu tun», aber die Physik wäre dann wie «Bergsteigen nach dem Mount Everest».[1] Andere Kosmologen, unter ihnen Martin Rees, ziehen einen anderen Vergleich vor. Sie meinen, das Erlernen der Schachregeln sei nur der erste Schritt im langen und faszinierenden Werdegang eines Großmeisters. Die langgesuchte Theorie für Alles, sagen sie, wäre lediglich das physikalische Äquivalent der Schachregeln – der Status des Großmeisters bliebe damit noch in weiter Ferne.

Das unmittelbare Ziel der Physik – der Heilige Gral, von dem Hawking und einige andere Forscher meinen, er warte hinter der nächsten Ecke – ist eine vollständige, in sich schlüssige und einheitliche Theorie, in der sich alle physikalischen Wechselwirkungen durch ein einziges Gleichungssystem beschreiben lassen. Um zu verstehen, was das bedeutet und wie mühevoll die Suche nach einer solchen Theorie ist, müssen wir uns vergegenwärtigen, wie man sich heute das Universum erklärt – daß man *vier* getrennte Theorien braucht, um verschiedene Aspekte der Welt zu begreifen.

Noch im 19. Jahrhundert kam man mit zwei Theorien aus (in gewisser Weise ist die Physik also während der letzten hundert Jahre komplizierter geworden). In seiner Gravitationstheorie erläuterte Newton die Kraft, die die Planeten in ihren Bahnen um die Sonne hält oder einen Apfel veranlaßt, vom Baum zu fallen. Maxwells Theorie des Elektromagnetismus beschrieb das Verhalten von Strahlung, einschließlich des Lichts, und die Kräfte, die zwischen elektrisch geladenen Teilchen oder zwischen Magneten wirken.

Doch wie in Kapitel zwei erläutert, sind die beiden Theorien nicht kompatibel. Maxwells Gleichungen legen eine Lichtgeschwindigkeit fest, die für alle Beobachter gleich ist, während nach der Newtonschen Mechanik die für das Licht gemessene Geschwindigkeit von der Bewegung des Beobachters abhängt. Dieser Unterschied war einer der wichtigsten Gründe für Einstein, zunächst die spezielle und dann die allgemeine Relativitätstheorie zu entwickeln – eine verbesserte Gravitationstheorie, die mit Maxwells Gleichungen kompatibel *ist*. Indes, sowohl die allgemeine Relativitätstheorie als auch Maxwells Theorie sind «klassische» Theorien im strengen Sinne des Wortes. Das heißt, sie behandeln das Universum als Kontinuum. Nach klassischer Auffassung läßt sich der Raum in beliebig kleinen Einheiten messen, und entsprechend kann die elektromagnetische Energie in beliebig kleinen Beträgen vorliegen.

Die Quantenrevolution hat das Weltbild der Physiker verändert. Heute halten sie das Universum für diskontinuierlich. Es gibt eine letzte Grenze, die festlegt, wie klein ein «Stück» elektromagnetischer Energie, eine Zeiteinheit oder ein Entfernungsmaß sein kann. Diese Erkenntnisse über die Natur des Lichts haben zur Quantenrevolution geführt. An die Stelle des Elektromagnetismus trat schließlich eine neue Theorie, die Quantenelektrodynamik (QED), welche die besten Eigenschaften der Maxwellschen Theorie mit den neuen Quantengesetzen verbindet.

Doch die QED wurde erst in den vierziger Jahren entwickelt, zu einem Zeitpunkt, da bereits zwei «neue» Kräfte auf der Bildfläche erschienen waren. Diese beiden Kräfte haben nur eine sehr kurze Reichweite und wirken ausschließlich im Atomkern (was der Grund dafür ist, daß sie im 19. Jahrhundert unbekannt waren). Die eine Kraft heißt starke Wechselwirkung; sie hält die Teilchen im Kern zusammen. Die andere bezeichnet man als schwache Wechselwirkung (weil sie, was naheliegt, schwächer als die starke Wechselwirkung ist); sie ist für den radioaktiven Zerfall verantwortlich.

In vielerlei Hinsicht ähnelt die schwache Wechselwirkung jedoch der elektromagnetischen Kraft. In Anlehnung an die QED entwickelte man in den fünfziger und sechziger Jahren eine mathematische Theorie, die mittels eines einzigen Gleichungssystems die schwache Wechselwirkung und den Elektromagnetismus beschreibt. Sie heißt «elektroschwache» Theorie und macht eine entscheidende Vorhersage: Mit der schwachen Wechselwirkung sollen drei Teilchenarten verknüpft sein und in der neuen Theorie weitgehend die gleiche Rolle spielen wie das Photon (das Lichtteilchen) in der QED. Im Gegensatz zum Photon besitzen diese Teilchen (W^+, W^- und Z°) nach der neuen Theorie Massen, und zwar nicht beliebige, sondern genau festgelegte Massen – die beiden W-Teilchen ungefähr die neunfache und Z° die achtfache Masse des Protons. 1983 fand ein Team am CERN in Genf Spuren von Teilchen mit genau den richtigen Eigenschaften. Damit hatte sich die elektroschwache Theorie bewährt, und die Physiker brauchten nur noch drei Theorien, um das Universum zu erklären.

Mit diesem Erfolg auf ihrem Konto schickten sich die Theoretiker an, die starke Wechselwirkung mit einer ähnlichen Theorie wie der QED zu beschreiben. Wir wissen heute, daß Kernteilchen (Protonen und Neutronen) aus fundamentalen Einheiten, den sogenannten Quarks, bestehen. Quarks gibt es in verschiedenen Spielarten, denen man scherzhaft Farbnamen gegeben hat – rot, grün und blau. Die Quarks sind also nicht wirklich rot, grün oder blau, sowenig wie ein «heißer Ofen» für einen Motorradfreak eine Vorrichtung zum Heizen seiner Wohnung ist. Das sind Namen ohne Bedeutung. Doch in Fortführung dieser eher humoristischen Namensgebung bezeichnen die Physiker die Quantentheorie, die das Verhalten von Quarks beschreibt und für die starke Wechselwirkung zuständig ist, als «Quantenchromodynamik» (nach dem griechischen Wort für «Farbe») oder QCD. Gegenwärtig gibt es etliche vielversprechende Ansätze zur Vereinigung von QCD und elektroschwacher Theorie. Solche Gleichungssysteme werden etwas vollmundig als Große Vereinheitlichte Theorien oder GUTs (nach dem englischen *Grand Unified Theories*) bezeichnet. Doch die QCD steht noch nicht auf so sicherem Fundament wie die elektroschwache Theorie, und die GUTs gar deuten bestenfalls an, wie eine künftige, endgültige Theorie aussehen könnte.

Schlimmer noch: Wie voreilig die Bezeichnung «Große Vereinheitlichte Theorien» ist, zeigt der Umstand, daß keiner dieser auf Vereinheitlichung abzielenden Ansätze die Gravitation im mindesten berücksichtigt! Die Naturkraft, die als erste untersucht und zumindest partiell verstanden wurde, gebärdet sich am widerspenstigsten, sobald man versucht, sie den Quantenregeln zu unterwerfen. Solange es nicht gelingt, die Gravitation in diese Theorien einzubauen, darf man wohl – in Abwandlung von Hawkings berühmtem Ausspruch über Schwarze Löcher – sagen, daß Große Vereinheitlichte Theorien eigentlich gar nicht so groß sind. Obwohl es Hawking mit Erfolg gelungen ist, bei der Untersuchung der Schwarzen Löcher und des Zeitenbeginns eine partielle Vereinigung von Quanten- und allgemeiner Relativitätstheorie anzuwenden, läßt sich die Gravitation immer noch am besten durch letztere beschreiben – eine klassische, kontinuierliche Theorie.

Die Eingliederung der Gravitation in eine Theorie, die dann wohl «supervereinheitlichte Theorie» heißen müßte, schien auf die Forschung mehr als zehn Jahre lang «hinter der nächsten Ecke» zu warten. Logischerweise kann man vermuten, daß wir zunächst eine Quantentheorie der Gravitation entwickeln und von dieser Basis aus die Vereinigung mit den drei anderen Kräften anstreben müssen. Ein Merkmal jeder solcher Quantentheorie besteht darin, daß auch sie Teilchen enthalten muß, die mit der Schwerkraft verknüpft sind, wiederum ähnlich wie Photonen mit dem Elektromagnetismus assoziiert sind. (Falls Ihnen die Frage in den Sinn gekommen sein sollte: Ja, entsprechende Teilchen kommen auch in der QCD vor, der Theorie der starken Wechselwirkung; sie heißen «Gluonen», sind aber noch nicht entdeckt worden.) Die Physik hat sogar schon einen Namen für diese hypothetischen Gravitationsteilchen – «Gravitonen». Doch sowenig ein Quark «rot» zu nennen bedeutet, es sei tatsächlich rot gefärbt, beruht die Benennung des Quantengravitationsteilchens auf dem Umstand, daß irgend jemand eines entdeckt hätte.

Als Hawking 1980 seine Antrittsvorlesung hielt, gab es einige Aufregung um eine Klasse möglicher Quantengravitationstheorien, die man unter der Bezeichnung «Supergravitation» zusammenfaßte. Eine Spielart der Supergravitation heißt «$N = 8$», weil sie neben der Existenz einer Gravitonenart auch noch acht Typen einer Teilchenfamilie vorhersagt, die man als Gravitinos bezeichnet (dazu weitere 154 Spielarten anderer bislang unentdeckter Teilchen). Die Teilchenfülle, die mit dieser bevorzugten Version der Supergravitation einhergeht, mag reichlich unbequem erscheinen, und sie ist es in der Tat, bedeutet aber dennoch einen erheblichen Fortschritt gegenüber früheren Versuchen, eine Quantentheorie der Gravitation zu entwickeln, in denen eine unendliche Zahl «neuer» Teilchen erforderlich zu sein schien. Tatsächlich ist $N = 8$ unter allen Variationen des Themas Supergravitation die einzige, die sich natürlich in vier Dimensionen (drei des Raums und einer der Zeit) entfaltet und eine endliche Anzahl von Teilchen umfaßt. Sicherlich hat auch Hawking damals von dieser Theorie erwartet, sie würde sich in den achtziger Jahren durchsetzen.

Doch in der folgenden Zeit veränderte sich alles. Mitte der achtziger Jahre legte sich die Begeisterung für die Supergravitation schlagartig, als der Aufstieg eines ganz anderen Konzeptes begann, der String-Theorie. Danach sind Gebilde, die wir uns gewöhnlich als Punkte (etwa Elektronen und Quarks) vorstellen, in Wirklichkeit linear – winzige «Strings» (Schnüre). Und sie wären in der Tat sehr klein: Man brauchte 10^{20} von ihrer Sorte, aneinandergereiht, um auf den Durchmesser eines Protons zu kommen. Solche Strings könnten offen sein, mit frei beweglichen Enden, oder zu kleinen Schleifen geschlossen. In jedem Falle ließen sich nach Meinung einiger Theoretiker durch die Art ihrer Schwingungen und Wechselwirkungen viele Eigenschaften der physikalischen Welt erklären.

Die String-Theorie reicht bis zum Ende der sechziger Jahre zurück, als man sie entwickelte, um die starke Wechselwirkung zu erklären. Der Erfolg der QCD ließ diese frühe Version der String-Theorie in Vergessenheit geraten, und nur noch einige wenige Mathematiker experimentierten mit ihr, was allerdings reinem Interesse an den Gleichungen entsprang und nicht der Erwartung, größere Fortschritte bei der Vereinheitlichung unseres Verständnisses der Naturkräfte zu erzielen. Mitte der siebziger Jahre fanden zwei dieser Wissenschaftler, Joël Scherk in Paris und John Schwarz vom Caltech, tatsächlich eine Möglichkeit, die Gravitation mit Hilfe der String-Theorie zu beschreiben. Doch die Reaktion ihrer Kollegen bestand im wesentlichen in der Frage: «Wer braucht denn das?» Damals waren die meisten Gravitationsforscher weit mehr an der Supergravitation interessiert. Man war nicht auf die String-Theorie angewiesen, um die starke Wechselwirkung zu erklären. Die Supergravitation sah vielversprechend aus; wozu also sollte man sich den Kopf über Strings zerbrechen?

Ihre Einstellung änderte sich, als sich herausstellte, wie extrem schwierig jede Berechnung mit Hilfe der $N = 8$-Supergravitationstheorie war. Auch wenn man sich mit keinen Unendlichkeiten herumzuschlagen hatte, so war es doch fast unmöglich, 154 Teilchenarten, dazu das Graviton und acht Gravitinos mathematisch in den Griff zu bekommen. Hawking meint, Anfang der achtziger Jahre sei man sich darüber einig gewesen, daß man sogar mit einem Computer vier Jahre gebraucht hätte, eine Berechnung auszuführen und zu überprüfen, ob alle Teilchen in der Theorie erklärt und ob nicht irgendwo doch noch Unendlichkeiten versteckt wären. Niemand schien bereit, zur Durchführung dieser Berechnungen auf seine Karriere zu verzichten.

Der Hauptgrund für das wiedererwachende Interesse an den String-Theorien Mitte der achtziger Jahre war jedoch die Erkenntnis, daß sie in ihrer befriedigendsten Form *automatisch* das Graviton einbeziehen. In anderen Versuchen, eine Quantentheorie der Gravitation zu entwickeln, ging man von den Eigenschaften aus, die ein Graviton aufweisen soll, und versuchte, eine Theorie drum herum zu konstruieren, selbst wenn man dafür 162 weitere Teilchen in Kauf nehmen mußte. Bei der String-Theorie ging man viel allgemeiner mit den Quantengleichungen um, spielte sie mathematisch durch und stellte fest, daß die geschlossenen String-Schleifen, die von einigen der Gleichungen bestimmt werden, genau die Eigenschaften aufweisen, mit denen sich die Gravitation beschreiben läßt – also Gravitonen sind. Die neue Spielart der String-Theorie wurde – wie sollte es anders sein? – «Superstring-Theorie» genannt. 1988 vertrat Hawking in der ‹*Kurzen Geschichte der Zeit*› begeistert die Auffassung, *dies* sei der richtige Weg zur Supervereinheitlichung.

Aber es gibt doch einige Haken. Der eine ist, daß man noch nicht recht weiß, welchen Sinn alle diese Gleichungen haben. Wie das Beispiel des Gravitons zeigt, waren die Gleichungen zuerst da, während das physikalische Verständnis für ihre Bedeutung hinterherhinkte. Und es gibt noch eine große Anzahl von Gleichungen, die sich bislang jeder physikalischen Deutung verschließen. Hier zeigt sich ein deutlicher Unterschied zu der Art, wie die großen physikalischen Entwicklungen bis in die erste Hälfte des 20. Jahrhunderts hinein zustande kamen. So berichtete Einstein, er habe eines Tages in seinem Berner Büro gesessen, als ihm plötzlich aufgegangen sei, daß ein Mensch, der von einem Dach falle, während des Falls die Schwerkraft nicht spüren werde. Diese Einsicht in das Wesen der Gravitation führte direkt zur Relativitätstheorie – erst das physikalische Verständnis, dann die Gleichungen. Genau das gleiche geschah, als Newton den Apfel von einem Baum fallen sah und von dieser Beobachtung ausgehend seine Gravitationstheorie entwikkelte.

Es scheint, als gehe die Naturwissenschaft, oder zumindest die Physik, heute nicht mehr auf diese Weise vor. Ein Pionier der Superstring-Theorie ist Michael Green vom Queen Mary College in London. 1986 erklärte er in der Zeitschrift *Scientific American*:

> In den Superstring-Theorien haben wir zuerst gewisse Einzelheiten verstanden, müssen uns aber noch immer um ein generelles Verständnis der Logik dieser Theorie bemühen. Zum Beispiel scheint es eher ein merkwürdiger Zufall zu sein, daß es in der Superstring-Theorie ein masseloses Graviton ... gibt. Man würde es vorziehen, wenn sich diese Teilchen in ganz natürlicher Weise aus der Theorie ergäben, nachdem man sich über die Prinzipien der Vereinheitlichung klargeworden ist.[2]

Eine andere Merkwürdigkeit der Superstring-Theorie scheint die Mathematiker nicht zu stören, führt aber schlichteren Sterblichen vor Augen, wie weit sich diese Ideen bereits von der Alltagswirklichkeit entfernt haben. Die offenbar besten Versionen der Superstring-Theorien, in denen sich Gravitonen ganz natürlich (wenn auch auf geheimnisvolle Weise) zu ergeben scheinen, sind nur schlüssig, wenn man die Kleinigkeit von 26 Dimensionen zugrunde legt. Sollten Superstrings also tatsächlich die Prozesse des Universums beschreiben, wo sind dann alle diese zusätzlichen Dimensionen versteckt?

Die Mathematiker haben wenig Schwierigkeiten, die «zusätzlichen» Raumdimensionen loszuwerden. Dazu bedienen sie sich eines Tricks, den sie «Kompaktifizierung» nennen und den man verstehen kann, wenn man sich in der Alltagswelt Gegenstände aus verschiedenen Entfernungen ansieht. Das Standardbeispiel, das sie zu diesem Zweck bemühen, ist ein Wasserschlauch. Von nahem betrachtet ist klar, daß der Schlauch aus einer zweidimensionalen Schicht besteht, die in einer dritten Dimension gekrümmt ist. Doch wenn wir von dem Schlauch zurücktreten und ihn aus großer Entfernung betrachten, sieht er wie eine eindimensionale Linie aus. Betrachten wir das Ende dieser eindimensionalen Linie von vorn, erscheint es wie ein dimensionsloser Punkt.

Ein etwas anderes Beispiel, das wir alle aus eigener Erfahrung kennen, ist die Erdoberfläche. Sie hat Falten und Beulen, die wir Täler und Berge nennen, so extrem, daß es stellenweise unmöglich ist, über die Oberfläche zu gehen. Doch für einen Astronauten im All, der unseren Planeten betrachtet, wirkt die Fläche glatt und regelmäßig.

So mag es zu erklären sein, daß wir die anderen 22 Raumdimensionen nicht wahrnehmen. Sie könnten in den vieldimensionalen Äquivalenten von Zylindern und Kugeln aufgewickelt oder «kompaktifiziert» sein. Danach ist jeder Raumpunkt, den wir wahrnehmen, in Wirklichkeit ein zweiundzwanzigdimensionaler Raumknoten, so eng aufgewickelt, daß wir die Höcker nicht sehen können. Wie eng? Die komplexe Raumstruktur wäre nur in einer Größenordnung von weniger als rund 10^{-30} Zentimeter sichtbar. (Zum Vergleich: Ein durchschnittlicher Atomkern hat einen Durchmesser von ungefähr 10^{-13}. Ein Kern ist also ungefähr hundert Millionen millardenmal größer als die Knoten in der Raumstruktur. Verglichen mit einem Kern sind die Knoten einhunderttausendmal *kleiner* als ein Kern im Verhältnis zu Ihrem Daumen.)

Obwohl Mathematiker keine Schwierigkeiten haben, eine so phänomenale Kompaktifizierung zu beschreiben, wirft das die interessante Frage auf, warum 22 Dimensionen sich in dieser Weise aufgewickelt haben sollen, während die anderen drei Raumdimensionen seit dem Urknall stetig expandieren. Interessanterweise «funktionieren» das vertraute Gravitationsgesetz und die von Maxwell entdeckten Gleichungen des Elektromagnetismus nur in einem Universum mit drei Dimensionen des Raums und einer der Zeit. Wenn es beispielsweise mehr räumliche Dimensionen gäbe, könnten Planeten ihren Zentralstern nicht auf stabilen Bahnen umkreisen. Die geringste Störung, und der Planet fiele entweder in den Stern, wo er verbrennen würde, oder er triebe fort ins All und erfröre. Wie Hawking darlegt, gäbe es noch nicht einmal stabile Sterne – jede Ansammlung von Gas oder Staub würde sich entweder auflösen oder sofort zu einem Schwarzen Loch kollabieren.

Mithin teilen uns die Gesetze der Physik mit, daß unabhängig von der Zahl der Dimensionen, mit denen man beginnt, nur drei des Raums und eine der Zeit stabil sind, so daß alle anderen kompaktifiziert werden. In neueren Forschungsarbeiten finden sich sogar Hinweise darauf, daß der Kollaps der anderen 22 Dimensionen die Antriebskraft für die Expansion der restlichen drei geliefert haben könnte. Und all das hat natürlich mit der Idee der anthropischen Kosmologie zu tun, die wir in Kapitel dreizehn betrachtet haben. Vielleicht gibt es andere Universen, andere Raumzeitblasen, in denen die Kompaktifizierung etwas anders verlaufen ist, so daß vielleicht sechs oder sieben Raumdimensionen übriggeblieben sind (oder nur eine). Doch da solche Universen kein Leben beherbergen könnten, gäbe es in ihnen auch niemanden, der sich über das Wesen der Physik den Kopf zerbrechen müßte. Wenn Lebensformen wie die unsere nur in einem Universum mit drei Raumdimensionen existieren können, darf es nicht überraschen, daß das Universum, in dem wir leben, tatsächlich nur drei Raumdimensionen hat!

Wie weit ist die Physik also noch davon entfernt, die letzten Fragen über das Leben und das Universum zu beantworten? Wird für die theoretischen Physiker des 21. Jahrhunderts keine Arbeit mehr übrigbleiben?

1980 hat Hawking in seiner Lukasischen Antrittsvorlesung die Vermutung geäußert, das Ziel der theoretischen Physik werde «in nicht allzu ferner Zukunft, sagen wir am Ende unseres Jahrhunderts, erreicht sein».[3] Damit meinte er, die Physik würde dann über eine vollständige, in sich schlüssige und vereinheitlichte Theorie der physikalischen Wechselwirkungen verfügen, die alle beobachtbaren Phänomene beschriebe. Vielleicht eine Fortentwicklung der Superstring-Theorie.

Hawking leugnet nicht, daß es auch schon früher Physiker gab, die meinten, sie seien im Begriff, alle Antworten zu finden. Besonders gegen Ende des 19. Jahrhunderts machte sich das Empfinden breit, angesichts der ausgiebig bewiesenen Gleichungen von Maxwell und Newton könne es nur noch um Details gehen – um ein paar i-Punkte und t-Striche im Buch der Wissenschaft. Kaum hatte sich dieses Gefühl eingestellt, da wurde die Physik durch die Doppelrevolution der Quanten- und der Relativitätstheorie auf den Kopf gestellt. Und trotzdem, Ende der zwanziger Jahre – kaum eine Generation später – verkündete der führende Quantenphysiker Max Born seinen Zuhörern erneut, in einem halben Jahr gäbe es für theoretische Physiker nichts von Bedeutung mehr zu tun.

Damals waren die einzigen fundamentalen Teilchen, die man kannte, das Elektron und das Proton, und Born hatte den Eindruck, man habe sie gründlich verstanden. Doch Anfang der dreißiger Jahre wurde das Neutron entdeckt, und wir wissen heute, daß Neutronen und Protonen aus noch fundamentaleren Teilchen, den Quarks, bestehen.

Selbst wenn man davon ausginge, daß Hawkings optimistische Prophezeiung aus dem Jahre 1980 in Erfüllung ginge, hieße das nicht, daß alle Physiker vom Jahr 2000 an beschäftigungslos wären. Wie Hawking in dieser Vorlesung selbst hervorgehoben hat, sind die

Naturgesetze, auf die Born vor mehr als sechzig Jahren so stolz war, im Prinzip alles, was wir brauchen, um das Verhalten chemischer Reaktionen zu beschreiben. Biologische Prozesse beruhen ihrerseits auf der Chemie komplexer Moleküle. Und die Chemie hängt fast völlig von den Eigenschaften der Elektronen ab. In den zwanziger Jahren entwickelte Paul Dirac nun eine Quantengleichung, die genau beschreibt, wie Elektronen sich verhalten. Leider ist diese Gleichung so grauenhaft kompliziert, daß niemand sie lösen konnte, abgesehen von dem Fall des einfachsten Atoms (Wasserstoff), in dem ein einziges Elektron ein einziges Proton umkreist. Dazu Hawking in der Lukasischen Vorlesung:

> Obwohl wir im Prinzip die Gleichungen kennen, die die Gesamtheit des biologischen Geschehens definieren, sind wir nicht in der Lage, das Studium menschlichen Verhaltens auf einen Zweig der angewandten Mathematik zu reduzieren.[4]

Selbst wenn wir eine echte vereinheitlichte Theorie hätten, die alle Kräfte der Natur umfaßte, wäre es weit schwieriger, mit ihrer Hilfe das Verhalten des gesamten Universums zu bestimmen, als es bei Anwendung der Diracschen Gleichung der Fall wäre. So bleibt in der theoretischen Physik noch genügend Arbeit zu tun.

Als 1988 ‹*Eine kurze Geschichte der Zeit*› erschien, war Hawking mit seinen Prognosen über das Ende der theoretischen Physik vorsichtiger geworden. Da hieß es, «wenn» wir eine vollständige Theorie entdecken, nicht mehr «wann». Obwohl das bedeutungsschwere Datum der Jahrtausendwende in der Ankündigung, im Jahre 2000 werde die vollständige Theorie entdeckt werden, 1980 ihre Wirkung nicht verfehlte, handelt es sich hier um eine der Vorhersagen, deren Erfüllung immer weiter in die Zukunft zurückweicht. Wie gesagt, Physiker verkünden seit mindestens zwanzig Jahren, ein solches Ende der Physik warte «hinter der nächsten Ecke», und wenn man dann ein bißchen nachfragt, erklären sie in der Regel, um diese Ecke werde man in etwa zwanzig Jahren gebogen sein – und das, *wann immer* man ihnen die Frage stellt! Jetzt, in den neunziger Jahren, verlegen selbst die optimistischsten Physiker das Datum für die Entwicklung einer vollständigen Theorie frühestens in das Jahr 2010, und die meisten lehnen es ab, sich auf solche Spekulationen überhaupt einzulassen.

Vielleicht sollten sie die Entdeckung der endgültigen Theorie aber ganz oben auf ihre Dringlichkeitsliste setzen. Denn am Ende seiner Lukasischen Vorlesung machte Hawking eine andere Vorhersage – und das war eine Prognose, die (bislang jedenfalls) der Prüfung der Zeit standgehalten hat. Im Zusammenhang mit der raschen Entwicklung der Computer in den siebziger Jahren meinte er, es erscheine «durchaus nicht unmöglich, daß sie sich eines Tages der theoretischen Physik bemächtigen werden».[5] Das ist bislang noch nicht geschehen. Obwohl in den achtziger Jahren die Computerentwicklung noch rasanter verlaufen ist als in den Siebzigern (beispielsweise schreiben wir dieses Buch auf Computern, die leistungsfähiger sind als die Rechner, die in den siebziger Jahren einer ganzen Universität voller Mathematiker zur Verfügung standen), muß die Arbeit der Computer immer noch von menschlichen Wissenschaftlern gesteuert werden. Doch die Bewältigung komplizierter Aufgaben wie etwa der Berechnungen, an denen sechsundzwanzigdimensionale Strings beteiligt sind, wäre ohne Hilfe von Computern völlig undenkbar. Vielleicht ist eher wahrscheinlich, daß Computer am Ende unseres Jahrhunderts bei der Lösung solcher Probleme ohne die Hilfe von Menschen auskommen, als daß menschliche Physiker die langgesuchte endgültige Theorie gefunden haben. Die hellsichtigste Feststellung in Hawkings gesamter Antrittsvorlesung enthält vielleicht der allerletzte Satz, mit dem wir unsere Erörterung seiner wissenschaftlichen Leistungen würdig beschließen können:

> Deshalb könnte ein Ende in Sicht sein – wenn nicht für die theoretische Physik, so doch für die theoretischen Physiker.[6]

16 Hollywood, Ruhm und Reichtum

Von der Planung bis zum Sprung auf die Bestsellerlisten brauchte ‹*Eine kurze Geschichte der Zeit*› mehr als fünf Jahre. In dieser Zeit hat Hawking seine Forschungs- und Verwaltungsarbeit am DAMTP fortgesetzt. 1984, lange bevor die erste Fassung seines Buches fertig war, begab er sich auf eine Vortragsreise durch China. Die Reiseroute wäre selbst für einen gesunden Menschen anstrengend gewesen. Aber Hawking bestand darauf, das Programm von morgens bis abends vollzustopfen. Er fuhr in seinem Rollstuhl an der Großen Mauer entlang, betrachtete die Sehenswürdigkeiten von Peking und hielt in mehreren Städten Vorträge vor überfüllten Sälen. Nach Auffassung von Dennis Sciama hat diese Reise Hawking viel Kraft gekostet und möglicherweise dazu beigetragen, daß es zu der Krise in der Schweiz knapp ein Jahr später kam.

Bis dahin folgten aber noch weitere Strapazen. Im Frühsommer 1985 unternahm Hawking eine Vortragsreise rund um die Welt. Eine seiner wichtigsten Stationen war das Fermilab in Chicago. Zum Kern der Kosmologengruppe am Fermilab gehörten drei bedeutende Wissenschaftler: Mike Turner, David Schramm und Edward Kolb, denen die internationale Kosmologengemeinschaft vielleicht ebenso viele Legenden und Anekdoten verdankt wie harte wissenschaftliche Fakten.

Das Büro des Kaliforniers Mike Turner, in dem er den größten Teil seiner Arbeitszeit verbringt, ist mit Spielzeugen und technischem Klimbim gefüllt. Von der Decke hängen aufblasbare Flugzeuge und Ufos. Die Wände sind bedeckt mit Postkarten von Freunden aus der ganzen Welt, scherzhaften Botschaften und verrückten Aufnahmen, der Fußboden übersät mit Büchern und Kartons voller wissenschaftlicher «Papers». Eine ganze Wand wird von einer Tafel eingenommen, die mit physikalischen Hieroglyphen bedeckt ist, eine andere von einem Fenster, das den Blick auf die Seen und Wälder freigibt, die die massiven Betonsäulen des Zentralgebäudes von Fermilab umgeben. Dieses beginnt am Boden mit einer Ausschrägung und läuft nach oben hin spitz aus, so daß es wie ein auf dem Kopf stehendes V aussieht.

Edward Kolb, wegen seines Hangs zu körperlichen Auseinandersetzungen auch «Rocky» genannt, ist ein Kosmologe aus Los Alamos, der zur gleichen Zeit wie Turner, Anfang der achtziger Jahre, zur Kosmologengruppe stieß. Turner und er wurden Freunde und avancierten zum Komikerduo des Fermilab, immer zu Scherzen und Schabernack aufgelegt. Ihre Vorlesungen sind lustige Veranstaltungen mit großem Unterhaltungswert, bei denen Turner seine Ideen häufig mit bunten Cartoons aus ‹*Darth Vader*› illustriert.

Gründer der Kosmologengruppe ist David Schramm, der den Fachbereich Astronomie an der University of Chicago leitet, eng mit Hawking befreundet ist und enormes Ansehen in der internationalen Kosmologenszene genießt.

Hawking wollte im Fermilab vor einer großen Gruppe von Physikern aus aller Welt einen wissenschaftlichen Vortrag halten. Bei seiner Ankunft mußte er feststellen, daß es weder einen Fahrstuhl noch eine Rampe gab, um mit seinem Rollstuhl den Hörsaal im Keller zu erreichen. Turner berichtet, Kolb und ihm sei dieses Problem erst in dem Moment bewußt geworden, als sie Hawking in das Gebäude begleiteten. Sie blickten sich an, und ohne ein Wort zu sagen, nahm Turner Hawkings federleichten Körper in die Arme, während Kolb den Rollstuhl ergriff. Als sie in dieser seltsamen Prozession den Gang des Hörsaals zur Hälfte hinter sich gebracht hatten, merkte Turner, daß die Zuhörer sie fasziniert beobachteten, und er erinnerte sich plötzlich daran, daß Hawking es haßte, wenn seine Behinderung Aufmerksamkeit erregte. Diesmal hat er jedoch kein Wort über den Vorfall verloren, weil ihm, wie er später erklärte, klar war, daß es keine andere Möglichkeit gab, ihn zum Podium zu transportieren.

Am nächsten Tag hielt er einen öffentlichen Vortrag in Chicago. Obwohl die Menschen im Zuhörerraum dicht gedrängt standen, mußten viele Besucher fortgeschickt werden. Überall, wo er hinkam, wurde er erkannt; die Menschen hielten ihn auf der Straße an, um ihm mitzuteilen, wie interessant sie seine Gedanken fanden. Der Titel seines Vortrags lautete «The Direction of Time» (Die Richtung der Zeit). Einer verblüfften Zuhörerschaft erläuterte er, daß sich das Universum in ferner Zeit wieder zu einer Singularität zusammenziehen und daß sich die Zeit während dieses Kollapses umkehren werde – alles, was jemals während der Expansionsphase geschehen sei, werde sich nun in umgekehrter Richtung wiederholen.

Viele Wissenschaftler, unter ihnen auch Hawkings Freund Don Page, wandten sich gegen diese These. Hawking wußte selbst, daß er sich mit ihr auf ein Gebiet purer Spekulation gewagt hatte. Nach dem Vortrag schrieben die beiden Artikel gegensätzlichen Inhalts und veröffentlichten sie in derselben Ausgabe der Fachzeitschrift *Physical Review*. Hawkings Artikel wurde als erster abgedruckt und schloß mit der Feststellung, daß Page einige gute Argumente vorbringe, so daß er durchaus recht haben könnte. Achtzehn Monate später, im Dezember 1986, kehrte Hawking nach Chicago zurück, um in einem zweiten Vortrag mitzuteilen, er habe sich 1985 geirrt. Das Gegenteil sei richtig: Die Zeit werde sich während der Kontraktionsphase des Universums nicht umkehren.

Inzwischen bereiteten Hawking und Guzzardi das Manuskript der ‹*Kurzen Geschichte der Zeit*› für die Veröffentlichung vor, und Al Zuckerman verkaufte die Rechte an ausländische Verleger. Hawking gewöhnte sich immer besser an den Synthesizer, der seine Stimme erzeugte. Der Cambridger Computeringenieur David Mason hatte eine tragbare Version des Geräts entworfen und gebaut, die von einem auf den Rollstuhl montierten Minicomputer betrieben wird. Nun konnte Hawking seine Stimme überallhin mitnehmen. 1986 begann er, Vorträge mit dem neuen Gerät zu halten. Plötzlich konnten die Zuhörer ihn mühelos verstehen, und er war nicht mehr auf einen Dolmetscher angewiesen.

Einen Vortrag von Hawking zu besuchen ist zunächst ein sehr fremdartiges Erlebnis. Er wird von einem Assistenten auf das Podium geschoben, man schließt seinen Sprachsynthesizer an das Lautsprechersystem an, und dann schiebt der Assistent die Disketten, die den Text seiner Rede enthalten, in den Computer; der auf die Armlehne des Rollstuhls montiert ist. Dem Publikum erscheint Hawking völlig passiv und unbeweglich, sieht man von seinem Gesichtsausdruck ab und den winzigen, kaum merklichen Bewegungen seiner Finger, die den Computer steuern. An manchen Stellen seines Vortrags hebt er die Augenbrauen und lächelt. Seine Augen funkeln im Licht der Scheinwerfer, während ihm der Kopf auf die Brust gesunken ist. Hinter den Kulissen stehen zwei Pflegerinnen und eine kleine Gruppe von Forschungsstudenten bereit, um ihm, falls erforderlich, zur Hilfe zu eilen. Wenn der Veranstalter die Einführung beendet hat und der Begrüßungsapplaus verklungen ist, dringt eine körperlose Stimme aus den Lautsprechern: «In this lecture I would like to discuss...» Die Diskette faßt etwas weniger als eine halbe Vortragsstunde, so daß er an einer vorher festgelegten Stelle dem Publikum mitteilt, er müsse seinen Computer neu laden und könne erst in wenigen Minuten fortfahren.

Nach der Rede fordert er die Zuhörer auf, ihm Fragen zu stellen, weist sie aber darauf hin, es werde jeweils einige Zeit dauern, seinem Computer die Antworten einzugeben. «Unterhalten Sie sich währenddessen», sagt er, «lesen Sie Zeitung, erholen Sie sich.» Die Antwort kann bis zu zehn Minuten auf sich warten lassen. Schließlich erklärt ein Sprecher, Professor Hawking sei nun zur Antwort bereit, und die Zuhörer verstummen. Ein Dialog zwischen Hawking und den Menschen, die ihn etwas fragen, ist nicht möglich: Die Antwort wird akzeptiert, und ein anderer Zuhörer steht auf, um die nächste Frage zu stellen. Manchmal begnügt sich Hawking mit einem einfachen Ja oder Nein, dann geht es sehr rasch. Gelegentlich wartet er wohl auch einfach zum Spaß fünf Minuten, bevor er eine einsilbige Antwort gibt, womit er die Leute immer wieder zum Lachen bringt.

Im Dezember 1990 wurde er nach Brighton eingeladen, um auf einem Symposium einen Vortrag zu halten. Der Schauplatz war das Brighton Conference Center, ein riesiger Komplex mit vielen Veranstaltungssälen. Zum Leidwesen der Teilnehmer wurde gleichzeitig im Hauptsaal des Gebäudes ein Auftritt der Rockgruppe Status Quo vorbereitet. Von fünf bis sieben Uhr wurde die Konzentration der Zuhörer in den verschiedenen Räumen und Sälen auf eine harte Probe gestellt, weil im Hauptsaal die Lautsprecherprobe stattfand. In astrophysikalische Vorträge über Wurmlöcher und Neutronensterne mischten sich das Wummern der Baßtrommel und die gellenden Stimmen der Roadies, die in die Mikrophone brüllten: «One, two; one, two; testing, testing; one, two...»

Am Vorabend seines Vortrags war um halb neun ein inoffizielles Treffen mit Hawking in seinem Hotelzimmer vereinbart worden. Zum festgesetzten Zeitpunkt erschien eine kleine Gruppe von Journalisten und Freunden, wurde eingelassen und nahm Platz, um auf ihn zu warten. Zwanzig Minuten später trat Hawkings Mutter ein und schaute die Versammelten überrascht an.

«Wo ist Stephen?» fragte einer der Journalisten. «Er wollte um halb neun hier sein.»

«Stephen? Er ist zum Konzert von Status Quo gegangen», erwiderte die Mutter.

Nach Erscheinen der ‹*Kurzen Geschichte der Zeit*› kam es im DAMTP in Cambridge zu spürbaren atmosphärischen Veränderungen. Ständig gingen jetzt Anfragen von Zeitungen und Zeitschriften aus aller Welt ein. Mehrfach suchten im Laufe der folgenden zwei Jahre Fernsehteams das Institut heim, um Dokumentarfilme über das Leben des berühmtesten Wissenschaftlers der Welt zu drehen. Wieder und wieder erschienen die gleichen Geschichten in einer Vielzahl von Sprachen – der Mut, mit dem er seine schwere Krankheit gemeistert und sich zu einem der bedeutendsten Wissenschaftler und zum Medienstar entwickelt hat. Die Journalisten gaben sich die Klinke in die Hand, um in dem vollgestopften Büro in der Silver Street eine anregende Stunde mit dem neuesten Helden der Öffentlichkeit zu verbringen. Zurück in ihren Redaktionen, schrieben sie über die schmutzigen Wände des DAMTP, die schlampig aussehenden Studenten, die allgegenwärtigen Pflegerinnen und das Marilyn-Monroe-Poster, das an der Innenseite von Hawkings Bürotür prangt.

Trotz der zahllosen Berichte und Features, in denen es um Hawking ging, war in der Weltpresse letztlich wenig Neues über ihn zu erfahren. Die Einzelheiten der ALS und die lange Liste seiner Preise und Auszeichnungen wurden wieder und wieder durchgekaut, doch Hawking war entschlossen, sich in dem ganzen Medienrummel ein Minimum an Privatsphäre zu bewahren.

In den Vereinigten Staaten brachte der Sender ABC in der Reihe «20/20» ein Hawking-Porträt, und in England entstand der neue Dokumentarfilm ‹*Master of the Universe*›, der 1990 den Royal Television Society Award erhielt. In dem Film sah man, wie Hawking die Straßen von Cambridge entlangrollte, und in einer Einstellung wurde gezeigt, wie er durch den Haupteingang von King's College fuhr. Im Herbst nach der Ausstrahlung des Films verzeichnete die Zulassungsstelle am King's College einen immensen Anstieg der Bewerberzahlen für das Mathematikstudium. Viele Fernsehzuschauer hatten offenbar angenommen, Professor Hawking lehre und arbeite am King's College.

Hawking genoß die Anerkennung und den Ruhm. Täglich türmten sich neue Postberge vor ihm auf, die er längst nicht mehr allein bewältigen konnte. Er hatte einen Forschungsassistenten und seine Sekretärin damit beauftragt, all die Einladungen, Briefe, Dokumente und Fachkorrespondenz durchzusehen. Schon seit einigen Jahren hatte er «Spinnerpost» erhalten, eine Schattenseite seines Berufs, mit der viele berühmte Wissenschaftler, vor allem Physiker, überall auf der Erde Bekanntschaft machen. Ende der achtziger Jahre wuchs die Zahl der bizarren Briefe in unüberschaubare Dimensionen. Das ganze Spektrum der Exzentrizität war vertreten – von Amateurphysikern, die die Weltformel gefunden hatten, bis hin zu religiösen Fundamentalisten, die seine Theorien als Sakrileg verdammten. Bald legte man im DAMTP eine «Spinnerakte» an, in der die schönsten Beispiele dieses Genres zur allgemeinen Erheiterung gesammelt wurden. Der Rest landete im Papierkorb.

Währenddessen riß die Kette der akademischen Ehrungen und öffentlichen Anerkennungen, die Hawking für seine wissenschaftliche Arbeit zuteil wurden, nicht ab. Bereits 1985, lange vor Erscheinen der ‹*Kurzen Geschichte der Zeit*›, war sein Porträt in der National Portrait Gallery in London aufgehängt worden. Allein Ende der achtziger Jahre erhielt er fünf weitere Ehrentitel und sieben internationale Preise. 1988 verlieh man ihm und Roger Penrose den Preis der israelischen Wolf-Stiftung für ihre Arbeit über Schwarze Löcher.

Im Januar reiste er nach Israel, um den Preis und einen Scheck über 100000 Dollar bei einer Feierstunde der Knesset, des Parlaments in Jerusalem, entgegenzunehmen. Neben dem israelischen Präsidenten waren Vertreter des politischen und wissenschaftlichen Lebens aus der ganzen Welt anwesend. Die Preisverleihung war umstritten. Jüdische Parlamentarier boykottierten die Veranstaltung, weil sie der Überzeugung waren, Hawkings Theorien verstießen gegen die jüdische Lehre, nach der es weder Zeit noch Materie gab, bevor Gott das Universum schuf. Trotz der Proteste war Hawking beglückt über den Preis und erklärte der Presse in seiner typischen sarkastischen Art: «Ich bin sehr erfreut, zeigt der Preis doch, daß die britische Wissenschaft trotz aller staatlichen Kürzungen noch etwas taugt.»[1]

1989 wurde er abermals von der Queen ausgezeichnet – zum zweitenmal erschien er auf der Honours List. Diesmal wurde er

Companion of Honour, ein Rang, der zu den höchsten Ehrungen Großbritanniens zählt. Sie wurde im folgenden Sommer im Bukkingham Palace von der Queen persönlich vorgenommen. In derselben Woche wurde ihm noch eine weitere seltene Auszeichnung zuteil: Die Cambridge University ernannte ihn zum Ehrendoktor der Naturwissenschaft. Nur in Ausnahmefällen bekommen Professoren und Dozenten Ehrendoktorate von ihren eigenen Universitäten. Den Doktorhut überreichte ihm Prinz Philip, der Kanzler der Universität, in einer Feierstunde in Cambridge. Hunderte von Menschen säumten die Straßen und applaudierten, als Hawking die King's Parade in der Prozession der Würdenträger entlangrollte und zu den Klängen der Chöre des King's und des Saint John's College sowie des Bläserensembles der Cambridge University am Senate House eintraf.

Als an diesem Samstagabend die Sonne hinter den Spitzen und Türmen von Cambridge versank, erklangen zum Abschluß einer triumphalen Woche die Melodien von Bach, Vivaldi, Purcell und Händel im Rahmen eines Konzertes, das die Cambridge Camerata im Senate House, mitten in der Stadt, zu Ehren Hawkings gab. Als besondere Geste spielte das Orchester Wagners «Walkürenritt», eines von Hawkings Lieblingsstücken. Nachdem der Applaus für die Musiker verklungen war, rollte Stephen Hawking auf die Bühne, wandte sich um, dankte dem Publikum mit seinem Sprachsynthesizer und nahm den Beifall der Freunde, Familienangehörigen und Vertreter der Öffentlichkeit entgegen.

Als weltberühmter Wissenschaftler und Autor konnte Hawking jetzt wirksamer für die Rechte der Behinderten eintreten. 1989 wurde in Cambridge eine Initiative mit dem Ziel gegründet, ein Wohnheim für behinderte Studenten zu errichten. Sie erhielt den Namen Shaftesbury Bridget's Appeal im Gedenken an Bridget Spufford, die behinderte Tochter eines Cambridger Geschichtsdozenten, die in ganz England nicht eine einzige für ihre Bedürfnisse ausgerüstete Universität hatte finden können. Bridget Spufford war im Mai

1989 bestorben, und als ihre Mutter Stephen Hawking um Unterstützung gebeten hatte, war dieser sofort bereit gewesen, die Schirmherrschaft der Stiftung zu übernehmen.

Hawkings Name hatte großes Gewicht, so daß der Aufruf zur Sammlung von 600000 Pfund ein weites Echo in der Öffentlichkeit fand. Hawking hat erklärt, die Haltung der Universität gegenüber Behinderten sei empörend. Ständig verstoße sie gegen das Gesetz, indem sie sich über einen Parlamentsbeschluß aus dem Jahr 1970 hinwegsetze, der Behinderten angemessene Zugangsmöglichkeiten zusichere. Er schilderte seine eigene Situation und berichtete, die Universität habe seine besonderen Bedürfnisse nicht zur Kenntnis genommen, solange er Student und junger Wissenschaftler gewesen sei. Erst als er eine feste Stellung als Dozent erhalten habe, sei die Verwaltung unter Druck geraten und nach langer Auseinandersetzung bereit gewesen, eine Rampe am DAMTP anzubringen. In Cambridge sei die Situation so desolat, erläuterte er, daß das Nationale Büro für behinderte Studenten Betroffenen abrate, dort zu studieren.

Hawking setzte auch den Bau eines Wohnheims für behinderte Studenten an der Bristol University durch, das nach seiner Fertigstellung den Namen Hawking House erhielt. Auf dem Aktenschrank in seinem Büro im DAMTP steht eine abstrakte Plastik, die ihm für seine Unterstützung dieses Projekts überreicht worden ist.

Von 1989 an begannen die Tantiemen für ‹*Eine kurze Geschichte der Zeit*› einzugehen, und als das Buch weltweit Millionenauflagen erreichte, wurde klar, daß Hawking nicht mehr auf die finanzielle Unterstützung wohltätiger Institutionen angewiesen war, um seinen Lebensstandard beizubehalten, die Ausbildung seiner Kinder zu finanzieren und eine Pflege rund um die Uhr zu bezahlen. Mit Dankbarkeit spricht er von den Stiftungen, die ihm das Leben gerettet haben.

Als ‹*Eine kurze Geschichte der Zeit*› auf die Bestsellerlisten gelangte, entspann sich eine heftige Kontroverse um einen Abschnitt des Buches. In dem Kapitel «Ursprung und Schicksal des Universums» geht Hawking auf die Umstände ein, die zur Formulierung der in Kapitel elf beschriebenen Inflationstheorie geführt haben. Er führt den Leser zurück in das Jahr 1981, als er sich in Moskau aufhielt und der russische Physiker Andrej Linde ihm von seinen neuesten Arbeiten über kosmische Inflation erzählte. Später wurde ihm ein Aufsatz Lindes zur Begutachtung vorgelegt, und er stieß darin auf einen entscheidenden Fehler, den er in einem zusammen mit Ian Moss verfaßten Artikel korrigierte.

Am Tag nach seiner Rückkehr aus Moskau flog Hawking nach Philadelphia, um einen Preis des Franklin Institute entgegenzunehmen und anschließend einen Vortrag zu halten. Er berichtet:

> Der größte Teil meines Vortrags war, wie in Moskau, den Problemen der Inflationstheorie gewidmet, doch zum Schluß kam ich auf Lindes These vom langsamen Symmetriebruch und meine Berichtigungen zu sprechen. Unter den Zuhörern befand sich auch Paul Steinhardt, ein junger Professor von der University of Pennsylvania. Anschließend sprach er mit mir über Probleme der Inflation. Im darauffolgenden Februar schickte er mir eine zusammen mit seinem Studenten Andreas Albrecht verfaßte Arbeit, in der ein Gedanke entwickelt wurde, der große Ähnlichkeit mit Lindes langsamem Symmetriebruch hatte. Er sagte mir später, er könne sich nicht erinnern, daß ich ihm von Lindes Theorie berichtet hätte, und Lindes Artikel hätten sie erst zu Gesicht bekommen, als sie mit ihrem schon fast fertig gewesen seien.

Als Steinhardt entdeckte, was Hawking über ihn geschrieben hatte, war er außer sich. Der Vorgang konnte seiner Karriere unermeßlichen Schaden zufügen. Damals war Steinhardt Assistenzprofessor, während Hawking den Lukasischen Lehrstuhl in Cambridge innehatte und allgemein als einer der bedeutendsten Physiker der Welt galt. Die anstößige Passage in Hawkings Bestseller war keineswegs der Anfang des Streits zwischen den beiden Wissenschaftlern. Er war bereits 1982 nach einer Physikkonferenz entbrannt, die Hawking in Cambridge organisiert hatte.

Mike Turner und John Barrow, die an der Konferenz teilgenommen hatten, zeigten Hawking ihren Entwurf einer Zusammenfassung der Konferenzergebnisse und schlugen vor, einige Bemerkungen über die Entdeckung der «neuen Inflation» von Linde und Albrecht/Steinhardt aufzunehmen. Hawking sprach sich entschieden dagegen aus, die beiden Amerikaner als Mitbegründer der Theorie zu nennen. Doch statt sich direkt an Steinhardt und Albrecht zu wenden, verlangte er von Turner und Barrow, sie sollten entweder die Namen der beiden Amerikaner streichen oder zusätzlich auf den Artikel von ihm und Moss verweisen und auch ihm ein Verdienst an der Entdeckung der «neuen Inflation» einräumen.

Hawking begründete diese Haltung, indem er erstens (zu Unrecht) behauptete, das Steinhardt-Albrecht-Paper sei erst sechs Monate nach Lindes Aufsatz erschienen, und zweitens, erklärte er, habe er Lindes Theorie ein paar Monate zuvor auf einer Tagung erörtert, an der auch Steinhardt und Albrecht teilgenommen hätten. Verärgert informierten Turner und Barrow Steinhardt und Albrecht über den Konflikt und beschlossen, nicht auf Hawkings Forderung einzugehen, obwohl dieser Schritt auch für sie ein gewisses Risiko bedeutete.

Steinhardt schrieb Hawking einen Brief, in dem er ihm seine Position darlegte, und fügte Kopien seiner Notizhefte und Briefe hinzu, aus denen hervorging, daß er bereits mit den Arbeiten am Inflationsmodell begonnen hatte, bevor Hawking seinen Vortrag im Oktober 1981 gehalten hatte. Außerdem, erklärte er, könne er sich nicht daran erinnern, daß Hawking Lindes Thesen bei dieser Tagung erwähnt habe. Vor allem aber sei er erzürnt darüber, daß Hawking dies alles hinter seinem Rücken inszeniert habe, statt sich direkt an ihn zu wenden. Ihm sei zwar klar, daß Hawking diesen Streit nicht aus eigenem Interesse vom Zaun breche, sondern um seinen Freund Linde zu unterstützen, doch könne dieses Motiv sein Verhalten keineswegs rechtfertigen.

In einem Antwortbrief teilte Hawking Steinhardt mit, er habe mit seinen Bemerkungen gegenüber Turner und Barrow nichts dergleichen andeuten wollen und erkenne das Albrecht-Steinhardt-Modell als unabhängig von Lindes Theorie entstandene Arbeit an. Er schloß seinen Brief sogar mit dem einlenkenden Vorschlag, man könne vielleicht an künftigen Projekten zusammenarbeiten, und hob noch einmal hervor, daß die Angelegenheit, soweit es ihn angehe, erledigt sei.

Das alles war 1982 geschehen, lange bevor Hawking mit der Arbeit an der ‹*Kurzen Geschichte der Zeit*› begonnen hatte. Deshalb war es für Steinhardt eine herbe Überraschung, als man ihn 1988 nach Erscheinen des Buches über die ehrenrührige Passage informierte. Zwar hatte Steinhardt auch vorher gerüchteweise vernommen, daß Hawking in der Zwischenzeit die Kontroverse immer wieder in privaten Gesprächen erwähnt hatte, die Sache also nicht auf sich beruhen ließ, wie er es Steinhardt zugesichert hatte, aber jetzt waren die Umstände unzumutbar geworden. Als Steinhardt sich über die Möglichkeit informieren wollte, Forschungsgelder von der National Science Foundation zu erhalten, wies ihn der Vertreter der Stiftung auf den Abschnitt in Hawkings Buch hin. Von finanzieller Förderung war in diesem Gespräch keine Rede.

Steinhardt mußte seinen Ruf verteidigen. Er beschloß, seine alten Aufzeichnungen durchzugehen und sich der Aussagen unabhängiger Zeugen zu versichern. Dabei stieß er auf etwas weit Nützlicheres – eine Videoaufzeichnung der Tagung von 1981, die seine Version, Hawking habe Lindes Arbeit nicht erwähnt, bestätigte. Per Eilsendung schickte er eine beglaubigte Kopie des Bandes an Hawking in Cambridge und eine andere an Bantam in New York. Mehrere Monate vergingen, bevor Hawking auf Steinhardts Protest reagierte. In einem Brief teilte er ihm mit, die beanstandete Passage werde in der nächsten Auflage der ‹*Kurzen Geschichte der Zeit*› geändert werden und der Verlag habe diese Änderung in einer Pressemitteilung angekündigt. Weder fand er ein Wort der Entschuldigung, noch brachte er zum Ausdruck, daß die ursprüngliche Version falsch gewesen sei. Erst als ihm etliche seiner Kollegen in aller Welt zu verstehen gaben, daß er im Unrecht sei, lenkte er ein.

Zu den überzeugtesten Parteigängern von Steinhardt gehörte Mike Turner vom Fermilab. Seine Situation in dieser Affäre war prekär, weil er beide Männer gut kannte, aber Hawkings Verhalten als ungerecht empfand. Schließlich begegnete Hawking Turner 1988 auf einer Konferenz in Santa Barbara und fragte ihn: «Sprechen Sie überhaupt noch mit mir?» Immer noch verärgert über den Vorfall, meinte Turner, Hawking könne entschieden mehr tun, um den Schaden zu beheben, den er angerichtet habe. Um einen Schlußstrich zu ziehen, schrieb Hawking daraufhin einen Brief an die Zeitschrift *Physics Today*, der in der Februarausgabe 1990 veröffentlicht wurde. Es sei erwiesen, erklärte er, daß beide Teams unabhängig voneinander an der neuen Inflationstheorie gearbeitet hätten, und er bedaure, wenn seine Darstellung des Sachverhaltes von den Lesern seines Buches mißverstanden worden sei.

Soweit es die beiden Parteien betrifft, ist die Angelegenheit jetzt beigelegt, aber Hawking hat sich bei dieser Gelegenheit eklatant ins Unrecht gesetzt. Die Kehrseite seiner berüchtigten Dickköpfigkeit hat sein Gefühl für Fairness außer Kraft gesetzt. Steinhardt hat noch immer unter den Nachwirkungen der Affäre zu leiden, die seiner Karriere ungerechtfertigt geschadet und ihm überdies völlig überflüssigen Kummer bereitet hat.

Wenige Wochen nachdem ‹*Eine kurze Geschichte der Zeit*› die amerikanische Bestsellerliste erobert hatte, wurden die Filmrechte an Gordon Freedman verkauft, einen ehemaligen Nachrichtenproduzenten von ABC. Zufällig hatte er denselben Agenten wie Hawking, Al Zuckerman, und die beiden wurden handelseinig.

Was aber sollte Freedman mit seiner Erwerbung beginnen? Einen simplen Dokumentarfilm über Hawkings Leben und Arbeit wollte er nicht drehen – davon gab es schon zu viele, und sie hatten das Thema in aller erdenklichen Breite dargestellt. Auf der anderen Seite fand er, daß die im Buch entwickelten Ideen reichlich Stoff für einen Film lieferten, der die fachlichen Aspekte von Hawkings Arbeit in den Blick rückte und dabei doch genügend Raum für die menschlichen Seiten ließ. Eine Reihe von Zufällen führte schließlich zu einem realisierbaren Projekt.

Freedman wandte sich an die Anglia Television in England, die ihren Sitz in Norwich hat und damit so nahe bei Cambridge liegt, daß Hawking dort noch als einheimische Berühmtheit gelten kann. Nur wenige Wochen zuvor hatte David Hickman, ein Fernsehproduzent der Anglia, den verantwortlichen Redakteuren vorgeschlagen, einen Film über Stephen Hawking zu drehen. Der ebenfalls in Norwich ansässige Konkurrenzsender BBC East hatte das Porträt ‹*Master of the Universe*› gebracht und damit einen Preis gewonnen. Hickmans Vorschlag war, sich dem Thema von einer ganz anderen Richtung her zu nähern als das BBC-Team. Beeindruckt von Freedmans Angebot und dem Engagement Hickmans erklärte sich Anglia bereit, das Projekt zu übernehmen. Produzenten wurden Hickman und Gordon Freedman.

Im folgenden Jahr bemühten sich die beiden, das Geld für ihr Projekt aufzutreiben. Nach dem ursprünglichen Konzept sollte es ein aufwendiger Fernsehfilm werden, ein «Super-‹Horizon›»* wie Hickman sagte. Dafür brauchten sie viel Geld. Nach einem Treffen mit Caroline Thomson, der zuständigen Redakteurin des Wissenschaftsressorts von Channel 4, bekundete der Sender Interesse an dem Projekt, konnte aber nicht für die Gesamtkosten aufkommen. Nun beschloß Freedman, sein Glück bei den großen Sendern in den Vereinigten Staaten zu versuchen. Doch statt sie direkt anzuspre-

* «Horizon» – britische TV-Sendereihe zu naturwissenschaftlichen Themen.

chen, wandte er sich zunächst an Stephen Spielbergs Firma Amblin Entertainment in Los Angeles.

Spielberg, der Hawkings Arbeit, auch unter kommerziellen Gesichtspunkten, seit Jahren verfolgte, ging sofort auf die Idee ein, ‹*Eine kurze Geschichte der Zeit*› der Öffentlichkeit filmisch nahezubringen. Erst durch sein Interesse gewann das Projekt genügend Ansehen und die nötige finanzielle Unterstützung, um verwirklicht werden zu können.

Spielberg und Hawking trafen sich Anfang 1990 in den Amblin Studios auf dem Universal-Filmgelände in Los Angeles, wo sie sich den Fotografen stellten und mehr als anderthalb Stunden in der kalifornischen Sonne plauderten. Einander ihre wechselseitige Bewunderung versichernd, kamen sie offenbar glänzend miteinander aus. Hawking hatte mit Vergnügen ‹*E.T.*› und ‹*Unheimliche Begegnung der dritten Art*› gesehen. Im Scherz schlug er vor, sie sollten ihren Film ‹*Zurück in die Zukunft 4*› nennen. Spielberg seinerseits war tief beeindruckt von ‹*Eine kurze Geschichte der Zeit*›.

Im gleichen Monat, als Freedman sich an Amblin wandte, hatte dort der Regisseur Errol Morris die Idee zu einem neuen Projekt vorgetragen. Morris hatte den ebenso erfolgreichen wie umstrittenen Dokumentarfilm ‹*The Thin Blue Line*› geschrieben und gedreht, die Geschichte eines Mannes, der unter dem Verdacht, einen Polizisten ermordet zu haben, unschuldig im Gefängnis gesessen hatte. Nun wollte Morris in einem Film der Frage nachgehen, was mit dem Gehirn Einsteins nach dessen Tod geschehen war. Als Spielberg von dem Hawking-Projekt hörte, meinte er, vielleicht sei Morris bereit, die Regie zu übernehmen.

Morris kannte Hawkings Arbeit noch von seinem Studium der Philosophiegeschichte in Princeton her, wo er Vorlesungen des amerikanischen Physikers John Wheeler gehört hatte, jenes Mannes, der den Ausdruck «Schwarzes Loch» in die Astronomie eingeführt hat. Auch fand Morris, wie David Hickman berichtet, gewisse Parallelen zwischen Randall Adams, dem Helden in ‹*The Thin Blue*

Line›, und Stephen Hawking reizvoll. Adams war in einer Situation gefangen, die sich seiner Kontrolle entzog, in ein Netz von Ereignissen verstrickt, auf die er wenig Einfluß hatte. In ähnlicher Weise ist Hawking in einem verkrüppelten Körper gefangen, physisch extrem eingeengt, aber geistig in der Lage, diese Einschränkungen zu überwinden. Seit jeher ist Morris fasziniert von solchen Themen und benutzt sie gern als Ausgangspunkt für seine Filme.

Ende 1989 hatte die NBC in den USA von Spielbergs Beteiligung gehört und meldete ihr Interesse an dem Projekt an. Der Leiter des Unterhaltungsressorts des Senders war ein großer Bewunderer von ‹*The Thin Blue Line*› und sofort begeistert von dem Vorhaben. NBC wurde schließlich der wichtigste Geldgeber. Mit der Beteiligung zweier Sender im Rücken wandte sich Freedman nun an das japanische Fernsehen. Ein Fernsehfilm über Hawking, dazu das Engagement Spielbergs – das erschien den Japanern äußerst vielversprechend, und es bedurfte keiner Überredungskunst, Radio Tokio für das Projekt zu gewinnen. Für die Mittel war nun gesorgt. Die drei Sendeanstalten stellten den Produzenten insgesamt ein Budget von drei Millionen Dollar zur Verfügung.

In den Mittelpunkt des Films stellte Errol Morris eine Reihe von Interviews. Nachdem er dieses Material auf etwa die Hälfte zusammengeschnitten hatte, begann er die verbleibenden Äußerungen mit visuellen Mitteln umzusetzen. In der Vorbereitungsphase stellten Rechercheure eine Liste von Hawkings Angehörigen, Freunden und Kollegen in der ganzen Welt zusammen, von denen man annahm, sie würden sich interessiert an dem Projekt zeigen. Zu ihrer Überraschung mußten die Filmemacher feststellen, daß sich viele der in Frage kommenden Personen weigerten, bei den Dreharbeiten mitzuwirken.

Nach Hickmans Beobachtung hat sich in Cambridge ein gewisser Widerstand gegen Medienleute entwickelt. Wie Peter Guzzardi gewann er den Eindruck, daß vielen Kollegen und Studenten Hawkings der Gedanke widerstrebt, daß ernsthafte wissenschaftliche Arbeit allzu vereinfacht dargestellt wird. Auch hatten manche nach dem Presserummel der vorangegangenen Monate das Gefühl, die Privatsphäre der Familie Hawking schützen zu müssen.

«Die Cambridge University ist trotz vieler Rivalitäten eine verschworene Gemeinschaft», sagte Hickman. «Obwohl die Interviews völlig frei waren – die Leute konnten uns erzählen, was sie zum Frühstück gegessen hatten, wenn sie wollten –, hatten sie offensichtlich das Gefühl, daß wir so eine Art Regenbogenpresse des Bildschirms waren.»

Zum Glück für die Filmemacher gab es weit mehr interessierte Teilnehmer als Leute, die fürchteten, man wolle sie zur Mitwirkung an einem unseriösen Unternehmen überreden.

Im Januar 1990 wurden die Produktionsräume der Elstree Studios für zwei Wochen gemietet. Als erstes kamen die Bühnenbildner, die für jeden Interviewpartner eine individuelle Kulisse schaffen sollten. Manchmal hatte sie überhaupt keine Beziehung zu der betreffenden Person, in anderen Fällen entsprach sie dem Thema des Interviews.

Da die Interviews nicht vorstrukturiert waren, sagte Morris häufig zu den Gesprächspartnern: «Ich habe keine Ahnung, wie ich dieses Interview anfangen soll. Erzählen Sie mir doch einfach ein paar Geschichten!» Er schwor auf die Zweiminutenregel, wie er sie nannte: «Wenn du den Leuten zwei Minuten gibst, zeigen sie dir, wie verrückt sie sind.»

Für den Film *‹Eine kurze Geschichte der Zeit›* wurden in den Elstree Studios mehr als dreißig Interviews in dreizehn Tagen und vor dreiunddreißig verschiedenen Kulissen abgedreht. Zu den Interviewten gehörten Dennis Sciama, Martin Rees, Isobel Hawking, Freunde aus der Schul- und Studienzeit sowie Mitarbeiter am DAMTP wie Garry Gibbons. Doch die Hauptrolle spielte natürlich Stephen Hawking.

Die wichtigste Kulisse während der Filmaufnahmen war eine Rekonstruktion von Hawkings Büro am DAMTP. Es war keine

Mühe gescheut worden, um den Raum in allen Einzelheiten ein zweites Mal entstehen zu lassen. Selbst Hawking amüsierte sich über Morris' Detailbesessenheit. «Ich war überrascht, daß sie sich soviel Mühe gaben, wo doch die meisten den Unterschied nicht gemerkt hätten», sagte er.[3]

Morris fragte Hawking nach seiner Vorliebe für Marilyn Monroe. Hawking lächelte und erklärte, daß ihm der Film ‹*Manche mögen's heiß*› sehr gefallen habe, und seither bekäme er von Angehörigen und Freunden bei jeder Gelegenheit Monroe-Souvenirs geschenkt. «Man könnte sagen, sie war ein Modell des Universums», scherzte er.[4]

Morris hatte sich auch dazu entschlossen, eine Nachbildung von Hawkings Rollstuhl bauen zu lassen, die bis hin zur Herstellerplakette mit dem Original identisch war. Mit Hilfe einer besonderen Technik konnte er Nahaufnahmen von der verchromten Mechanik und der Lederverkleidung machen, Bilder, mit denen er die Leinwand füllte, wenn ein Interview aus dem Off ertönte. Laut Hickman wurde das Haus in der Hillside Road, in dem Hawking seine Kindheit verbracht hatte, fast Ziegelstein für Ziegelstein abgelichtet.

Hawking selbst wurde vor einer blauen Wand gefilmt, so daß sein Bild vor jeden beliebigen Hintergrund projiziert werden konnte. Ursprünglich wollte man Hawking größere Teile des Films mit seinem Sprachsynthesizer erzählen lassen, doch bald stellte sich heraus, daß die harte Computerstimme aus dem Off nach einiger Zeit eine irritierende Wirkung hatte. Daraufhin änderte Morris sein Konzept, und der Zuschauer hört Hawkings Stimme jetzt nur, wenn dieser in die Kamera spricht. Die Verwendung eines blauen Hintergrundes ermöglichte dem Regisseur eine enorme Flexibilität. «Ich kann Stephen Hawking jetzt dorthin bringen, wohin er gehört, mehr in eine geistige als in eine reale Landschaft», sagte Morris.[5]

Was der Zuschauer allerdings nicht sieht, sind Astronauten, die in Schwarze Löcher fallen, oder ähnliche Klischees des wissenschaftlichen Dokumentarfilms. Hickmans Kommentar: «Niemand hat je ein Schwarzes Loch gesehen. Soweit wir wissen, sind sie theoretische Objekte. In dem Film geht es um Dinge, die der Phantasie überlassen bleiben müssen.»

Mit einem Drei-Millionen-Dollar-Budget konnten sich Hickman, Freedman und Morris die besten Profis des Filmgeschäfts für Bühnenbild, Beleuchtung, Kamera, Tontechnik und andere wichtige Aufgaben leisten. Das technische Personal, das dafür verantwortlich war, Morris' Vorstellungen umzusetzen, hatte beste Referenzen vorzuweisen; insgesamt hat es an einem Dutzend großer Hollywoodfilme mitgearbeitet, unter anderem an ‹*Edward mit den Scherenhänden*›, ‹*Batman II*›, ‹*Ein Mann für bestimmte Stunden*› und ‹*Wild at Heart*›. Der amerikanische Komponist Philipp Glass schrieb die Filmmusik, die mit ihren polyrhythmischen Elektronikklängen eine perfekte Entsprechung zu Morris' visueller Artistik liefert. In dem Film, so Hickman, geht es in Wirklichkeit um Gott und die Zeit und nicht so sehr um wissenschaftliche Forschung oder Hawkings Behinderung:

> Wir sind weit mehr an den Konzepten interessiert, die Stephen in seinem Buch darzustellen sucht, als an einem simplen wissenschaftlichen Dokumentarfilm, in dem Fragen gestellt werden wie: «Welche Zukunft hat die Kosmologie?» Wirklich aufregend an der Kosmologie ist die Verbindung von Metaphysik und herkömmlicher Wissenschaft. Es ist sehr interessant, daß die religiösen Aspekte von Stephens Arbeit so viel Aufmerksamkeit gefunden haben und daß er mit einer Reihe von Physikern befreundet ist, die sich, wie Don Page, mit theologischen Fragen befassen.

An den Tagen, an denen Aufnahmen mit Hawking auf dem Drehplan standen, fuhr er mit seinem Team von Pflegerinnen und Assistenten in dem umgebauten VW-Transporter, den er mit dem Geld des Wolf-Preises angeschafft hatte, nach Elstree hinaus. Stundenlang saß er in seinem Rollstuhl unter den Studioscheinwerfern, beobachtete schweigend die hektische Aktivität, die sich um ihn herum entfaltete, wenn die Kamera zu einer Nahaufnahme heranfuhr oder die Maskenbildnerin zwischen zwei Aufnahmen herbeisprang, um das Make-up zu erneuern.

Die Aufnahmen wurden im Frühjahr 1990 abgeschlossen, aber Morris arbeitet anschließend sehr intensiv an seinen Filmen. Anfang 1991 war ‹*Eine kurze Geschichte der Zeit*› endlich fertiggestellt, und erst gegen Ende dieses Jahres lief der Film in den amerikanischen und europäischen Kinos an. Man wollte ihn kurze Zeit in ausgewählten Kinos zeigen und ihn dann über die Fernsehsender ausstrahlen, die das Projekt finanziert hatten – NBC in den Vereinigten Staaten, Radio Tokio in Japan und Channel 4 in Großbritannien. Anschließend sollte er an andere Sender in der ganzen Welt verkauft und schließlich als Video angeboten werden.

Während das Filmprojekt im Sommer 1990 seinem Abschluß entgegenging, geschah das scheinbar Undenkbare. Zahlreiche Zeitungen verkündeten in fetten Schlagzeilen, daß sich Stephen und Jane Hawking nach fünfundzwanzigjähriger Ehe trennten.

Tatsächlich hatte sich das Paar schon seit einigen Jahren auseinandergelebt. Während Hawkings Karriere auf immer neue Höhepunkte des Ruhms und Erfolgs zusteuerte und ihm Auszeichnungen und Preise aus aller Welt zuteil wurden, litt Jane Hawking unter zunehmender Isolation. Immer seltener hatte sie ihren Mann auf seinen Auslandsreisen begleitet, und da sie nun von seiner Pflege entlastet war, hatte sie begonnen, sich ihren eigenen Interessen zuzuwenden – ihrer Arbeit, ihrem Garten, ihren Büchern und der Mitwirkung in einem der besten Chöre von Cambridge.

Die akademische Gemeinschaft in Cambridge war von der Nachricht erschüttert. Solange man sich erinnern konnte, hatte Hawking stets betont, welch wichtige Rolle seine Frau in seinem Leben spielte. Und trotz ihrer Meinungsverschiedenheiten war ihre Ehe

Außenstehenden immer als ein Vorbild der Beständigkeit erschienen. Wochenlang wurden Freunde und Kollegen von Reportern belästigt, die die Hawkingsche Wohnung in der West Road belagerten, um Details über die Trennung auszugraben.

Sie hatten wenig Erfolg. Die Wissenschaftler-Szene in Cambridge schottete sich ab, Freunde der Familie waren zu keiner Stellungnahme zu bewegen. Allmählich begannen allerdings doch einige Geschichten die Runde zu machen, Gerüchte über jahrelange außereheliche Beziehungen, deren Beginn lange vor der Ehekrise lag. Doch Freunde, die das Paar gut kannten, hielten Berichte für viel wichtiger, in denen von wachsenden Spannungen über die alten religiösen Streitpunkte die Rede war. Viele Jahre lang waren diese Meinungsverschiedenheiten unter den Teppich gekehrt worden, doch in der Zeit, als das Buch ‹*Eine kurze Geschichte der Zeit*› entstand, traten sie immer deutlicher zutage.

Durch die wissenschaftliche Arbeit war aus Hawkings ursprünglichem Agnostizismus offener Atheismus geworden, und mit seiner Keine-Grenzen-Hypothese hatte er die Vorstellung eines göttlichen Schöpfers vollends überflüssig gemacht. Es liegt eine traurige Ironie darin, daß Jane Hawking nicht zuletzt aus ihrem Glauben die Kraft geschöpft hat, um mit der Belastung fertig zu werden, die die zunehmende Behinderung ihres Mannes für sie bedeutete. Allerdings lebte das Paar schon den größten Teil seiner Ehe mit diesen unterschiedlichen religiösen Auffassungen, so daß sie allein sicherlich nicht ausgereicht hätten, die Trennung herbeizuführen.

Wie in zahlreichen Zeitungsartikeln berichtet wurde, kam es zum Bruch, als Hawking die Familie verließ und mit Elaine Mason, der Pflegerin, die ihn seit einigen Jahren betreute, in eine gemeinsame Wohnung zog. Als Stephen und Jane Hawking sich auseinanderlebten, so heißt es, seien er und Elaine Mason sich nähergekommen. Schon seit Jahren begleitete sie und nicht seine Frau ihn auf seinen Auslandsreisen, und mit ihr verbrachte er auch den größten Teil seiner Arbeitszeit. Erschwert wurde die Situation durch den

Umstand, daß Hawkings neue Lebensgefährtin mit David Mason verheiratet war, jenem Techniker, der Hawkings Rollstuhlcomputer konstruiert hatte. Das Paar hatte zwei Kinder, und am Tor der Grundschule, die sowohl Timothy als auch Masons Jungen besuchten, haben sich David Mason und Hawking kennengelernt. Durch diesen Kontakt war Elaine Mason später zu einer der Pflegerinnen Hawkings geworden.

Jane Hawking hatte sich mehr als 25 Jahre lang um ihren Mann gekümmert und dabei auf viele ihrer eigenen Ansprüche und Wünsche verzichtet. Doch als der Ruhm und der internationale Erfolg allmählich ihr Leben veränderten und als sie zunehmend eigene Wege gingen, wurde deutlich, daß sie einander nicht mehr brauchten. Einige Berichterstatter haben versucht, Hawking für die Trennung verantwortlich zu machen, doch es ist heikel, bei einer Scheidung von «Schuld» zu sprechen. Menschen entwickeln sich auseinander. Viele Freunde sind der Meinung, man dürfe Hawking nicht verurteilen, weil er die Frau verlassen hat, die so viel für ihn getan hat. Sicherlich wird man den Motiven für Jane Hawkings Aufopferung und Selbstlosigkeit nicht gerecht, wenn man ihm die Vergangenheit wie einen Mühlstein um den Hals hängt.

Wie alle Scheidungen verursachte auch diese viel Leid. Besonders betroffen waren die Kinder. Robert, damals dreiundzwanzig, hatte gerade sein Physikstudium in Cambridge abgeschlossen und bereitete sich auf seine Promotion vor; Lucy, fast zwanzig, studierte an der Oxford University moderne Sprachen. Beide, obwohl natürlich tief getroffen, waren alt genug, um die Situation zu verkraften. Am schwersten traf die Trennung Timothy. Mit knapp elf Jahren war er zu jung, um zu begreifen, warum der Vater aus der gemeinsamen Wohnung in der West Road ausgezogen war.

Es dürfte kaum einen Zweifel daran geben, daß Hawking unter dem Trauma der Trennung genauso gelitten hat wie alle anderen Betroffenen. Viele erinnern sich, daß er damals starken seelischen Schwankungen unterworfen war. Er konnte eine Zeitlang nach außen hin sehr ausgelassen sein, mit seinen Kollegen und Studenten lachen und scherzen, um dann in eine tiefe Niedergeschlagenheit zu verfallen, die ihren Schatten über das ganze DAMTP warf.

Man darf dabei nicht vergessen, daß zwar viele Menschen ähnliche seelische Krisen durchmachen, daß aber der weitaus größte Teil von ihnen eine Reihe von Vorteilen gegenüber Stephen Hawking hat. Ihnen stehen diverse Möglichkeiten offen, sich abzulenken und ihren Gefühlen Luft zu machen. Hawking mußte gänzlich auf sie verzichten. Er konnte sich noch nicht einmal mühelos mit Freunden aussprechen. Viele Menschen neigen Stephen Hawking gegenüber zu Überfürsorglichkeit, besonders seit sich die Trennung herumgesprochen hat. Diese Haltung ist völlig fehl am Platze. Enge Freunde wissen, daß Hawking niemanden braucht, der ihn behütet. Er ist sehr gut in der Lage, ohne solche Hilfe zurechtzukommen. Die Leute, die ihm mit derartiger Fürsorge begegnen, begehen den Fehler, ihm andere Gefühle und Empfindungen zu unterstellen als den übrigen Menschen, fast so, als hätte er, nur weil er außergewöhnlich intelligent ist, nicht die gleichen Träume, Hoffnungen und Leidenschaften wie alle anderen Menschen.

David Schramm, einer seiner besten Freunde, kennt ihn seit mehr als zwanzig Jahren und hat wenig Verständnis für Leute, die meinen, Hawking unterscheide sich in seinem Gefühlsleben von anderen. Nie hat er ein Blatt vor den Mund genommen, wenn er sich zum Privatleben seines Freundes geäußert hat. Bei einem Vortrag in Chicago hat er Hawking einmal mit den Worten vorgestellt: «...wie aus der Tatsache hervorgeht, daß sein jüngster Sohn Timothy halb so alt ist wie seine Krankheit, ist Stephen offenbar nicht ganz gelähmt!» Während die Zuhörer in schockiertem Schweigen verharrten, amüsierte Hawking sich köstlich.

Hawking genießt die Gesellschaft von Frauen, er flirtet gern und weiß körperliche Schönheit zu schätzen. Seine Beziehung zu Elaine Mason beruht nicht auf Mitleid oder ähnlich schwachen

Grundlagen. Laut Schramm, der oft mit dem Paar zusammen ist, verbindet die beiden echte Liebe.

Hawking lehnt es ab, sich öffentlich über sein Privatleben zu äußern, und macht dies heute bei jedem Interview zur Bedingung. Allerdings stellen die Journalisten noch immer Spekulationen über die Ursachen und Folgen der Trennung an. Doch auch Jane Hawking läßt in dieser Angelegenheit nichts verlauten. Sie weigert sich, mit irgend jemandem über irgend etwas zu sprechen, was mit ihr und Hawking zu tun hat. Alle Bitten der Produzenten, an dem Film ‹*Eine kurze Geschichte der Zeit*› mitzuwirken, hat sie abgelehnt, und Interviews gibt sie nur Journalisten, die sie persönlich kennt.

Noch immer schmücken Familienfotos Hawkings Büro am DAMTP – diese Trennung ist besonders schmerzlich gewesen. Jane Hawking spricht voller Bitterkeit von ihr. Jetzt ist sie nicht mehr verpflichtet, wie ein Bekannter es ausgedrückt hat, «zum höheren Ruhm von Stephen Hawking beizutragen».[6] Noch ein Jahr zuvor hatte sie einem Reporter mitgeteilt, 1989 sei ein Jahr gewesen, in dem sich alles für sie auf das beste gefügt habe, in dem sie zu einem neuen Höhepunkt ihres gemeinsamen Lebens gelangt seien:

> Erfüllung finde ich vor allem in dem Gedanken, daß es stets weiterging, daß unsere Familie zusammenblieb. Die Auszeichnungen waren nur der Guß auf dem Kuchen. Ich würde nicht sagen, daß sie alles Schwere aufwiegen. Ich werde mich wohl niemals mit dem Auf und Ab abfinden können, das wir in diesem Haus erlebt haben – wirklich aus den Tiefen eines Schwarzen Loches zu all den glänzenden Ehrungen.[7]

Einem anderen Journalisten erklärte sie, ihre Aufgabe sei es nicht mehr, sich um einen kranken Mann zu kümmern, sondern ihm «einfach zu sagen, daß er nicht Gott ist».[8] Vielleicht lassen sich in Äußerungen wie diesen die Spuren einer tieferen Besorgnis und eines gewissen Unwillens heraushören. Doch in der Schlußszene des BBC-Films *‹Master of the Universe›* sehen wir Stephen und Jane Hawking, wie sie in ihrer Wohnung in der West Road auf den schlafenden Timothy hinabblicken, während Hawkings Computerstimme erklärt: «Ich habe eine wunderbare Familie, Erfolg in meiner Arbeit und ein Buch in den Bestsellerlisten. Mehr kann man wirklich nicht verlangen.»[9]

Hin und wieder trifft sich das Ehepaar noch, und mit Timothy ist Hawking so oft zusammen, wie es geht. Manche sagen, von allen Kindern sei Timothy ihm am ähnlichsten. Den älteren Kindern ist nicht neu, daß ihr Vater gelegentlich schwierig sein kann. Ende der achtziger Jahre hat Lucy in *‹Master of the Universe›* erklärt:

> So eigensinnig wie er bin ich nicht und möchte es wohl auch nicht sein. Ich glaube nicht, daß ich seine Willensstärke habe, die darauf hinausläuft, daß er tut, was er sich in den Kopf gesetzt hat, ganz gleich, was das für andere Menschen bedeutet.[10]

Die vielen Verhandlungen um Buchrechte, die Filmaufnahmen für *‹Eine kurze Geschichte der Zeit›* und die Umstände seines Privatlebens – dies alles veranlaßte Beobachter zu spekulieren, ob darunter nicht seine wissenschaftliche Tätigkeit leide, ob er nicht allmählich den Kontakt zu seinem universitären Wirkungskreis verlieren müsse. Das Gegenteil trifft zu: Es war gerade die Wissenschaft, aus der Hawking in all dieser Zeit seine Kraft geschöpft hat. Nach wie vor ist er der Mann, von dem man am ehesten erwarten darf, daß er eines Tages eine Große Vereinheitlichte Theorie, eine «Theorie für Alles» formuliert:

> Noch immer versuche ich zu verstehen, wie das Universum funktioniert, warum es so ist, wie es ist, und warum es überhaupt existiert. Ich glaube, die Aussichten, die ersten beiden Ziele zu erreichen, sind nicht schlecht, weniger optimistisch bin ich hin-

sichtlich des Versuchs herauszufinden, warum es das Universum gibt.[11]

Aber er war großen Belastungen ausgesetzt. Ihm war klar, daß er nicht soviel Zeit und Mühe für die reine Forschung und die Betreuung der Studenten am DAMTP aufwenden konnte, wie es ihm lieb gewesen wäre. Trotzdem gelang es ihm irgendwie, seine vielen Verpflichtungen miteinander zu vereinbaren und die Menschen in seiner Umgebung zufriedenzustellen. Seine wissenschaftliche Arbeit hat ihm in der Vergangenheit über viele Schwierigkeiten hinweggeholfen. Vor allem anderen ist Hawking ein passionierter Physiker.

Seine Auslandsreisen in den neunziger Jahren hatten größtenteils mit der ‹*Kurzen Geschichte der Zeit*› und ihren Folgen zu tun. Zahllose Anfragen erreichen ihn, in denen er gebeten wird, öffentliche Vorträge zu halten – vor Schulkindern, städtischen Würdenträgern und anderen interessierten Laien. Stets fällt es ihm schwer, solche Einladungen abzulehnen. Das Fortschreiten seiner Krankheit scheint sich nach der Krise in der Schweiz wieder verlangsamt zu haben. Allgemein nimmt man an, daß eine weitere Verschlechterung das Ende bedeuten würde. Allerdings prophezeit man Hawking das schon seit 25 Jahren, und bislang hat er alle diese düsteren Prognosen widerlegt. Er selbst scheint nicht oft daran zu denken; paradoxerweise gehört er nicht zu den Menschen, die sich viele Gedanken über die Zukunft machen.

Wer ist also der Mensch Stephen Hawking? Zweifellos verfügt er über ungewöhnliche Kraft und eine sehr starke Persönlichkeit. Er kann rücksichtslos sein. Seine Einstellung zum Leben ist bedingungslos und fordernd. Kompromisse fallen ihm schwer. Manchmal schadet ihm seine übermäßige Willensstärke selbst. Viele Leute finden ihn schwierig; auf der anderen Seite ist er berühmt für seinen Humor. Was in ihm vorgeht, läßt sich nicht erraten, weil er in jeder Hinsicht von seinen Maschinen abhängig ist, unbeseelten Geräten, die es ihm ermöglichen, sich zu bewegen, zu sprechen und zu atmen.

Am ausdrucksvollsten ist sein Gesicht, das uns neben seiner knappen, prägnanten Sprache noch am ehesten einen Zugang zu seinem Innern eröffnet.

Ein wesentlicher Teil von Stephen Hawking ist seine Arbeit, die aber nur die wenigsten von uns anders als in sehr vager bildlicher Form verstehen können. Der Versuch, sein Weltbild der breiten Öffentlichkeit nahezubringen, ist ihm großartig gelungen. Natürlich sind viele Exemplare der ‹*Kurzen Geschichte der Zeit*› kaum geöffnet worden, und trotzdem gibt es viele Menschen – vielleicht ein paar Millionen –, die durch dieses Buch mehr über das Universum gelernt haben, in dem wir alle leben. Das allein ist ein erstaunlicher Erfolg, hat es Stephen Hawking doch geschafft, einer skeptischen Öffentlichkeit und noch skeptischeren Journalisten die Schönheit der Wissenschaft zu vermitteln, jener Wissenschaft, die von zentraler Bedeutung für unsere Gesellschaft und die Zukunft unserer Zivilisation ist. Großenteils dank seiner Bemühungen hat die Popularisierung der Wissenschaft eine Renaissance erlebt.

Von noch größerer Bedeutung aber als seine Arbeit als Autor und Wissenschaftler ist der menschliche Triumph seines Überlebens, die Kraft seines Willens, mit der er mehr erreicht hat, als sich die meisten von uns erträumen können. Manche behaupten, Stephen Hawking habe es nur wegen der unglücklichen Situation geschafft, in der er sich befindet, aber solche oberflächlichen Äußerungen verkennen die menschliche Natur. Andere brechen unter weit geringeren Belastungen zusammen. Den Stephen Hawkings dieser Welt gelingt es, sich über elendeste Verhältnisse zu erheben, egal welcher Art sie sind. Für die Leute, die das Bedürfnis haben, Legenden zu zerstören und große Leistungen zu schmälern, hat er eine Antwort, wie sie für ihn typisch ist. Sie könnte Maxime seines Lebens sein:

> Man muß erwachsen genug sein, um zu begreifen, daß das Leben nicht gerecht ist. Deshalb kann man nur das Beste aus der Situation machen, in der man sich befindet.[12]

Dank

Wir möchten den vielen Menschen danken, die auf die eine oder andere Weise zur Entstehung dieses Buches beigetragen haben: Mark Barty-King, Dr. Robert Berman, Maureen Berman, Roberta Bernstein, den Mitarbeitern der Cambridge County Library, Professor Brandon Carter, Marcus Chown, Michael Church, Virgil Clarke, Sami Cohen, Dr. Kevin Davies, Professor Paul Davies, Sue Davies, Fischer Dilke, Norman Dix, Dr. Fay Dowker, Professor George Efstathiou, Professor George Ellis, Peter Guzzardi, Professor Edward Harrison, Professor Stephen Hawking, David Hickman, Chris Holifield, Professor Maurice Jacob, Dr. David Lindley, Shirley MacLaine, Dr. John McClenahan, Ravi Mirchandani, Dr. Simon Mitton, Dr. Joseph Needham, Professor Don Page, Murray Pollinger, Colonel Geoffrey Pryke OBE, Professor Abdus Salam, Professor David Schramm, Professor Dennis Sciama, Lydia Sciama, Professor Paul Steinhardt, Rodney Tibbs, Professor Michael Turner, Dr. Tanmay Vachaspati, Professor Alex Vilenkin, Lisa Whitaker, Nigel Wood-Smith.

Anmerkungen

Zitate ohne Quellenangabe stammen aus Interviews der Autoren.

1 Der Tag, an dem Galilei starb

1 Stephen W. Hawking, Einsteins Traum: Expeditionen an die Grenzen der Raumzeit, Rowohlt, Reinbek 1993, S. 20
2 Michael Church, «Games with the cosmos», *Independent*, 6. Juni 1988
3 Ebd.
4 *Albanian*, Mai 1958

3 In Oxford

1 Stephen W. Hawking, Einsteins Traum, a. a. O., S. 21
2 Ebd., S. 26
3 Stephen W. Hawking (Hg.), Stephen Hawkings Kurze Geschichte der Zeit: Ein Wissenschaftler und sein Werk, Rowohlt, Reinbek 1992, S. 48f
4 Ebd., S. 51

4 Doktoren und Doktorate

1 Stephen W. Hawking, Einsteins Traum, a. a. O., S. 27
2 Tony Osman, «A master of the Universe», *Sunday Times Magazine*, 19. Juni 1988
3 Stephen W. Hawking, Einsteins Traum, a. a. O., S. 34
4 Ebd., S. 35
5 Ebd.
6 Ebd., S. 34
7 Ebd.
8 Ebd., S. 35
9 Bryan Appleyard, «Master of the Universe: Will Stephen Hawking live to find the secret?», *Express News*, San Antonio, Texas, 3. Juli 1988

10 Dennis Overbye, «The wizard of space and time», *Omni*, Februar 1979
11 Stephen W. Hawking, Einsteins Traum, a. a. O., S. 28

6 Heirat und Fellowship

1 Stephen W. Hawking, Einsteins Traum, a. a. O., S. 29
2 Ebd.
3 John Boslough, Jenseits des Ereignishorizonts: Stephen Hawkings Universum, Rowohlt, Reinbek 1985, S. 125
4 Bryan Appleyard, «Master of the Universe», a. a. O.
5 Bob Sipehen, «The sky's no limit in the career of Stephen Hawking», *West Australian*, 16. Juni 1990
6 *20/20*, ABC Television Broadcast, 1989
7 Ellen Walton, «A brief history of hard times», *Guardian*, 9. August 1989
8 Dennis Overbye, «The wizard of space and time», a. a. O.
9 Michael Harwood, «The Universe and Dr Hawking», *New York Times Magazine*, 23. Januar 1983
10 Dennis Overbye, Lonely Hearts of the Cosmos, Macmillan, London 1991

8 Die Jahre des Durchbruchs

1 Jerry Adler, Gerald C. Lubenow und Maggie Malone, «Reading God's mind», *Newsweek*, 13. Juni 1988
2 Stephen W. Hawking, Einsteins Traum, a. a. O., S. 31
3 Dennis Overbye, Das Echo des Urknalls: Kernfragen der modernen Kosmologie, Knaur, München 1993, S. 150
4 Ders., Lonely Hearts of the Cosmos, a. a. O.
5 Ian Ridpath, «Black hole explorer», *New Scientist*, 4. Mai 1978
6 John Boslough, Jenseits des Ereignishorizonts, a. a. O., S. 28
7 Timothy Ferris, «Mind over matter», *Vanity Fair*, Juni 1984
8 Dennis Overbye, Das Echo des Urknalls, a. a. O., S. 160

9 Wenn Schwarze Löcher explodieren

1 Stephen W. Hawking, Brandon Carter und James Bardeen, *Communications in Mathematical Physics*, 1973, Vol. 31, S. 161–170
2 Stephen W. Hawking, Eine kurze Geschichte der Zeit: Die Suche nach der Urkraft des Universums, Rowohlt, Reinbek 1988, S. 136
3 Ders., Einsteins Traum, a. a. O., S. 104

4 Ders., *Nature*, 1974, Vol. 248, S. 30f
5 John Taylor und Paul Davies, *Nature*, 1974, Vol. 250, S. 37f

10 Aufstieg zum Ruhm

1 Stephen W. Hawking, Einsteins Traum, a. a. O., S. 37
2 Dennis Overbye, Das Erbe des Urknalls, a. a. O., S. 164
3 Ebd.
4 Alan Lightman und Roberta Brawer, Origins: The Lives and Worlds of Modern Cosmologists, Harvard University Press, Harvard 1990, S. 406
5 Michael Harwood, «The Universe and Dr Hawking», a. a. O.
6 Dennis Overbye, Das Echo des Urknalls, a. a. O., S. 167f
7 Bryan Appleyard, «Master of the Universe», a. a. O.
8 Timothy Ferris, «Mind over matter», a. a. O.
9 John Boslough, Jenseits des Ereignishorizonts, a. a. O., S. 27
10 Timothy Ferris, «Mind over matter», a. a. O.
11 Ellen Walton, «A brief history of hard times», a. a. O.
12 Ebd.
13 «Master of the Universe», BBC TV Broadcast
14 Ellen Walton, «A brief history of hard times», a. a. O.
15 «Master of the Universe», BBC TV Broadcast
16 Ebd.
17 Ebd.
18 Ebd.
19 *20/20*, ABC Television Broadcast
20 Michael Harwood, «The Universe and Dr Hawking», a. a. O.
21 Stephen W. Hawking, Eine kurze Geschichte der Zeit, a. a. O., S. 218
22 Bryan Appleyard, «Master of the Universe», a. a. O.
23 Jeremy Horsby und Ian Ridpath, «Mind over matter», *Sunday Telegraph Magazine*, 28. Oktober 1979
24 Kitty Ferguson, Das Universum des Stephen Hawking, Econ, Düsseldorf/Wien 1992, S. 170
25 Stephen W. Hawking, Eine kurze Geschichte der Zeit, a. a. O., S. 173
26 Don Page, «Hawking's timely story», *Nature*, 1988, Vol. 333, S. 742f
27 Stephen W. Hawking, Eine kurze Geschichte der Zeit, a. a. O., S. 217
28 Ebd., S. 216f
29 Bryan Appleyard, «Master of the Universe», a. a. O.
30 Dennis Overbye, Lonely Hearts of the Cosmos, a. a. O.
31 Ebd.

11 Zurück zu den Anfängen

1 Stephen W. Hawking, Eine kurze Geschichte der Zeit, a. a. O., S. 179

12 Im Rampenlicht

1 *Cambridge Evening News*, 31. Januar 1978
2 John Boslough, Jenseits des Ereignishorizonts, a. a. O., S. 31
3 Michael Harwood, «The Universe and Dr Hawking», a. a. O.
4 Ebd.
5 Dennis Overbye, «The wizard of space and time», a. a. O.
6 Stephen Shames, «Stephen Hawking: A thinking kind of hero», 1988
7 *Sunday Telegraph Magazine*
8 Tony Osman, «A master of the Universe», a. a. O.
9 Colin Wills, «Triumph of mind over matter», *Sunday Mirror*, 4. September 1988
10 «The sky's no limit in the career of Stephen Hawking», *West Australian*, 1989
11 Timothy Ferris, «Mind over matter», a. a. O.
12 Dennis Overbye, Das Echo des Urknalls, a. a. O., S. 165
13 Ebd.
14 Stephen Shames, «Stephen Hawking: A thinking kind of hero», a. a. O.
15 John Gribbin, In Search of the Big Bang, Heinemann, London 1986, S. 387f

13 Wenn das Universum Babys bekommt

1 Edward Fahri und Alan Guth, *Physics Letters*, 1987, Vol. 183B, S. 149–153
2 Stephen W. Hawking, Eine kurze Geschichte der Zeit, a. a. O., S. 175

14 Eine kurze Geschichte der Zeit

1 «Book news», *Bookseller*, 21. Oktober 1988
2 Ebd.
3 John Boslough, Jenseits des Ereignishorizonts, a. a. O., S. 29
4 Ebd., S. 30
5 Leonore Fleischer, «Talk of the trade», *Publishers Weekly*, 15. Januar 1985
6 Ellen Walton, «A brief history of hard times», a. a. O.
7 «Top city scientist taken to hospital», *Cambridge Evening News*, 17. August 1985

8 Ellen Walton, «A brief history of hard times», a. a. O.
9 Ebd.
10 Kitty Ferguson, Das Universum des Stephen Hawking, a. a. O., S. 180
11 «Book news», *Bookseller*, 21. Oktober 1988
12 Ebd.
13 Ebd.
14 Ebd.
15 Charles Oulton, «Cosmic writer shames book world», *Sunday Times*, August 1988
16 Stephen W. Hawking, Einsteins Traum, a. a. O., S. 50f
17 «Book news», *Bookseller*, 21. Oktober 1988
18 Denise Housby, *Cambridge Evening News*, 30. August 1988
19 John Maddox, «The big bang book», *Nature*, 1988, Vol. 335, S. 267
20 Simon Jenkins, «A dance to the music of imaginary time», *Sunday Times*, 28. August 1988
21 John Maddox, «The big bang book», a. a. O.
22 «Up and down the city road», *Independent Magazine*, 27. April 1991
23 Leserbriefe, *Independent Magazine*, 4. Mai 1991
24 Ebd.
25 Simon Jenkins, «A dance to the music of imaginary times», a. a. O.

15 Das Ende der Physik?

1 Stephen W. Hawking, *Newsweek*, 13. Juni 1988
2 Michael Green, «Superstrings», in: *Spektrum der Wissenschaft*, Themenheft «Kosmologie und Teilchenphysik», Heidelberg 1990, S. 163
3 Stephen W. Hawking, «Ist das Ende der theoretischen Physik in Sicht?», in: John Boslough, Jenseits des Ereignishorizonts, a. a. O., S. 129–150, dort S. 129
4 Ebd., S. 130f
5 Ebd., S. 150
6 Ebd.

16 Hollywood, Ruhm und Reichtum

1 Tim Verney, «Top cash prize for brilliant city academic», *Cambridge Evening News*, 21. Januar 1988
2 Stephen W. Hawking, Eine kurze Geschichte der Zeit, a. a. O., S. 167 (1. Auflage)
3 David Gritten, «A brief movie of time», *Sunday Correspondent*, 1990

4 Ebd.
5 James Delingpole, «Limelight», *Evening Standard*, 27. Juni 1990
6 Nigel Hawkes, «Defying the gravity of physics», *The Times*, 27. Oktober 1990
7 Pauline Hunt, «Glittering triumph of an inspiring family», *Cambridge Evening News*, 19. Juli 1988
8 Tony Osman, «A master of the Universe», a. a. O.
9 «Master of the Universe», BBC TV Broadcast
10 Ebd.
11 Ebd.
12 *20/20*, ABC Television Broadcast

Register

C

D

E

F

G

H

I

J

K

O

P

Q

R

S

T

U

V

W

Y

Z

Stephen W. Hawking

Eine kurze Geschichte der Zeit

Die Suche nach der Urkraft des Universums
Deutsch von Hainer Kober
Mit einer Einleitung von Carl Sagan
240 Seiten mit zahlreichen Abbildungen
Gebunden und als rororo science 8850

Einsteins Relativitätstheorie und Heisenbergs Quantenmechanik beschäftigen die Forscher in aller Welt. Mit der Vereinigung dieser beiden Theorien wäre das Rätsel um die Entstehung, die Entwicklung und Zukunft des Universums zu lösen. Der britische Physiker Stephen W. Hawking, Cambridge-Professor und Nachfolger Newtons auf dem «Lukasischen» Lehrstuhl, stellt seine genialen Forschungen, Theorien und Erkenntnisse in seinem Buch vor und lädt auch den Nichtwissenschaftler ein, an *dem* geistigen Abenteuer des 20. Jahrhunderts teilzunehmen.

«Ein faszinierendes Werk, das die Relativitätstheorie, die wissenschaftlichen Vorstellungen von der Entstehung und Beschaffenheit des Universums erstaunlich verständlich macht.» *Bayrisches Fernsehen*

«Mit seiner Bestandsaufnahme der Physik gelang dem Einstein der 80er Jahre ein Bestseller.» *Tempo*

«Wie sind das Universum, unsere Erde, wir selbst entstanden? Einer der wenigen Menschen, die vielleicht eine Antwort auf diese Kernfrage der Existenz geben können, ist Stephen W. Hawking.» *Playboy*

Stephen W. Hawking (Hg.)

Stephen Hawkings Kurze Geschichte der Zeit

Ein Wissenschaftler und sein Werk

Deutsch von Hainer Kober
Mit Illustrationen von Ted Bafaloukos
224 Seiten mit zahlreichen Abbildungen. Gebunden

Wer ist der wirkliche Stephen Hawking? Wie sieht sein Alltag aus? Wie haben sich seine Theorien entwickelt? Was denkt er heute? Die Schilderungen von Mutter und Geschwistern, von Freunden und Kommilitonen, Lehrern und Kollegen, die Kommentare namhafter Physiker und Kosmologen, dazu viele Hintergrundinformationen, Illustrationen und Fotos aus der Lebensgeschichte Hawkings fügen sich zu einem kunstvollen Kaleidoskop, das Leben und Werk dieses großen Wissenschaftlers zu einer Einheit zusammenführt.

Stephen W. Hawking

Einsteins Traum

Expeditionen an die Grenzen der Raumzeit

Deutsch von Hainer Kober
192 Seiten. Gebunden

Stephen W. Hawking beschäftigt sich in seinem neuen Essayband mit «Einsteins Traum», dem Traum der vollständigen, einheitlichen Theorie, die alle Phänomene im Universum in eine umfassende Ordnung stellt. Dagegen steht die Theorie der Quantenmechanik, die das Zufallsmoment in die physikalische Forschung eingeführt hat. Läßt sich aus beiden ein konsistentes Modell der Welt schaffen? Stephen W. Hawking nimmt den Leser mit in seine faszinierende Gedankenwelt auf der Suche nach dem Ursprung des Universums.

rororo science

Reinhard Breuer (Hg.)

Immer Ärger mit dem Urknall

Das kosmologische Standardmodell in der Krise

rororo science 9323

Peter Coveney / Roger Highfield

Anti-Chaos

Der Pfeil der Zeit in der Selbstorganisation des Lebens

rororo science 9663

Armin Hermann

Die Jahrhundertwissenschaft

Werner Heisenberg

und die Geschichte der Atomphysik

rororo science 9318

Hans Lauwerier

Unendlichkeit

Denken im Grenzenlosen

rororo science 9384

Tor Nørretranders

Der Anfang der Unendlichkeit

Essay über den Himmel

rororo science 9528

Rowohlt Taschenbuch Verlag